그리스도인의
재정원칙

당신이 하나님을 더 깊이 알아 가고 더 널리 알리는 사람이 되는 것, 이 책에 담긴 도서출판 예수전도단의 마음입니다. 말씀을 통해 저자가 깨닫고, 원고를 통해 저희가 누릴 수 있었던 그 감동이 책을 통해 당신에게도 전해지기 원합니다. 그리고 당신을 통해 그 기쁨과 은혜가 더 많은 이들에게 계속해서 흘러가기를 기도하겠습니다. 이 책을 통해 당신이 받은 은혜를 다른 분들에게도 나눠 주십시오. 사랑하고 축복합니다.

Wealth, Riches and Money

Copyright © 2001 by Craig S. Hill/Earl Pitts
Korean Copyright © 2015 by YWAM Publishing Korea

본 저작물의 한국어판 저작권은 도서출판 예수전도단에 있습니다.
저작권법에 의해 보호받는 저작물이므로 무단 전재와 복제를 금합니다.

WEALTH
RICHES
AND MONEY

그리스도인의
재정원칙

크래그 힐·얼 피츠 공저 | 허령 옮김

예수전도단

추천의 글 1

이 책으로 인해 하나님께 감사드린다. 이 책은 나에게 정말 큰 도움이 되었다. 나는 지금까지 30년간을 선교사로 살아왔고, 몇몇 사업체를 운영해 본 경험을 통해 재정에 대해 많은 교훈을 배웠다. 하지만 시간이 흐르면서 대부분을 잊어버린 것도 사실이다. 또한 나는 이제 성인이 되어가는 자녀들에게 재정에 대한 하나님의 방법과 지혜를 가르칠 필요를 느끼고 있었다. 내가 재정에 대한 이해를 온전하게 회복할 수 있도록 그 모든 내용을 책 한 권으로 요약해 준 크래그와 얼에게 감사한다.

『그리스도인의 재정원칙』은 재정에 대한 기본원칙을 알려 주는 책이 아니다. 오히려 보이지 않는 영역 가운데 일어나고 있는 일들을 분석하며, 성경을 깊고 통찰력 있게 살피는 여정으로 이끄는 책이다. 저자들은 그 과정에서 돈에 대한 인간의 태도를 조종하려는 악한 영인 맘몬에 대해서도 파헤치고 있다.

돈은 상품과 서비스를 거래하기 위해 인간 문화가 만들어 낸 단순한 도구다. 그것은 우리가 만드는 상품이나 공들인 시간에 대한 교환의 수단으로, 그 자체로는 좋은 것도 나쁜 것도 아니다. 하지만 우리가 돈의 힘을 우상처럼 떠받들게 될 때 속임수에 빠져 돈의 노예가 될 수 있다는 사실을 날카롭게 지적하고 있다.

돈을 추구하는 것이 현대의 사회 조직을 구성하는 기본원칙이 되었고 개인과 가정의 의사결정에도 돈은 매우 중요한 요소가 되었다. 이러한 돈 중심적인 사고 체계로 가득한 이 세상에서 우리는 거듭남과 성령님의 도우심 없이 돈의 영향력을 벗어나 살 수 없게 되었다. 그렇기에 우리는 온 힘을 다해 성경이 가르치는 하나님의 경제 원칙을 배워야 한다.

저자들은 하나님의 경제 원칙은 '사고파는' 것이 아니라 '주고받는' 것임을 지적하면서, 하나님 나라와 어두운 이 세상이 얼마나 현격한 차이를 보이는지 알려 준다. 성경의 가르침을 이해하고 삶에 적용하고자 하는 독자들에게 하나님 나라의 원칙과 진리들이 어떻게 우리의 삶을 혁신적으로 변화시키는지 경험하게 할 것이다.

하나님의 성품에 대한 깊은 이해로부터 흘러나온 실제적인 지혜가 가득한 이 책은 값진 지식들을 전하는 동시에 우리의 믿음을 세워 준다. 저자들은 진정한 하나님의 친구이자 성숙한 지도자들이다. 이들은 하늘 아버지께서 우리 삶의 모든 것을 공급하시는 이유는 단지 그분이 우리를 사랑하시기 때문이라는 사실을 끊임없이 일깨워 준다.

이 책은 훌륭한 예화들, 분명하고 명확한 성경적 가르침, 진솔한 간증들로 가득해서 모든 사람들이 읽기에 적합하다. 나는 이 책의 내용을 우리 자녀들에게 가르칠 뿐 아니라, 사역자와 교회 지도자들을 위한 재정 강의에서도 귀한 도구로 사용할 것이다.

존 도우슨
국제화해학교(International Reconciliation Coalition) 설립자

추천의 글 2

하나님의 창조 계획 속에서 교회는 구별된 하나님의 대사로, 즉 이 세상에 하나님의 영광을 드러내는 자들로 부름 받았다. 하지만 우리는 매 순간 부르심의 목적에 따라 말씀대로 살지 못하는 경우가 많다. 하나님의 백성이면서도 도덕, 가족, 개인적인 영성, 그리고 익숙한 사회 속에서 시대적 관습을 따라 편안하게 살아감으로써 하나님 나라의 대사로서는 처참하게 실패한 것이다.

직장, 공공 행사, 사업, 재정과 같은 영역은 그리스도인이 조용히 있어야 할 영역으로 간주한다. 우리는 하나님 나라의 올바른 관점대로 살기 위해 고민하지 않으며 그저 사회적 관습에 순응한다. 우리 안에 예수님이 주신 지상대명령이 희미해지고 있는 이유는, 우리가 세상의 자원을 하나님 나라 안으로 가져오는 촉매제 역할을 적극적으로 감당하지 않기 때문이다.

오늘날 교회는 부채로 허덕이며 터무니없는 이자를 갚으면서 불가피하게 이 세상에 자금을 조달하고 있다. 뿐만 아니라 수많은 교인들이 무거운 빚을 진 채 매월 겨우겨우 살아가며, 어떻게 교회에 헌금을 해야 할지 어려워한다. 결과적으로 우리는 세상의 경제 체제에 의해 계속 휘둘리게 될 다음 세대의 노예들을 만들어 내고 있는 것이다.

이렇게 혼란스러운 현실 가운데, 우리가 이 상황을 변화시킬 수 있는 방법이 있다고 명쾌하게 말하는 이들이 있다. 이 책의 저자들은 우리가 돈에 대해 배울 때 재정을 충성되게 관리할 수 있으며, 하나님 나라의 재정원칙을 우리 삶에서 적용하며 살아갈 수 있다는 사실에 대해 나눈다.

저자들은 이 책에서 독자들에게 재정의 세계, 재정의 원칙, 재정에 대한 하나님의 목적, 그리고 어떻게 세상의 재정이 하나님 나라를 위한 것으로 바뀔 수 있는지에 대한 기본적인 진리를 보여 준다.

『그리스도인의 재정원칙』은 하나님의 뜻이 하늘에서 이루어진 것같이 이 땅에서도 이루어지기를 고대하는 모든 사람들이 반드시 읽어야 할 책이다.

에디 엘 롱
New Birth Cathedral 성당 담임 신부

『그리스도인의 재정원칙』을 보면서 '때를 아는 것이 무엇보다 중요하다'라는 옛 격언이 진리임을 실감하게 된다. 나는 하나님 나라에 기초한 개인 재정의 근본적인 원칙에 대해 이렇게 훌륭하게 다룬 책을 본 적이 없다. 이 책은 하나님의 큰 복을 받기에, 그리고 모든 그리스도인들의 환영을 받기에 부족함이 없다. 자신의 삶과 재정에 대해 청지기로 살아가며, 하나님을 높이고 다른 사람들을 축복하고자 하는 모든 사람에게 필독서로 추천한다.

데니스 피콕
리빌드(REBUILD) 출판사

돈이 당신에게 중요한 것일 수도, 그렇지 않은 것일 수도 있다. 그러나 확실한 것은 돈을 어떻게 관리해야 하는지 배우는 것은 무척 중요하다는 사실이다.

우리는 돈을 벌 때 돈을 관리하는 법에 대한 책도 함께 얻는 것은 아니기에, 우리는 돈에 대해 각자 다른 의견을 가지고 있다. 오늘날 많은 사람들이 정직하게 열심히 일하면서도 매일같이 돈에 대해 염려하며 살아간다. 그러나 꼭 기억해야 할 한 가지 진리는, 하나님은 우리가 돈에 대해 걱정하기를 원치 않으시며, 다만 우리가 좋은 청지기가 되기를 원하신다는 사실이다. 우리의 초점이 돈 문제에만 집중되어 있다면, 어떻게 다른 사람을 도울 수 있겠는가?

경기의 규칙을 모르는 사람이 경기에서 승리하기는 어렵다. 재정 업무 경력 10년인 나는 개인적인 재정에 대한 것은 꿰뚫고 있다고 자신했지만, 이 책을 읽고 나서 사실 훨씬 더 큰 그림이 존재한다는 것을 알게 되었다.

이 책에서 설명하는 원칙들은 재정적인 어려움을 겪는 사람들에게 즉각적인 해답을 주는 것은 아니다. 그러나 이것은 모든 사람에게 필요한, 재정에 대한 새로운 관점을 제시해 준다. 당신이 재정적으로 어려운 시간을 보내고 있다면, 이 책을 통해 그 문제의 원인이 무엇인지, 어떻게 그것을 바로잡을 수 있는지, 어떻게 재정 문제를 해결할 수 있는지를 배우게 될 것이다. 만약 당신이 재정적으로는 풍족하지만 돈이 자기 삶을 주관하고 있다고 느끼는 사람이라면, 청지기 역할이라는 이 새로운 경제 철학을 배움으로 인해 마음의 평안을 얻게 될 것이다.

개인 재정에 대한 많은 책을 읽은 전문가로서 나는 당신에게 가장 먼저 이 책을 읽기를 추천한다.

로버트 와인하트
재정 분석가, 캐나다 온타리오 주 캠브리지 시 지역 vice president

차례

추천의 글 • 4
들어가는 글 • 10

제I부
균형 있게
재정을 관리하는 지혜
• 15

1. 보이지 않는 맘몬의 권세 • 29
2. 참새 믿음 • 73
3. 서로 다른 두 경제 체제 • 93

제II부
재정 사용의
다섯 가지 성경적 원칙
• 147

4. 하나님의 것을 구별하라 • 155
5. 하나님의 청지기가 되라 • 197
6. 예산의 원을 닫으라 • 207
7. 빚을 해결하라 • 227
8. 의의 열매를 맺으라 • 265
9. 심고 거둠으로 자원을 배가시키라 • 283

부록 • 307

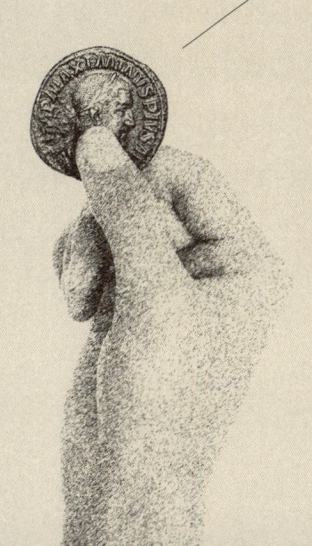

들어가는 글

우리 부부는 15년이 넘게 결혼과 가정에 대한 사역을 감당해 왔다. 그렇기에 사람들이 '그런데 왜 당신이 돈과 재정에 대해 가르치는 것입니까?'라고 묻는다 해도 이상할 것이 없다. 그러나 우리 부부는 결혼 및 가정 관련 사역을 하면서, 부부 갈등의 주된 원인은 바로 돈에 대한 태도와 관리 방법의 차이라는 것을 알게 되었다. 오늘이라도 가정법원에 가서, 이혼 소송 중인 부부들에게 무엇이 문제인지 물어보라. 대부분의 경우 가장 큰 문제가 재정적인 것임을 알게 될 것이다. 그렇기에, 나는 재정의 실제적인 측면뿐 아니라 영적인 측면을 다루는 것이 꼭 필요하다는 것을 깨닫게 되었다.

1980년 무렵 나는 친구인 얼 피츠가 재정에 관해 가르치는 성경 공부에 참여하게 되었다. 재정의 실질적인 면과 영적인 면을 함께 다루는 무척 특별한 가르침이었다. 그동안 나는 빚과 재정에 대한 수많은 책을 읽어보았지만, 얼 피츠가 받은 계시는 너무나 특별한 것이었다. 이러한 진리를 개인적으로 적용하면서, 그리고 다른 사람들에게도 가르치는 가운데, 나는 계속 주님이 더 많은 것을 가르쳐 주시는 것을 느꼈다. 그리고 곧 여러 교회를 다니며 '성경적인 재정원칙'이라는 제목의 세미나를 정기적으로 열고 가르치기 시작했다. 이 세미나를 통해 수많은 가정들이 재정 관리의 압박감으로부터 해방되었고 놀라운 치유를 경험했다. 많은 이들이 주님을 신뢰하고 자신들이 할 수 있는 한도 내에서 배운 것을 자연스럽게 실천하는 가운데 하나님의 초자연적인 공급하심을 경험했다.

내가 얼과 교제하며 발견한 사실은, 주님이 재정에 대해 우리 두 사람에게 상당한 계시를 주셨다는 것이다. 지난 십 년 동안 가르치고 배우면서, 우리는 이제 주님께 받은 지혜와 깨달음을 합할 때가 왔다는 것을 강하게 느꼈다. 이 책은 우리가 가르친 원칙을 자신의 삶에 적용한 결과물이자, 그 원칙들을 성공적으로 적용한 수많은 사람들의 경험으로부터 나온 열매이다. 하나님이 이 책을 사용하셔서, 하나님 나라의 중대한 재정을 관리하고 책임지는 자로 당신을 빚어가시기를 기도한다.

크래그 힐

크래그 힐과 나는 오랫동안 재정 관련 문제에 관심을 가져 왔다. 예전에는 재정 관련 주제는 주로 경제학과 관련된 것이며 그리스도인들과는 상관없는 것으로 인식했었다. 물론 교회 안에서 돈 문제를 종종 토론했지만, 교회와 하나님의 일에 재정을 드려야 한다는 가르침 외에는 교회가 금전 관리에 대해 제대로 가르치지 않았던 것이 사실이다.

나는 1950년대에 어린 시절을 보냈다. 나는 신문 배달을 시작했을 때 아버지가 나를 은행에 데리고 가서 번 돈을 저금할 수 있도록 계좌를 열어 주셨던 것이 아직도 기억난다. 아버지는 번호가 적힌 교회 헌금 봉투 한 통도 주셨다. 봉투마다 두 개의 주머니가 있었는데, 각각 십일조와 헌금을 위한 것이었다. 아버지는 십일조는 번 돈의 1/10을 드리는 것이며, 하나님에게 속한 것이라고 말씀하셨다. 헌금은 십일조 이외에 나의 재량껏 드리는 것이었다. 나는 이 원칙을 계속 지켜 왔다. 그러나 하나님이 다스리시는, 세상과는 완전히 다른 경제 체제가 존재한다는 사실은 알지 못했다.

우리는 주기도문을 외우며 "나라가 임하시오며 뜻이 하늘에서 이루어진 것 같이 땅에서도 이루어지이다"(마 6:10)라고 기도한다. 만약 한 사람이 하나님 나라와 그분의 통치 가운데 들어오게 되면, 그 사람의 재정 또한 공급자이신 하나님의 성품과 본질을 드러낼 것이다. 그것이 누구의 재정이든 하나님 나라의 재정 질서는 형통이며 빚이 없는 상태다. 빚이란 공급의 결여, 즉 공급의 근원으로부터 단절되는 것을 의미한다. 빚은 한 사람의 삶 가운데 하나님 나라의 질서가 붕괴된 것을 보여 주는 것이다.

나는 "돈을 사랑함이 일만 악의 뿌리가 되나니"라는 구절 외에는 돈에 대해 다루는 설교를 들어본 적이 없었다. 가정이 재정을 어떻게 관리해야 하는지에 대한 기독 서적을 종종 발견하긴 했지만, 대부분 책들이 투자나 돈의 관리 등의 문제에 있어서는 여전히 세상적인 방법에 의존하고 있었다. 나는 이렇게 성경적인 하나님 나라의 원칙과 세상의 체제가 혼합된 것을 '혼합된 왕국'mixdom이라고 부른다.

80년대 초반, 아내 도로시와 나는 자녀들과 함께 캐나다 온타리오 주 케임브리지에 있는 YWAM(예수전도단, Youth With A Mission) 베이스에서 살고 있었다. 그러던 어느 날 한 지역 교회의 목사님이 나를 초청하며 재정에 대해 나누어 달라고 하였다. 그 교회에는 재정에 대한 가르침이 필요한 많은 젊은이들과 부부들이 있었다.

그 초청을 놓고 주님께 기도할 때, 받아들이라는 인도하심을 느꼈고, 목사님께 기꺼이 그 교회에 가서 재정에 대해 나누겠다고 말씀드렸다. 그러자 목사님은 놀랍게도 주일 설교를 해달라고 말씀하셨다. 나는 이런 주제는 수요예배나 토요일 집회 등에서나 나눠야 한다고 생각했었다. 그러나 목사님께서는 계속 주일 예배에서 그 주제를 나눠 달라고 요청하셨다.

설교 요청을 승낙하고 나자, 나는 주님이 재정에 대해 하나님의 말씀을 연구하라고 말씀하시는 것을 느꼈다. 그리고 약속한 날이 되어 나는 그 교회의 교인들에게 하나님의 말씀인 성경을 사용하여 약 한 시간 동안 재정에 대해 가르쳤다. 내가 나눈 메시지는 십일조, 주일 헌금, 여러 가지 용도에 쓸 돈의 비율 등에 대해 다루는 전통적인 접근 방식이었다. 하지만 설교를 마치고 집으로 돌아오는 길에, 성경에는 재정에 대한 가르침이 너무나 많은데, 나는 그저 수박 겉핥기식으로만 나누었다는 것을 깨달았다. 그리고 주님께 재정이라는 주제에 대한 말씀을 더 열심히 연구하겠노라고 약속드렸다.

하지만 이 약속을 지키지 못한 채로 9개월이 지난 어느 날이었다. 베이스의 소그룹 지도자들과 중국 식당에 가게 되었는데, 종업원이 우리에게 메시지가 들어 있는 포춘 쿠키를 하나씩 가져다주었다. 다른 사람들은 쿠키를 깨뜨려 자기에게 주어진 메시지를 보면서 웃기 시작했다. 그러나 내 쿠키 안에서 나온 메시지를 본 나는 웃을 수가 없었다. 종이에는 '재정 계획에 대한 믿음을 새롭게 하고 예산을 세우라'고 적혀 있었다.

나는 발람과 말하는 나귀가 생각났다. 나 역시 '말하는 쿠키'를 들고 있었다. 큰일이었다. 나는 즉시 게으름을 회개하고, 주님께 약속드렸던 성경 연구를 시작했다. 그날부터 나는 하나님의 말씀으로 재정에 관해 공부하고, 재정 관련 주제에 대한 계시를 받으며, 재정에 대해 가르쳤다.

이 책은 그리스도의 몸 가운데 있는 여러 교사들과 나눈 재정에 대한 가르침과 내가 16년 동안 개인적으로 말씀을 연구하는 가운데 성령님으로부터 받은 가르침의 결정체이다. 과거에도 재정에 관한 책을 쓸 것을 요청받았지만, 계속해서 새로운 이해가 주어졌기 때문에 내 영 가운데 책을 출간해야 하는 하나님의 때가 왔다는 확신이 없었다. 많은 경우, 심지어는 세미나에서 가르치는 중에도, 주님은 새로운 깨달음과 통찰력을 더해 주셨었다.

하지만 지난 2년 동안, 크래그 힐과 나는 책을 내야 하는 필요성에 대해 이야기를 나눴다. 크래그는 이 주제에 대해 10년 이상 가르쳐 온 전문가이다. 그리고 우리는 두 사람의 가르침을 하나의 관점으로 만들어 낼 수 있다는 것을 깨닫고 이 책을 출간하게 되었다. 주님께 감사드린다.

얼 피츠

WEALTH RICHES AND MONEY

God's Biblical Principles of Finance

제 1 부

균형 있게 재정을 관리하는 지혜

개인적인 재정 관리에 대한 이야기를 시작하려면 먼저 '성경은 재정에 관해 어떻게 말씀하는가?'라는 질문에 대답하는 것이 필요하다. 많은 사람이 성경은 개인의 재정 관리와 같은 세속적인 일과는 상관없는 영성에 대한 책이라고만 생각한다. 그러나 우리는 재정이라는 주제에 대한 성경 연구를 진행하면서, 신약성경에 돈과 재정에 대한 구절이 구원이나 믿음에 대한 구절보다 거의 열 배나 많다는 사실을 발견하고 놀랄 수밖에 없었다. 신약성경에는 믿음과 관련된 구절 215개, 구원에 관한 구절이 218개인데 반해, 금전 및 재정의 청지기적 책임에 대해 다루고 있는 구절은 무려 2,084개나 되었다. 그리고 예수님의 비유 38개 중에 16개가 돈에 대한 내용을 다루고 있음을 발견했다.

　당신의 마음속에 '왜?'라는 질문이 떠오를 것이다. 예수님이 돈을 밝히시는 분이었던 것일까? 예수님은 사역을 뒷받침할 돈을 모으러 이 땅에 오신 것인가? 물론 아니다! 예수님은 사람들의 돈이 아니라 사람들의 마음을 원하셨다. 예수님은 마태복음 6장 21절에서 "네 보물 있는 그곳에는 네 마음도 있느니라"고 말씀하셨다.

예수님이 돈에 대해 많은 말씀을 하신 이유는, 대부분의 사람들이 돈을 애지중지한다는 것을 아셨기 때문이다. 이것은 오늘날에도 마찬가지다. 예수님은 당신의 돈이 아니라 당신의 마음을 원하신다.

우리가 돈을 어떻게 대하느냐의 문제는 우리 마음의 내적 상태를 그대로 보여 주는 지표이다. 그렇기에 하나님은 우리에게 재정에 대해 올바로 가르쳐 주기 원하셨고, 그 교과서로 성경 말씀을 주셨다.

전 세계 복음화를 이루기 위해서는 약 25억 달러의 어마어마한 재정이 필요하다고 한다. 오늘날 그리스도인들은 예수님이 다시 오시기를 기다리고 있다. 어떤 사람들은 곧 세상의 종말이 오리라 생각하기도 했다. 그러나 성경은 하나님 나라의 복음이 모든 족속과 모든 나라에 전파될 때에야 그 끝이 올 것(마 24:14)이라고 분명하게 말한다.

어찌 보면 이 말씀은 우리가 초등학교에 다닐 때 숙제를 해오지 않으면 선생님께서 숙제를 마칠 때까지 집에 못 간다고 말씀하셨던 것과 비슷하다. "숙제를 다 끝낸 사람은 집에 가도 된단다." 그러나 많은 사람들은 숙제를 다 끝내지 않은 채로 집에 가고 싶어 한다.

우리가 받은 지상대명령은 전 세계로 가서 복음을 전하라는 것이다. 그리고 이 과업을 이루기 위해서는 재정이 필요하다. 우리에게 재정이 있을 때 세상의 체제로 하여금 하나님 나라의 일을 하도록 할 수 있다. 우리는 텔레비전의 광고 시간을 살 수도 있고, 비행기 표를 살 수도 있다. 성경을 출판할 수도 있다. 가서 전하고 가르치고 제자를 삼을 수 있다. 예수 그리스도의 복음을 전파할 수 있다.

하나님이 거듭난 우리를 당장 천국에 데려가지 않으시고 이 세상에 두신 이유는, 우리가 다른 사람들에게 예수 그리스도를 전하도록 하기 위해서이다. 그분은 영원의 시간을 함께 보낼 남자와 여자, 청소년과 어린이들, 모든 언어, 모든 민족과 모든 나라로 이루어진 거대한 가족을 갖기를 원하신다. 그래서 우리를 이 땅에 남겨두시고 "가서 복음을 전하라"고 말씀하셨다. 이제 우리가 그 명령에 순종할 때 많은 사람과 자원, 그리고 분명 많은 재정이 필요할 것이다.

한 전임 사역자는 사역의 대가로 재정적인 지원을 받는 것에 대해 이런 공격을 받았다고 한다. "당신은 성경을 가르치고 있는 학생들로부터 돈을 받아서는 안 됩니다. 예수님은 '네가 거저 받았으니 거저 주어라'고 말씀하셨습니다." 그러나 그 사역자는 이 말에 대해 다음과 같이 지혜롭게 대답했다. "당신은 아무에게도 복음을 전해 보지 않은 것이 분명하군요. 우리는 아직 항공사, 텔레비전 방송국, 인쇄소, 그리고 자동차 대리점 등에게 복음 전파를 위해 상품과 서비스를 거저 내놓아야 한다고 설득하지는 못했습니다."

재정에 관한 주제를 다룰 때, 개인의 재정과 공동체의 재정이 서로 다른 성격을 가지고 있음을 인식하고 구별하는 것은 무척 중요하다. 이 책에서는 개인의 재정에 관해서만 다룰 것이다. 물론 하나님 나라 안에서 조직이나 사업체의 재정을 다루는 것도 중요한 일이다. 그러나 모든 것의 첫걸음은 개인적인 재정을 성경의 질서에 맞게 먼저 계획하고 쓰는 것이기 때문에, 이 책은 개인적 재정원칙에 관한 것으로 한정하고자 한다.

나는 북미의 그리스도인 가정들 가운데 약 80%가 정도의 차이는 있지만 재정적인 어려움을 겪는다는 통계를 접한 적이 있다. 또한 믿을 만한 보도에 의하면 현재 미국에서 이혼하는 부부들의 50% 정도가 재정적인 문제가 갈등의 원인이 되었다고 한다. 잘못된 재정 관리, 재정 사용에 대한 합의 부족, 빚 문제로 많은 관계가 깨어지고 있다. 현실적으로, 모든 개인의 삶은 그가 재정을 어떻게 다루는지에 지대한 영향을 받는다.

영과 진리

요한복음 4장에서 예수님은 우물가의 여인에게 "하나님은 영이시니 예배하는 자가 영과 진리로 예배할지니라"고 말씀하셨다. 무엇을 하든지 영과 진리 가운데 균형을 유지하는 것은 지극히 중요하다. 그리스도인으로서 우리가 하는 모든 일은 하나님께 드리는 예배의 일부분이 되어야 한다. 그러므로 이 책에서는 돈에 대한 원칙을 이야기할 때, 영과 진리의 균형을 지킬 것이다.

　영과 진리 가운데 균형을 지킨다는 것은 무엇을 의미하는가? 진리는 자연적이며 선택의 여지가 없는 삶의 원칙과 관계가 있고, 영은 영적인 영역과 관계가 있는 개념이다. 우리는 계속적으로 영과 진리 모두에 순응하며 살아야 한다.

　먼저 진리의 영역의 예를 들어 보자. 중력의 법칙을 이해하고 그것에 순응하는 것은 진리의 영역에 해당하는 것이다. 어떤 사람이 중력의 법칙을 이해하지 못하거나 순응하지 않는다면 많은 문제에 직면할 것이다.

다음으로 진리와 영의 영역의 균형의 예를 살펴보자. 만약 당신이 비행기를 조종하려고 한다면, 먼저 기체 역학을 배운 후에 그 원리에 순응해야 할 것이다. 만약 기체 역학을 무시한 채 마음대로 비행기를 조종한다면 심각한 부상을 입거나 생명도 잃을 수 있다. 이와 동시에, 그리스도인으로서 우리는 어디에 갈지, 언제 비행할 것인지에 대해 성령님의 인도 역시 구해야 한다. 기본적인 기체 역학의 원리를 범하는 것도, 성령님의 구체적인 지시를 받지 않는 것도 모두 매우 위험한 일이다.

비행기 조종과 마찬가지로, 개인적인 재정을 다루는 데 있어서도 반드시 영과 진리의 균형을 지키는 것이 필요하다.

마지막으로, 영과 진리의 균형 위에서 우리는 '믿음'으로 행해야 한다. 그리스도인인 우리는 모든 일을 믿음 안에서 행해야 한다. 사도 바울은 로마서 14장 23절에서 "믿음을 따라 하지 아니하는 것은 다 죄"라고 말했다.

그러면 우리는 어떻게 믿음으로 기본적인 재정원칙(진리의 영역에 해당)을 행할 수 있을까? 이 질문에 대한 열쇠는, 예수님이 제자들에게 비유로 말씀하신 누가복음 17장 6-10절에서 발견된다. 예수님은 믿음을 더하여 달라는 제자들의 요청에 다음의 비유를 말씀해 주셨다.

> 주께서 이르시되 너희에게 겨자씨 한 알만한 믿음이 있었더라면 이 뽕나무더러 뿌리가 뽑혀 바다에 심기어라 하였을 것이요 그것이 너희에게 순종하였으리라 너희 중 누구에게 밭을 갈거나 양을 치거나 하는 종이

있어 밭에서 돌아오면 그더러 곧 와 앉아서 먹으라 말할 자가 있느냐 도리어 그더러 내 먹을 것을 준비하고 띠를 띠고 내가 먹고 마시는 동안에 수종들고 너는 그 후에 먹고 마시라 하지 않겠느냐 명한 대로 하였다고 종에게 감사하겠느냐 이와 같이 너희도 명령 받은 것을 다 행한 후에 이르기를 우리는 무익한 종이라 우리가 하여야 할 일을 한 것뿐이라 할지니라

아마도 많은 사람들은 '이 구절이 믿음과 대체 무슨 상관이 있지?'라며 의아해할 것이다. 그러나 예수님이 믿음을 씨앗과 같다고 말씀하신 것에 주목하라. 씨앗은 땅에 뿌리면 저절로 자라나서 열매를 맺고 배가가 일어난다. 믿음도 마찬가지다. 우리가 하나님의 말씀 안에 거하고, 말씀대로 살며, 말씀에 따라 생각할 때 우리의 믿음이 성장한다. 제자들은 예수님께 자기들의 믿음이 자라게 해달라고 구했다. 예수님은 위의 말씀을 통해 제자들에게 순종과 책임이 따를 때 믿음이 성장한다는 것을 가르치기 원하셨던 것이다.

믿음은 우리가 자신이 하나님의 종임을 겸손히 인정하고 주인의 지시, 즉 우리에게 이미 주신 하나님의 말씀에 순종할 때 자라는 것이다.

어떤 사람들은 하나님이 재정을 공급하실 것을 믿으면서도 실제 삶에서는 성경적인 재정원칙을 따르지 않기도 한다. 그러나 당신이 아무리 굉장한 믿음을 가졌다 할지라도, 중력의 법칙을 무시하고 높은 건물이나 절벽 위에서 뛰어내린다면 분명 살아남지 못할 것이다.

재정적인 영역에서도 마찬가지다. 기본적인 재정원칙을 계속 어기면

서, '믿음'이 있으니까 하나님이 재정을 배가시켜 주실 것이라고 기대해서는 안 된다. 진리의 영역에서 믿음은, 우리가 삶의 기본원칙을 지키며 순종할 때 오는 것이다.

27쪽에 있는 도표를 보면, 진리 란에 일곱 가지의 기본원칙이 있는 것을 보게 될 것이다. 이 기본원칙들은 중력의 법칙과도 같아서 그것을 어기면 반드시 대가를 지불하게 된다. 즉 그 원칙을 지키지 않을 때 혼란, 스트레스, 재정적인 압박, 빈곤, 심지어 재난까지 따르게 된다. 그러나 이 기본적인 원칙에 종의 마음으로 순종하면, 믿음이 세워지고 안정과 평안과 형통이 뒤따르게 된다.

이제부터 개인적인 재정 관리에 관한 일곱 가지 기본원칙들을 좀 더 구체적으로 하나하나 살펴볼 것이다. 이 기본원칙은 순서대로 이루어져야 한다. 삶 가운데 첫 번째에서 여섯 번째까지의 기본원칙을 이루어 놓지 않은 채, 심고 거두는 것에 대한 일곱 번째 원칙을 실천하려고 시도하다가 하나님이나 사역자에게 분노하는 그리스도인들이 많다. 그 사람들은 일곱 번째 원칙만을 시도해 보고서는 자신이 속았다고 느끼거나 하나님께 버림받았다고 생각한다. 그러나 이것은 사실이 아니다. 그들은 재정이라는 집을 지을 때 기초도 놓지 않고 기본 골격도 없이 급하게 지으려 했기 때문에 문제가 생긴 것이다.

많은 사람들이 먼저 견고한 기초를 놓고 골격을 세우는 대신, 자신의 재정적인 문제를 즉시 해결해 줄 미봉책을 구한다.

한편 어떤 사람들은 영과 진리의 영역 중 진리에만 초점을 맞추고 있다. 건전한 재정관리 원칙에만 집중하는 것이다. 그러나 우리는 영적인 면에도 동일하게 주의를 기울여야 한다. 많은 사람들이 재정 관리에 대한 올바른 성경적 원칙을 알고 있으면서도 이것을 실천하지 못한다. 이는 영적인 면에 대한 이해가 부족하기 때문이다. 우리의 삶뿐 아니라 재정의 영역 가운데 문자 그대로 영적 전투(엡 6:12)가 벌어지고 있다.

나는 영적인 영역에서 일어나는 일이, TV전파가 작동하는 것과 흡사하다는 것을 깨달았다. 당신이 이 책을 읽고 있는 바로 그곳에도 TV전파가 지나고 있을 것이다. 당신이 인식하지 못할 뿐, 텔레비전 전파는 존재한다. 단지 당신 곁에 그 전파를 받아서 화면과 소리로 나타내는 수신기인 TV가 없을 뿐이다. TV전파는 추상적인 것이 아니라, 보이지 않지만 엄연히 존재하는 실재인 것이다.

영적인 영역도 이와 같이 실재한다. 당신은 하나님과 천사들, 악령들과 사탄이 역사하고 있는 영적인 영역을 잘 감지하지 못할 수도 있다. 하지만 그렇다고 해서 영적 존재들이 실존하지 않거나, 당신의 삶에 그들이 영향을 미치지 않는 것은 아니다. 영적 영역과 영적인 존재들은 분명히 존재한다.

이 영적 존재들이 당신의 삶과 환경에 어떤 영향력을 미치고 있는지 알아야 한다. 이런 영향력을 인식하지 못하는 사람들은 자신이 깨달은 진리를 실제적으로 적용하지 못하도록 방해를 받을 수도 있기 때문이다.

영적인 측면에서는, 재정과 관련된 모든 일 가운데 성령님의 인도를 받는 것은 매우 중요하다. 예를 들어 보자. '예산 내에서 돈을 지출해야 한다'는 원칙은 진리의 영역에서 우리가 지켜야 할 기본원칙이다. 그러나 '그 예산 안에 어떤 지출항목들을 포함할 것인가'에 대한 문제는 성령님의 인도하심을 받아야 한다. 하나님은 당신 삶의 모든 부분에 관한 의견을 갖고 계시다. 물론 당신은 구제, 저축, 투자 등에 대한 기본적인 원칙을 잘 숙지하고 있을 수 있다. 그러나 이 부분에서도 언제, 어디에, 왜, 그리고 얼마나 해야 할지에 대해 우리는 성령님의 구체적인 인도하심을 받아야 한다. 구제, 저축, 투자 등의 분야에서 성령님의 인도를 따라간다면, 당신은 재정적으로 엄청난 차이를 목도하게 될 것이다.

영적인 영역에서도 진리의 영역에서와 마찬가지로 믿음으로 행해야 한다. 사도 바울은 로마서 10장 17절에서 "믿음은 들음에서 나며 들음은 그리스도의 말씀으로 말미암았느니라"고 말했다.

성경에서 '말씀'으로 번역된 헬라어 단어는 두 가지가 있다. 첫 번째 단어는 '로고스'logos로, 이는 하나님의 기록된 말씀, 또는 하나님의 여러 말씀들을 전체적으로 지칭할 때 사용되는 단어다. 두 번째 단어는 '레마'rhema로, 하나님이 우리 마음에 직접 이야기하시는 말씀, 성경을 읽을 때 성령님께서 우리에게 강조하시는 말씀, 하나님이 우리의 영에게 직접 말씀하시는 음성을 뜻하는 단어이다. 하나님이 레마로 말씀하실 때, 우리의 심령에 믿음이라는 씨앗이 심겨지고 싹트게 된다. 우리가 하나님의 말씀(로고스)을 묵상하고 하나님이 우리 개인에게 주시는 음성(레마)을 들을 때 믿음이 생겨나는 것이다.

그러므로 하나님이 우리에게 주신 구체적인 약속을 붙들고 묵상하며, 그 말씀을 확증시켜 주시기를 구할 때, 우리 마음 가운데 하나님을 향한 믿음과 약속이 성취될 것을 확신하는 믿음이 생길 것이다.

다음의 도표를 살펴보면, 영적인 측면에서 볼 때 우리가 가지고 있는 모든 것은 하나님으로부터 온 선물임을 알게 된다. 당신의 삶에서 하나님께 받은 것은 모두 그분이 은혜로 주신 것이다. 그 어떤 것도 스스로 노력한 결과로 얻은 것이 아니다.

우리는 자신이 쌓은 공로를 기반으로 하나님과 관계 맺는 것과, 오직 하나님의 은혜를 기반으로 하나님과 관계를 맺는 것 사이에서 평생 동안 갈등한다. 대부분 사람들은 자신이 자격이 있거나 무언가를 행해서가 아니라 오직 은혜 때문에 공급하심을 받는다는 것을 깨닫기 위해서는 엄청난 패러다임의 전환을 경험해야 한다. 이 부분은 책의 후반부에서 더 깊이 다루도록 하겠다.

고린도후서 9장 8절은 "하나님께서는 여러분에게 온갖 은혜가 넘치게 하실 수 있습니다"(표준새번역)라고 말한다. 하나님은 우리에게 그렇게 해야 할 의무는 없으시다. 단지 하나님은 '그렇게 할 수 있는' 분이시다. 하나님은 단지 우리를 사랑하시기에 은혜로 공급하시는 것이지, 의무감 때문에 하시는 것이 아니다.

우리가 영적 측면과 진리의 측면의 균형을 이루고, 하나님 말씀을 듣고 묵상하며 삶의 기본원칙building block을 지켜 나가기를 순종할 때 믿음은 자연스럽게 자라게 된다. 우리가 할 일은, 이 기본원칙을 지키고 세워가며 하나님의 은혜를 받아들이는 것이다. 그러면 하나님은 우리의 필요를 넘치게 채우는 것으로 그분의 일을 행하실 것이다.

이제 영적 측면과 진리의 측면 사이의 균형을 잘 보여 주는 다음 도표를 살펴보자.

요한복음 4:23-24

영 _ 영적 측면	진리 _ 삶의 측면
하나님의 말씀에서 오는 믿음 | 롬 10:17 |	순종함에서 오는 믿음 | 눅 17:5-10 |
은혜로 공급받음	기본원칙을 지킴으로 공급받음
하나님이 능히 모든 은혜를 너희에게 넘치게 하시나니 이는 너희로 모든 일에 항상 모든 것이 넉넉하여 모든 착한 일을 넘치게 하게 하려 하심이라 고린도후서 9:8	1. 맘몬의 영을 분별하고 끊으라. 　(하나님께만 향한 충성된 마음) 2. "참새 믿음"을 가지라. 　(하나님이 나의 공급자시다.) 3. 십일조를 드리라. 　(구별하여 변함없이 십일조를 드리라.) 4. 하나님의 청지기가 되라. 　(하나님의 자원을 관리하는 책임을 맡은 자로서 재정을 운용하라.) 5. 예산의 원을 닫으라. 　(욕심은 끝이 없다는 사실을 인식하라.) 6. 빚을 해결하라. 　(모든 빚을 적절한 방법으로 해결하라.) 7. 재정을 관리함에 있어서 종이 되라. 　(여분의 돈을 주님을 위해 관리하라.)

겸손

　위의 도표에 따르면 진리의 측면에서 영적인 측면으로 건너갈 때 겸손을 통해서만 가능한데 이것은 매우 중요하다. 그 이유는 많은 사람들이 하나님을 마치 어떤 원칙을 지키면 요구를 들어주는 컴퓨터나 기계처럼 여기기 때문이다. 이는 잘못된 생각이다. 하나님은 절대로 기계가 아니시다. 그분은 인격이시다. 인간관계를 맺을 때에도 겸손한 태도가 필요한 것처럼 하나님께도 마찬가지다. 세상에 어떤 아버지가 자녀가 자신은 할 일을 다했으니 보상을 달라고 요구하는 것을 기뻐하겠는가? 물론 부모에게는 자녀들에게 무언가를 주는 것이 기쁨이다. 그러나 자녀가 자신이 한 일에 대한 보상으로 무언가를 요구하면 부모의 마음이 아플 것이다. 마찬가지로 하나님도 우리에게 주어야 할 이유나 의무가 있어서 주시는 것이 아니다. 인격체이신 하나님이 우리를 사랑하기 때문에 우리에게 공급하기로 선택하신 것뿐이다.

예수님이 누가복음 17장의 비유에서 말씀하신 것처럼, 우리는 자신이 해야 할 일을 다 했다고 해서 하나님께 무언가를 해달라고 요구할 수는 없다. 하나님은 주인이시며 우리는 그저 종일 뿐이다. 종은 주인이 명령한 일을 모두 마친 후에도 결코 주인에게 보상을 요구하지 않는다. 이와 같이 우리가 진리 영역에서 지켜야 할 모든 원칙을 지켰다고 할지라도 종의 겸손함으로 영적인 영역으로 건너가야 한다. 단순히 하나님이 은혜로 공급해 주시는 것을 받으면 된다. 혹시 우리에게 더하여 주시는 여분이 있다면, 우리 자신의 소유물로 여길 것이 아니라 하나님의 소유물을 맡은 청지기로서 그것을 관리해야 한다.

이제부터 도표의 진리의 측면에 나열된 일곱 가지 기본원칙을 각 장에서 자세히 다루면서 영과 진리가 그 균형을 이뤄야 함을 강조할 것이다.

다음 장에서는 돈의 배후에 있는 영적 권세와 그것이 어떻게 그리스도인들에게 영향력을 행사하는지에 대해 알아볼 것이다.

보이지 않는 맘몬의 권세

01

> 한 사람이 두 주인을 섬기지 못할 것이니 혹 이를 미워하고 저를 사랑하거나 혹 이를 중히 여기고 저를 경히 여김이라 너희가 하나님과 재물 Mammon, NKJV을 겸하여 섬기지 못하느니라. 마 6:24

약 이천 년 전 예수님이 하신 이 말씀은, 수 세기 동안 그리스도인들 가운데 수많은 죄책감과 논란과 다툼의 원인이 되었다. 과연 하나님과 재물(맘몬)을 겸하여 섬기지 못한다는 예수님의 이 말씀은 무엇을 의미할까? '맘몬'이란 대체 무엇인가? 이 맘몬이라는 단어는 마치 돈의 또 다른 이름처럼 돈 대신 자주 사용되었다.

어떤 성경 번역본은 위 구절에서 맘몬이라는 단어를 아예 돈으로 대치해 버리기까지 했다. 하지만 혹시 이 단어에 돈이라는 뜻 외에 또 다른 의미가 있는 것은 아닐까? 이는 신약성경을 읽어 본 그리스도인이라면 한

번쯤은 생각해 봤을 질문일 것이다.

그러면 지금부터 마태복음 6장 24절 말씀이 실제로 무엇을 의미하는지 알아보자. 예수님이 '맘몬'이라는 단어를 사용하셨을 때 과연 무엇을 지칭하셨던 것일까? 여기서 먼저 짚고 넘어가야 할 점은, 맘몬이 무엇을 지칭하건 간에 예수님은 그것을 하나님과는 정반대의 위치에 두셨다는 사실이다. 맘몬은 하나님을 섬기는 것에 완전히 반(反)하는 것이다.

예수님이 하나님과 맘몬을 겸하여 섬길 수 없다고 하신 것은, 그저 둘 다 섬기는 것을 금하신 것이 아니라, 동시에 섬기는 것이 실제로 불가능하다는 말씀이다. 예수님이 "하나님과 맘몬을 함께 섬기는 것은 잘못된 일이다"라고 말씀하시지 않고 "하나님과 맘몬을 함께 섬기는 것은 불가능한 일이다"라고 말씀하셨다는 사실을 주목하라. 우리는 하나님이든 맘몬이든 오직 하나만 섬길 수 있다. 진정으로 하나님을 섬기려면, 우리는 맘몬을 철저히 끊고 그것과 전혀 관계없는 삶을 살아야 한다.

그런데 만약 '맘몬'이 '돈'과 동의어라면 어떻게 될까? 그리스도인들은 돈을 절대로 사용해선 안 되며, 돈과 전혀 상관없이 살아야만 할 것이다. 실제로 몇 백 년 전에는 이렇게 믿고 살아가는 사람들이 있었다. 심지어 오늘날에도, 하나님만 전심으로 섬기기 위해 가난하게 살기로 맹세하고 돈과의 모든 접촉을 피하여 사는 사람들이 있다. 그러나 가난하게 살기로 맹세한다고 해서 탐욕에서 자유롭거나 재물이 부족할까봐 두려워하지 않게 되는 것은 아니다.

나는 예수님이 맘몬이라는 단어를 돈과 동의어로 언급하신 것은 아니라고 생각한다. 아마도 당시 사람들이 섬기던 영적 존재, 즉 돈의 신을 칭하기 위해 '맘몬'Mammon이라는 고대 아람어 단어를 사용하셨을 것이다. 모든 문화와 종교에는 돈의 신이 존재한다. 힌두교에는 '디발리'라는 신이 있고, 불교에도 가짜 지폐를 태워 섬기는 신들이 있다.

'맘몬이 무엇인가?'라는 질문의 답은 에베소서 6장 12절의 "우리의 씨름은 혈과 육을 상대하는 것이 아니요 통치자들과 권세들과 이 어둠의 세상 주관자들과 하늘에 있는 악의 영들을 상대함이라"는 말씀에서 찾을 수 있다. 맘몬은 이런 악한 영들 가운데 권세에 속하는 존재로, 사람들이 돈을 사랑하며 섬기도록 영향을 미치는 영이다.

마태복음 6장에서 예수님이 말씀하신 '맘몬'은 이 존재를 의미한다고 이해하는 것이 가장 적절할 것이다.

우리는 구약에서 이스라엘 백성들이 여호와 하나님뿐 아니라 가나안 지역에 거주하는 이방 민족들의 신들도 함께 섬겼던 모습을 끊임없이 볼 수 있다. 그러나 여호수아는 백성들에게 아모리 족의 거짓 신들과 여호와를 함께 섬기는 것을 그만두라고 외치며, 양쪽을 다 섬기는 것은 곧 여호와를 대적하는 것이므로 '오늘날 누구를 섬길 것인지를 정하라'(수 24:15-28)고 촉구하였다.

예수님도 위 구절에서 제자들에게 거짓 신 맘몬과 여호와 하나님을 함께 섬길 수 없다고 말씀하셨다. 제자들은 둘 중 하나를 선택해야 했다.

만약 예수님이 제자들에게 "사람들이 이러이러한 '거짓 신들'을 섬기고 있다"라고 말씀하셨다면, 우리는 이 구절을 그렇게 어렵게 느끼지 않을 것이다. 그러나 맘몬이라는 신은 오늘날 대부분 사람들에게 생소한 이름이다. 그렇다면 맘몬을 포함하여 가나안의 여러 민족들이 섬기고 있던 거짓 신들은 과연 어떤 것들이었는가? 이들은 그저 사람들이 만들어 낸 우상일 뿐일까?

나는 그렇지 않다고 생각한다. 이 우상들은 사탄의 왕국에서 통치하는 권세들로, 사람들을 속여 예배와 섬김을 받으려는 영이다. 그러므로 바알, 아세라, 그모스, 몰록, 다곤, 맘몬 등의 이방 신은 그저 사람이 만들어 낸 것들이 아니라, 사람들이 실제로 섬기고 있던 악한 영들로 이해해야 한다. 맘몬이라는 악한 영은 예수님이 이 땅에 계시던 그때와 마찬가지로 오늘날도 사람들의 섬김을 받으려고 역사하며, 돈을 사랑하고 신뢰하도록 사람들의 삶을 조종하고 있다.

사실 돈 자체는 힘이 없으며 어떤 능력도 행사할 수 없는 것이다. 능력과 권세를 소유하신 분은 바로 하나님이시기 때문이다. 그러나 맘몬의 영 또한 권세를 가지고 있다. 그렇기에 당신의 재정 뒤에 역사하는 실제적인 능력의 근원은 당신이 둘 중 무엇을 선택하느냐에 달려 있다.

지금도 우리 안에서는 하나님과 맘몬 사이의 갈등이 벌어지고 있다. 하나님이 당신의 주인이 되실 수 있는 것과 마찬가지로, 맘몬 또한 당신의 주인이 될 수 있다. 그러나 수많은 사람들이, 심지어 그리스도인들까지도 돈이 실제적인 능력을 가지고 있다고 생각한다. 따라서 돈이 실제로 무력하다는 것을 당신이 깨닫기 전에는, 돈을 추구하는 삶과 돈의 배후에 역사하는 영의 지배에서 결코 벗어날 수 없다.

맘몬의 영의 의도

영 _ 영적 측면	진리 _ 삶의 측면
하나님의 말씀에서 오는 믿음 | 롬 10:17 |	**순종함에서 오는 믿음** | 눅 17:5–10 |
은혜로 공급받음	**기본원칙을 지킴으로 공급받음**
하나님이 능히 모든 은혜를 너희에게 넘치게 하시나니 이는 너희로 모든 일에 항상 모든 것이 넉넉하여 모든 착한 일을 넘치게 하게 하려 하심이라 고린도후서 9:8	1. 맘몬의 영을 분별하고 끊으라. (하나님께만 향한 충성된 마음)

그렇다면 악한 영의 존재인 맘몬의 의도와 목적은 무엇인가?

첫 번째로, 사탄의 왕국 안에 있는 모든 악한 영들은 사람들의 마음을 하나님으로부터 떼어 놓기 위해 온갖 노력을 기울인다는 사실을 기억하라. 악한 영 맘몬의 근본적인 목적은 사람들에게서 경배와 사랑, 애정과 충성, 섬김을 받는 것이다. 그리고 그들은 두려움을 사용하여 이런 일들을 이루며 우리가 돈을 '전능한 돈'이라고 생각하도록 만든다.

예수님은 마태복음 6장 24절과 누가복음 16장 13절에서, 하나님과 맘몬 중 누구에게 사랑과 충성과 섬김을 바칠 것인지에 대한 갈등을 밝히 보여 주신다. 예수님은 우리가 한쪽을 사랑하면 자동적으로 다른 쪽을 미워하게 될 것이라고 말씀하셨다. 한쪽에 충성하면 다른 쪽은 경멸하게 되며, 한쪽을 섬기면 다른 쪽은 섬길 수 없다. 즉, 맘몬의 목적은 우리가 맘몬에게 충성하고 맘몬을 사랑하고 섬기게 하여, 결과적으로 하나님을 미워하며, 하나님을 경멸하고, 하나님을 섬기지 못하게 하는 것이다.

여호수아가 이스라엘 자손에게 "너희 섬길 자를 오늘 택하라"(수 24:15)고 촉구한 것처럼 오늘날에도 하나님은 우리에게 동일한 질문을 던지고 계신다.

모든 어두움의 영들이 그렇듯이, 그들의 가장 주된 공격은 직접적인 방법이 아니라 속임수라는 간교한 방법으로 이루어진다. 만약 맘몬이 사람들에게 직접 나타나 자신의 정체성을 밝힌 후에 충성과 사랑과 섬김을 요구한다면, 심지어 불신자라 할지라도 쉽게 순복하려 하지 않을 것이다. 그러나 맘몬의 가장 중요한 전략은, 사람들이 자신이 무엇을 하고 있는지 모르는 상태에서 맘몬을 섬기도록 속이는 것이다.

맘몬은 대부분의 사람들이 진리라고 믿고 있는 거짓말들을 널리 퍼뜨리는 것부터 시작하는데, 그중 최고의 거짓말은 바로 '돈이 곧 권세이다'라는 말이다. 맘몬은 사람들을 속여 돈에 신성한 권세가 있다고 믿게 만든다. 돈이 많은 사람은 굉장한 권력이 있는 사람이고, 돈이 별로 없는 사람은 무력한 사람으로 여기게 만드는 것이다.

어떤 사람이 소유한 돈의 양에 따라 사람의 가치가 달라진다. 이것은 한 개인뿐 아니라 국가에서도 마찬가지다. 우리는 일반적으로 재정 구조가 안정적인 나라를 강력한 국가라고 생각한다.

맘몬은 사람들이 돈에 비정상적으로 큰 가치를 두도록 유인한다. 우리가 돈에 권세가 있다고 믿을 때, 돈을 사랑하도록 유혹을 당하게 된다. 그리고 이렇게 돈을 사랑하면서부터 수많은 다른 악들이 생겨나게 된다.

> 돈을 사랑함이 일만 악의 뿌리가 되나니 이것을 탐내는 자들은 미혹을 받아 믿음에서 떠나 많은 근심으로써 자기를 찔렀도다. 딤전 6:10

돈에 권세가 있다는 거짓말을 믿는 그리스도인은 하나님이 아닌 돈의 통치를 받으며 돈 때문에 움직이고 행동한다. 이들은 돈이 부족하게 될까 봐 늘 두려워하며, 헌금을 드리는 일도 하나님이 아닌 자기 지갑과 의논한다. 또한 돈을 벌게 해준다고 약속하는 수많은 일들로 항상 바쁘다.

사실 돈 자체에는 아무런 능력이 없다. 돈은 가치중립적이며 무능한 존재에 불과하다. 하지만 맘몬의 영은 돈에 엄청난 권세를 부여함으로써 사람들을 조종하려고 한다. 이 결과 또 하나의 거짓말이 만들어지는데, 그것은 바로 우리에게 쓸 것을 공급하는 존재는 고용주나 배우자, 그리고 돈이 들어오는 어떤 통로들이라는 것이다. 물론 이것은 거짓이다. 모든 능력은 돈이 아닌 하나님께 있으며, 우리에게 공급하는 분은 오직 하나님이시다.

그리스도인들은 둘 중 누구를 섬기고 사랑할지 늘 갈등을 겪게 된다. 만일 우리가 돈을 사랑한다면, 자신도 알지 못하는 사이에 하나님을 사랑하지 않게 되는 것이다. 어떤 사람이 자신의 삶을 지배하도록 돈에게 권세를 부여했다면, 그는 부지불식간에 맘몬의 영이 자신의 삶을 다스리도록 내어준 것이다. 하나님이 그에게 어떤 장소로 가라거나 어떤 사역에 대해 헌금을 하라거나 어떤 일을 시작하라고 말씀하시더라도, 그는 '지금 돈이 별로 없어서 그렇게 할 수가 없습니다'라고 대답할 것이다. 이렇게 되면 그의 공급의 근원은 하나님이 아니라 돈인 것이다.

"당신은 무슨 목적으로 일하십니까?"라고 묻는다면, 대부분 사람이 "돈을 벌기 위해서 일합니다"라고 대답할 것이다. 그들에게는 돈이 목적이고, 진정한 권세를 주는 존재인 것이다. 그러나 돈은 결코 나의 주인이 될 수 없다. 오히려 돈은 나의 종이 되도록 계획된 것이다.

여기에서 중요한 문제는 바로 '누가 나의 공급자인가?'에 있다. 맘몬의 영은 계속적으로 당신에게 '삶에 있어 진정한 권세는 돈이며, 돈이 들어오는 통로가 당신의 공급자다'라고 속삭일 것이다. 당신이 이 말을 믿고 고용주나 배우자, 투자 등을 당신의 공급자라고 믿게 되었다면, 당신은 자기도 모르는 사이에 맘몬의 노예가 된 것이다.

이것은 주인과 노예의 관계가 뒤바뀐 것이다. 하나님이 나의 공급자이실 때 돈은 나의 종이 되어 하나님 나라를 섬기는 일에 사용된다. 종은 주인에게 의무를 가진다. 주인은 노예가 무엇을 할지 지시하며 노예가 어디에 있는지를 항상 알 수 있다. 그러나 돈이 나의 공급자가 된다면 나는 맘몬의 노예가 되어, 돈을 벌 수 있다고 생각되는 것이면 무엇이든 하려고 하게 된다. 이것은 목적과 수단이 바뀐 것이다. 돈은 마땅히 하나님을 섬기는 수단이 되어야 한다. 우리의 목적과 결승점은 바로 하나님이시기 때문이다. 그러나 돈이 우리 삶의 공급자로서 권세를 얻게 될 때, 하나님은 그리스도인들에게 돈을 얻기 위한 수단으로 전락하고 만다. 놀랍게도 많은 경우, 이 두 상황은 아주 미묘한 차이가 있을 뿐이다.

나는 여러 교회의 예배에 참석해 보았는데, 어떤 곳에서는 헌금 드리는 모습을 보며 내 영에 뭔가 불편함이 느껴졌다. 무언가 잘못되었다는 것을 심령으로 느낄 수는 있었지만, 수년간 그 이유가 무엇인지 확실히 알 수 없었다. 그런데 최근에 그 이유는 바로 헌금을 드리는 동기가 하나님이 아닌 맘몬의 영이었기 때문이라는 것을 깨닫게 되었다. 목적과 수단이 뒤바뀐 것이다. 그 사역자들은 하나님을 섬기기 위해 돈을 사용하라고 가르치지 않았고, 오히려 돈을 얻기 위해 하나님을 이용하라는 분위기를 조장했던 것이다.

그런 교회에서 헌금을 거두는 방식은 다음과 같았다. 먼저 사역자가 많은 그리스도인들이 현재 돈이 부족하다는 현실을 짚어 준다. 그리고 성경 말씀을 인용하여, 가난하거나 돈이 부족한 것은 하나님의 뜻이 아님을 설명한다. 이어서 마가복음 4장이나 비슷한 다른 성경 구절을 인용해 우리는 뿌린 대로 거두게 된다는 법칙을 제시한다. 그리고 돈(헌금)을 씨앗처럼 심으면, 하나님이 30배, 60배, 100배로 갚아주신다고 말하면서 헌금을 거두기 시작한다. 자, 여기서 무엇이 잘못되었는가?

가난이나 결핍이 자녀들을 향한 하나님의 뜻이 아니라는 말씀은 사실이다. 하나님은 진정 자신의 백성에게 복 주기를 원하신다. 또한 심으면 거둔다는 원칙은 분명 돈에 있어서도 적용되는 것이다. 하나님은 반드시 재정적인 씨앗을 배가시켜 주기 원하신다.

그렇다면 무엇이 문제인가? 여기서도 문제는, 주인과 노예, 즉 목적과 수단이 뒤바뀐 것이다. 이런 왜곡된 접근 방식은 돈을 목적으로 만들고, 돈에게 권세를 부여한다. "당신은 돈이 별로 없습니다. 그러니 이제부터 하나님과 하나님의 원칙을 사용하여 돈을 많이 벌 수 있도록 해드리겠습니다. 돈을 벌게 되면 만사가 형통하게 될 것입니다."

이것은 잘못된 말이다. 하나님은 우리에게 돈을 가져다주는 종이 아니다. 돈이야말로 하나님 나라를 확장시키기 위한 우리의 종이다. 그리고 우리의 주인은 하나님이시다. 우리는 주인의 지시에 따라 돈을 관리하도록 부름을 받은 청지기일 뿐이다. 그렇기에 돈은 하나님 나라의 확장을 위한 우리의 종이 되어야 한다. 우리는 하나님을 섬기기 위하여 돈을 사용해야 하며, 돈을 얻기 위해 하나님을 이용해서는 안 된다.

진실로 하나님이 나의 공급자라면, 고용주, 은행 계좌, 투자, 배우자 등은 그저 나의 쓸 것이 하나님으로부터 오는 데 사용되는 통로에 불과하다. 그렇기에 일자리를 잃거나 경제가 무너진다는 소식을 듣더라도 하나님이 나의 공급자이시기에 두려워하거나 공포에 질리지 않게 된다. 하나님은 단지 나의 공급 통로를 바꾸고 계신 것이다. 하나님이 나의 공급자라면, 돈은 하나님을 섬기는 데 사용하는 나의 종이 된다. 그러나 돈이 나의 공급자일 때, 하나님은 나에게 돈을 주시는 나의 종이 되실 수는 없다. 하나님도 권세가 있고 맘몬에게도 권세가 있다. 그러나 돈에는 권세가 없다. 내가 하나님을 섬기느냐 아니면 맘몬을 섬기느냐에 따라 돈은 나의 종이 되거나 나의 주인이 될 수 있는 것이다.

나는 IBM 주식회사에서 19년을 일하면서 IBM이 나의 공급자가 아님을 깨닫게 되었다. 나는 두 주인을 고용주로 섬길 수 없었던 것이다. 그리고 나는 하나님이 나의 공급자(고용주)이시며, 하나님이 나에게 IBM을 위해 시간을 사용하도록 명하셨고, 하나님이 나에게 월급을 주는 통로로 IBM을 사용하신다는 사실을 확신했다. 그 후 큰 평안이 밀려왔다. 그리고 내가 IBM을 나온 지금도 하나님은 여전히 나의 공급자이시며, 그분의 방법으로 다른 통로들을 통해 내게 돈이 흘러오게 하셨다.

이쯤 되면 당신은 자신의 상태를 한번 되돌아보고 싶을 것이다. 사실 오늘날 우리는 기업들이 경비 삭감을 위해 규모를 줄이고 직원들을 해고함으로 인해 수많은 실업이 발생하는 시대에 살고 있다. 이런 때에 맘몬은 사람들의 삶 가운데 두려움으로 틈을 타서 역사한다. 그러나 나의 진정한 고용주가 하나님이심을 깨달을 때, 두려움은 떠나게 된다. 우리가 해야 할 올바른 반응은, 하나님을 나의 공급자로 믿고 내가 다음 단계에 어디서 섬겨야 하는지 물으며 하나님을 구하는 것이다.

맘몬의 영은 가난한 사람들만 조종하는 것이 아니다. 맘몬은 많은 부를 축적한 이들도 다스리고 지배한다. 그들에게 있어 돈은 삶의 초점이며 근원이기에, 그들은 자기 돈을 보호하고 더 많은 돈을 벌기 위해서라면 무엇이든 하려고 들 것이다. 대부분의 경우 맘몬의 영은 부자들에게는 가진 것을 잃을 것에 대한 두려움으로, 가난한 사람들에게는 물질이 부족할 것에 대한 두려움으로 공격한다.

내가 두 가지 일을 주께 구하였사오니 내가 죽기 전에 내게 거절하지 마시옵소서 곧 헛된 것과 거짓말을 내게서 멀리 하옵시며 나를 가난하게도 마옵시고 부하게도 마옵시고 오직 필요한 양식으로 나를 먹이시옵소서 혹 내가 배불러서 하나님을 모른다 여호와가 누구냐 할까 하오며 혹 내가 가난하여 도둑질하고 내 하나님의 이름을 욕되게 할까 두려워함이니이다. 잠 30:7-9

/
맘몬은 불의와 결탁한다
/

우리는 사도행전 8장을 통해 맘몬은 믿는 자나 믿지 않는 자의 삶에서 똑같이 충동하며 강하게 역사하는 것을 볼 수 있다. 많은 경우, 맘몬의 영은 한 개인의 삶 안에 이미 역사하고 있는 불의의 영역을 찾아서 그것과 결탁한다. 이렇게 되면 맘몬의 영이 주는 기만은 더욱 깊어지고, 더욱 끌려들어가기 쉽다.

이제부터 어떻게 맘몬의 영이 불의와 결탁하여 그리스도인의 삶 가운데 영향을 미치는지 성경에 나오는 한 예를 통해서 명백히 살펴보도록 하자.

그 성에 시몬이라 하는 사람이 전부터 있어 마술을 행하여 사마리아 백성을 놀라게 하며 자칭 큰 자라 하니 낮은 사람부터 높은 사람까지 다 따르며 이르되 이 사람은 크다 일컫는 하나님의 능력이라 하더라 오랫동안 그 마술에 놀랐으므로 그들이 따르더니 빌립이 하나님 나라와 및 예수 그리스도의 이름에 관하여 전도함을 그들이 믿고 남녀가 다 세례를 받으니 시몬도 믿고 세례를 받은 후에 전심으로 빌립을 따라다니며 그 나타나는 표적과 큰 능력을 보고 놀라니라. 행 8:9-13

이 말씀에서 우리는 시몬이 그리스도인이 되어 세례까지도 받은 것을 볼 수 있다. 거듭난 시몬의 소망은 빌립처럼 주님을 따르는 삶을 사는 것이었다. 그런데 시험이 찾아온다. 다음 구절에서 시몬은 예루살렘에서 온 베드로와 요한 사도가 믿고 세례를 받은 자들이 성령을 받도록 안수하는 것을 보게 된다.

시몬이 사도들의 안수로 성령 받는 것을 보고 돈을 드려 이르되 이 권능을 내게도 주어 누구든지 내가 안수하는 사람은 성령을 받게 하여 주소서 하니 베드로가 이르되 네가 하나님의 선물을 돈 주고 살줄로 생각하였으니 네 은과 네가 함께 망할지어다 하나님 앞에서 네 마음이 바르지 못하니 이 도에는 네가 관계도 없고 분깃될 것도 없느니라. 행 8:18-21

베드로가 시몬의 마음에 영향을 주고 있는 맘몬을 대적하고 있다는 사실을 주시하기 바란다. 이것은 두 왕국 간의 갈등이다. 맘몬은 돈과 사고 파는 것을 통해 사람들을 조종하고 권세와 능력을 행사하려고 한다. 반면에, 하나님 나라는 주고받는 것을 통해 역사한다.

베드로는 즉시 문제를 정확하게 지적한다. 시몬은 믿는 자이며 세례도 받았지만, 그의 마음에 무언가 잘못된 것이 있었다. 그의 마음속에 있는 맘몬의 영이 다루어지지 않았기에, 맘몬이 여전히 그의 마음과 감정을 사로잡고 있었다. 사람들은 돈과 관련된 문제가 생기면 감정이 고조되는 경우가 많다. 어떤 가정에 돈과 관련된 문제가 있거나 막대한 유산을 나눠야 하는 문제가 있을 때, 엄청난 감정의 폭발이 일어나는 것을 본 적이 있는가? 많은 경우 맘몬의 영이 '감정'을 통해 사람들의 마음을 조종하는 것이다.

> 그러므로 너의 이 악함을 회개하고 주께 기도하라 혹 마음에 품은 것을 사하여 주시리라 내가 보니 너는 악독이 가득하며 불의에 매인 바 되었도다. 행 8:22-23

베드로는 주님으로부터 지식의 말씀을 받아 시몬에게 악독이 가득하다고 지적했다. 여기서 독은 쓴 뿌리를 의미하는데, 쓴 뿌리란 일종의 감정의 상태를 말한다. 베드로가 시몬의 마음이 하나님 보시기에 바르지 못하다고 말한 것은 시몬의 영이 '거듭나지 않았다'는 뜻이 아니라, 시몬의 감정과 영 안에 다루어야 할 문제가 있다는 뜻이다.

여기서 우리는 이것이 '권능을 사려면 돈이 얼마나 드는지를 물어본 것과 무슨 상관이 있는가?'라고 의아해할 수 있다. 사실 시몬은 과거에 마술사로서 실력을 발전시키기 위해 다른 마술사들로부터 여러 가지 마술 기술을 샀을 것이기 때문에 그에게는 이것이 자연스러운 반응인 것처럼 보이기도 한다. 하지만 '불의'라는 단어를 주목해야 한다. 킹제임스 번역본은 8장 23절의 "불의에 매인 바 되었도다"라는 구절을 '죄악에 매인 바 되었다'라고 번역했으며, 여러 번역본들이 이 구절을 '죄에 묶였다',

'죄 안에 갇힌 자 되었다' 등과 같이 번역하고 있다. '불의'는 헬라어로는 '아디키아'^adikia^인데, 이 단어는 '의'에 반대되는 것이다. (의는 하나님 나라의 특징 중 하나다. 로마서 14장 17절은 "오직 성령 안에서 의와 평강과 희락이라"고 말한다). 이 헬라 단어는 악, 불법, 거역, 범죄를 의미하기도 한다. 사실 이 세상 안에는 이미 불법이 비밀리 활동하고 있다(살후 2:7).

> 네가 지음을 받던 날로부터 네 모든 길에 완전하더니 마침내 네게서 불의가 드러났도다. 겔 28:15

대부분 학자들은 이 구절이 사탄이 타락하기 이전 상태인 루시퍼를 가리킨다고 믿는다. 사탄은 그의 불의로 인해 타락하게 되었다. 이 사탄이 하와를 유혹함으로써 일어난 인류의 타락은 단순히 명령에 대한 불순종이라는 죄 이상의 것이 되었다. 사탄의 불의가 전 인류에게 전달되었기 때문이다. 이 불의는 인류로 하여금 하나님께 불순종하고 죄를 선택하도록 만드는 세력이다. 그래서 우리는 아주 어린 아이들에게서조차도 고의적인 반항 등의 불의함을 발견할 수 있는 것이다.

죄와 불의의 차이를 눈여겨보아야 한다. 그럴 때 어떤 죄는 아비로부터 후손 삼사 대에 이르기까지 전달될 수 있다는 것을 우리는 이해하게 된다.

> 그것들에게 절하지 말며 그것들을 섬기지 말라 나 네 하나님 여호와는 질투하는 하나님인즉 나를 미워하는 자의 죄(킹제임스판은 '불의'로 번역 -

역주)를 갚되 아버지로부터 아들에게로 삼사 대까지 이르게 하거니와 나를 사랑하고 내 계명을 지키는 자에게는 천 대까지 은혜를 베푸느니라.
신 5:9-10(출 34:7, 민 14:18 참조)

이 구절도 단순한 죄가 아닌 불의에 대하여 말하고 있다. 모든 사람은 각자 자신이 저지른 죄에 대해 책임이 있다. 그러나 대를 이어 내려가는 불의는 어떤 사람으로 하여금 특정한 죄를 지을 수밖에 없도록 큰 영향을 미치는 세력이다. 이것은 강한 충동이나 중독의 형태로도 나타날 수 있다. 가계 안에서 이혼이나 알코올 중독과 같이 하나님이 미워하시는 일들이 대를 이어 재발하는 집안이 있다. 불의가 다루어지지 않은 채로 다음 세대에게 전해지는 것이다. 대부분 경우 불의는 대를 이어 약물 중독, 성적 부도덕, 정신질환, 자살, 억제되지 않는 분노, 다양한 종류의 중독 등으로 나타난다. 그리고 이 불의를 다루지 않는다면, 그는 예수님이 말씀하시는 불의(불법)을 행하는 자가 될 수 있다.

그때에 내가 그들에게 밝히 말하되 내가 너희를 도무지 알지 못하니 불법을 행하는 자들아 내게서 떠나가라 하리라. 마 7:23

시편 기자도 불의를 행하는 자들에 대하여 여러 번 말하고 있다.

악인과 악을 행하는 자들과 함께 나를 끌어내지 마옵소서 그들은 그 이웃에게 화평을 말하나 그들의 마음에는 악독이 있나이다. 시 28:3

악인의 죄가 그의 마음속으로 이르기를 그의 눈에는 하나님을 두려워하는 빛이 없다 하니 그가 스스로 자랑하기를 자기의 죄악은 드러나지 아니하고 미워함을 받지도 아니하리라 함이로다. 시 36:1-2
악을 행하는 자들이 거기서 넘어졌으니 엎드러지고 다시 일어날 수 없으리이다. 시 36:12

불의를 행하는 자는 악한 영의 세력이 그의 삶 가운데 있는 것을 알면서도 그것을 해결하려는 마음이 없는 사람이다. 그는 권위 아래 들어가기를 거절하기에 아무도 그에게 말을 할 수 없다. 이것은 사역을 잃어버릴까 두려워서일 수도 있고, 악이 노출되는 것이 두려워서일 수도 있다. 그러나 끝까지 불의를 다루지 않는다면, 우리는 다음 구절에서와 같이 불의의 필연적인 결과를 목도하게 될 것이다.

주 여호와의 말씀이니라 이스라엘 족속아 내가 너희 각 사람이 행한 대로 심판할지라 너희는 돌이켜 회개하고 모든 죄에서 떠날지어다 그리한즉 그것이 너희에게 죄악의 걸림돌이 되지 아니하리라. 겔 18:30

당신 또한 올바른 동기로 시작했을지라도 자신 안에 있는 불의로 인해 무너지는 사람들을 많이 목도했을 것이다.

내가 나의 마음에 죄악을 품었더라면 주께서 듣지 아니하시리라. 시 66:18

그러면 이 모든 것들은 맘몬의 영 그리고 돈과 어떤 관계가 있는가? 누가복음 16장에서 우리는 예수님이 맘몬을 불의와 연결하시는 것을 보게 된다.

> 너희가 만일 불의한 재물(NKJV에서는 '맘몬'으로 번역함-역주)에도 충성하지 아니하면 누가 참된 것으로 너희에게 맡기겠느냐. 눅 16:11

'불의'로 번역된 헬라어 원어는 아디키아, 곧 죄악^{iniquity}이다. 이 구절에서 맘몬은 불의와 동일한 뜻으로 불의한 맘몬이라고 부를 수도 있다. 이는 돈을 사랑하는 것이 왜 일만 악의 뿌리가 되는지를 설명해 준다. 돈을 사랑하는 사람들에게 영향을 미치는 악한 영들이 존재할 뿐 아니라, 돈을 사랑하는 사람들 안에도 악한 추진력이 있는 것이다.

오늘날 사람들은 돈 때문에 죽이고 훔치고 다른 이들의 소유를 파괴한다. 이는 모든 민족과 문화 안에서 발견할 수 있는 악한 추진력이자, 모든 것을 파괴하는 불의와 죄악이다.

한 개인에게 대대로 흘러내려온 저주가 빈곤의 영일 수도 있다. 빈곤의 영 또한 불의와 연결되어 가문 안에 이어지는 것으로, 그 사람이 회개하고 예수의 피로 씻김을 받을 때까지 그의 삶을 속박하며 재정의 흐름을 방해할 것이다.

우리의 이해를 넓히기 위하여 불의의 다른 영역들도 살펴보자. 선지자 발람의 삶에서도 불의가 미치는 영향을 볼 수 있다.

> 그들이 바른 길을 떠나 미혹되어 브올의 아들 발람의 길을 따르는도다 그는 불의의 삯을 사랑하다가 자기의 불법으로 말미암아 책망을 받되 말하지 못하는 나귀가 사람의 소리로 말하여 이 선지자의 미친 행동을 저지하였느니라. 벧후 2:15-16

이 구절은 발람의 불의를 말하고 있다. 민수기 22장의 발람 이야기를 읽어보면, 그가 돈을 사랑했기에 이스라엘을 저주하며 대가를 받고자 했던 것을 알게 된다. 베드로는 헬라어 아디키아를 사용하여, 발람이 바른 길을 떠나는 것은 불의의 충동을 받은 까닭임을 지적하고 있다.

> 너는 나를 위하여 돈으로 향품을 사지 아니하며 희생의 기름으로 나를 흡족하게 하지 아니하고 네 죄짐으로 나를 수고롭게 하며 네 죄악으로 나를 괴롭게 하였느니라. 사 43:24

주님은 우리가 이제는 그동안 극복할 수 없었던 불의를 해결하는 일에 적극적으로 참여하기를 원하신다. 우리의 삶에서 어떤 반복되는 유형의 죄악이나 충동을 발견하게 되었다면, 하나님께 그 불의의 뿌리가 무엇인지 조명해 달라고 적극적으로 구하는 것이 무척 중요하다. 그러면 하나님은 우리가 회개하도록 도우시고 불의를 제거해 주신다.

사도행전 8장 23절에서 불의를 드러낸 시몬과 같이 우리의 불의의 뿌리는 돈을 사랑하는 것일 수 있다. 시몬이 돈을 사랑한 것은 다른 사람들의 삶에 권세를 끼칠 수 있는 힘을 돈으로써 사기 원했기 때문이었다.

미국 화폐의 고액권을 움켜쥐고 있는 이들이 누구인지를 다룬 재미있는 보고를 읽은 것이 기억난다. 1994년 5월 22일자[1] 〈뉴욕 타임스〉는 로스앤젤레스의 연방준비은행의 발표에 근거하여, 당시 유통되고 있는 미국 화폐의 금액을 액수에 따라 기록한 보고를 인용하였다. 1992년에 유통되고 있던 화폐는 총 2만 9천200억 달러로, 이 말은 미국에 살고 있는 모든 사람들이 평균적으로 1천 143달러를 가지고 있다는 이야기였다. 유통되는 화폐 단위로 추정했을 때, 한 사람이 100달러짜리 지폐를 6장 이상 가지고 있다는 것이다.

하지만 대부분의 일반 국민들은 수표나 신용카드, 직불카드를 사용한다는 점을 고려할 때, 도대체 그 많은 화폐들은 누가 갖고 있는 것인가? 조사 결과, 100달러 지폐로 존재하는 약 1천 570억 달러의 돈은 지하경제의 저축액과 운영자본working capital인 것으로 알려졌다. 이러한 지하경제의 실체를 통해 우리는 돈을 사랑함이 모든 악의 근원임을 다시 한 번 알 수 있다. 우리에게 어떻게 불의를 다루고 해결해야 하는지 알려 주시는 하나님을 찬양한다.

이사야 53장은 하나님이 예수 그리스도 안에서 우리를 위해 무엇을 해주셨는지 이야기하고 있다.

> 그가 찔림은 우리의 허물 때문이요 그가 상함은 우리의 죄악 때문이라 그가 징계를 받으므로 우리는 평화를 누리고 그가 채찍에 맞으므로 우리는 나음을 받았도다. 사 53:5

---

[1] 〈뉴욕타임스〉, 타임스 국내면, 1994년 5월 22일, 12면

예수님은 우리의 허물이나 죄뿐만 아니라 죄악(또는 불의) 때문에 돌아가셨다. 이사야 선지자는 예수님의 죽음을 찔림과 상함으로 묘사한다. 그는 예수님의 찔림은 우리의 허물 때문이며, 상함은 우리의 죄악 때문이라고 말한다. 찔림이란 살이 찢어지고, 상하고, 베이는 것과 같이 외부적으로 나타나는 상처다. 그러나 상함^{bruising}이란 멍이 들고 피부 밑으로 출혈이 있는 내부적인 것으로, 죄악과 불의를 의미한다. 때로는 내부적인 상처가 외부적인 상처보다 훨씬 고통스러울 수 있다. 또한 육신에 멍이 드는 것이 아픈 만큼, 말과 행동으로 인해 감정에 멍이 드는 것 또한 무척이나 고통스러운 것이다. 야고보 사도는 불과 같은 혀에 대해 이야기하고 있다.

> 혀는 곧 불이요 불의의 세계라 혀는 우리 지체 중에서 온 몸을 더럽히고 삶의 수레바퀴를 불사르나니 그 사르는 것이 지옥 불에서 나느니라.
> 약 3:6

혀가 불의를 전달하는 주요한 수단임을 인식하기 바란다. 불의에서부터 나온 말은 듣는 사람에게 피상적인 상처뿐 아니라 그의 감정에 깊숙이 파고 들어가 그의 정체성을 저주하는 내적 상함을 남긴다. 불의는 원한을 품은 쓴뿌리와 같은 것으로, 앞에서 살펴본 시몬의 경우처럼 악독이나 다른 죄를 품을 수 있는 독과 같은 것이다. 죄악과 불의는 악한 것이면서 어떤 것이든 잡아당기는 접착제와 같다.

> 내가 보니 너는 악독(the gall of bitterness, 비통의 쓴맛-역주)이 가득하며 불의에 매인 바 되었도다. 행 8:23

이 맘몬의 영(불의에서 나온 악한 영적 존재)은 시몬의 비통함과 쓴뿌리를 통해 시몬의 감정 안에 자리 잡고 있었던 것이다. 이 영은 그가 돈을 사랑하게 만들고, 돈이 자신의 삶 가운데 무엇이든 가져다 줄 수 있다고 속임으로써 시몬의 마음을 더럽힐 수 있었다. 그러나 우리는 요한일서 1장에서 이런 불의에 대한 해독제를 찾을 수 있다.

> 만일 우리가 우리 죄를 자백하면 그는 미쁘시고 의로우사 우리 죄를 사하시며 우리를 모든 불의에서 깨끗하게 하실 것이요. 요일 1:9

여기에서 요한은 모든 불의를 깨끗하게 해주시는 분에 대해 말한다. 죄와 불의로부터 우리를 깨끗하게 하는 세탁제는 바로 예수 그리스도의 보혈이다. 그러나 용서받기 위해서는 먼저 죄를 고백해야 하듯이, 보혈을 통해 불의함으로부터 깨끗함을 받기 위해서는 먼저 회개가 필요하다. 베드로는 시몬에게 불의를 회개하고 마음이 변화되어 새로워지게 하라고 촉구하였다. 그에게 '불법을 행하는 자'가 되지 말고, 그 불의를 다루라고 말하는 것이다.

맘몬의 영도 마찬가지다. 우리는 우리의 감정에 맘몬의 영이 머물게 만드는 불의를 다루어야 한다. 돈이 부족할까봐 두려워하는 마음, 돈을 사랑하고 섬기는 마음, 돈을 따르는 마음이 가져다주는 모든 멍에를 깨닫고, 예수의 피로 씻김 받아야 하는 것이다. 이 보혈이 적용되어야만 진정한 회개가 일어나고, 불의의 결과로 일어난 죄들을 고백하고 용서받을 수 있게 된다. 그리고 일단 이렇게 불의와 죄가 다루어지고 나면, 우리를 묶고 있던 맘몬의 영으로부터 진정한 자유를 경험할 수 있다.

불의(또는 죄악-역주)의 반대는 의다. 돈을 사랑하는 것으로부터 자유케 되기 위해서는, 마음속에 의가 자리 잡고 작용해야 한다. 사도 바울은 로마서 6장에서 의에 대해 이렇게 말하고 있다.

> 또한 너희 지체를 불의의 무기로 죄에게 내주지 말고 오직 너희 자신을 죽은 자 가운데서 다시 살아난 자 같이 하나님께 드리며 너희 지체를 의의 무기로 하나님께 드리라. 롬 6:13
> 죄로부터 해방되어 의에게 종이 되었느니라 너희 육신이 연약하므로 내가 사람의 예대로 말하노니 전에 너희가 너희 지체를 부정과 불법에 내주어 불법에 이른 것 같이 이제는 너희 지체를 의에게 종으로 내주어 거룩함에 이르라. 롬 6:18-19

하나님의 말씀은 계속해서 우리가 의 안에 머물도록 격려한다.

> 너희 자신을 종으로 내주어 누구에게 순종하든지 그 순종함을 받는 자의 종이 되는 줄을 너희가 알지 못하느냐 혹은 죄의 종으로 사망에 이르고 혹은 순종의 종으로 의에 이르느니라. 롬 6:16

하나님과 그분의 말씀에 순복할 때, 우리는 의로 나아가게 되며 불의로부터 자유롭게 된다.

> 이는 죄가 사망 안에서 왕 노릇 한 것 같이 은혜도 또한 의로 말미암아 왕 노릇 하여 우리 주 예수 그리스도로 말미암아 영생에 이르게 하려 함이라. 롬 5:21

하나님은 우리를 그분의 은혜 가운데 살아가도록 부르셨다. 그 은혜는 의로 말미암아 왕 노릇 하며 통치하는 것이다. 우리가 그분의 은혜 가운데 살게 될 때, 하나님은 우리로 하여금 다스리도록 부르신다.

> 한 사람의 범죄로 말미암아 사망이 그 한 사람을 통하여 왕 노릇 하였은즉 더욱 은혜와 의의 선물을 넘치게 받는 자들은 한 분 예수 그리스도를 통하여 생명 안에서 왕 노릇 하리로다. 롬 5:17

우리가 다스릴 수 있는 권위와 능력을 갖게 된 것은 오직 그리스도의 의로 인하여 거저 얻은 선물이자 넘치는 은혜다. 하나님은 우리가 죄악과 불의로부터 해방되기 원하셨기에 이 일을 행하신 것이다. 그렇기에 우리는 자신을 의로운 자로 보아야 한다. 그러므로 우리의 초점은 우리 육신 안에 있는 불의가 아닌, 그리스도 안에 있는 의에 맞춰져야 한다.

고린도후서 5장에서 바울은 우리는 그리스도 예수 안에서 하나님의 의라고 말한다.

하나님이 죄를 알지도 못하신 이를 우리를 대신하여 죄로 삼으신 것은 우리로 하여금 그 안에서 하나님의 의가 되게 하려 하심이라. 고후 5:21

히브리서 1장에서는 "하나님 나라의 규는 의"라고 말한다.

아들에 관하여는 하나님이여 주의 보좌는 영영하며 주의 나라의 규는 공평한 규(공동번역판에서는 '정의'-역주)이니이다. 히 1:8

그가 와서 죄에 대하여, 의에 대하여, 심판에 대하여 세상을 책망하시리라 죄에 대하여라 함은 그들이 나를 믿지 아니함이요 의에 대하여라 함은 내가 아버지께로 가니 너희가 다시 나를 보지 못함이요 심판에 대하여라 함은 이 세상 임금이 심판을 받았음이라. 요 16:8-11

많은 사람들이 성령님이 이 땅에 오셔서 우리가 잘못한 모든 일(죄)을 책망하실 것이며, 하나님은 의로우시기에 우리에게 화를 내고 계시며(의), 죄 범하기를 그치지 않으면 하나님이 우리를 심판하실 것(심판)이라고 생각한다. 그러나 이것은 위의 구절에서 예수님이 실제로 말씀하신 내용과 다르다.

예수님은 성령님이 이 땅에 오신 이유는 우리로 하여금 예수님을 믿지 못하는 마음을 깨닫고, 그리스도 안에 우리의 의가 존재하며 사탄은 이미 심판 받았으므로 우리의 삶 가운데 아무런 권세도 행할 수 없다는 것을 깨닫게 해주시기 위함이라고 말씀하신다. 성령님이 깨닫게 하시는 유일한 죄는 우리가 예수님을 믿지 않거나 신뢰하지 않는 것이다. 불의가 그리스도인의 삶 가운데 역사할 때 그는 예수님을 믿지 않고 신뢰하지 않게 되기 때문이다.

많은 사람들이 자신 안의 불의를 깨달으면 자신의 의지와 결단으로 불의를 제거하려고 애쓴다. 하지만 우리 자신의 의지로는 불의를 다룰 수 없다는 것을 성령님이 오셔서 깨닫게 해주시는 것이다. 성령님은 우리의 불신앙의 요소들을 드러내시고 우리의 노력이 아니라 오직 예수님의 보혈이 우리를 자유케 한다는 사실을 믿도록 이끄신다.

성령님은 우리의 모든 잘못을 지적하시는 분이 아니다. 우리의 마음은 자신의 잘못들을 끊임없이 지적하지만, 성령님은 우리가 그리스도 안에서 근본적으로 의로운 존재임을 알려 주시려고 애쓰신다. 성령님은 우리가 계속 죄를 범하면 심판을 받을 것이라는 말씀도 하시지만, 이 세상을 다스리는 자(사탄)가 이미 심판 받았음 또한 알려 주신다. 그러므로 성령님이 하시는 가장 중요한 일은 예수님이 이미 값을 지불하신 우리의 의를 받아들이고 진정 의롭게 되었음을 깨닫도록 도우시는 것이다.

> 그런즉 너희는 먼저 그의 나라와 그의 의를 구하라 그리하면 이 모든 것을 너희에게 더하시리라. 마 6:33

이 구절에서 예수님은 의를 두 번 반복함으로써 강조하셨다는 것을 아는가? 로마서 14장 17절은 "하나님의 나라는 성령 안에서 의와 평강과 희락"이라고 말한다. 그러므로 마태복음 6장 33절 말씀은 '먼저 너희는 성령 안에서 의와 평강과 희락과 그의 의를 구하라'는 말씀으로 볼 수 있다. 이렇게 의를 두 번이나 반복하여 강조하신 것은, 불의의 반대는 의이며, 이는 곧 예수님을 통하여 우리의 의가 된 하나님의 의를 다시금 깨우쳐주기 위함이다. '의'에 대해 더 깊이 묵상하고 연구하여 자신이 그리스도 안에서 온전히 의롭다는 사실을 자각하기 바란다.

우리는 앞서 사도행전 8장에서, 거듭났고 세례도 받은 시몬의 마음 가운데 다루어야 할 불의가 존재함을 보았다. 그의 마음에는 돈과 돈으로 살 수 있는 것들을 무엇보다 귀중하게 여겼다. 예수님은 우리를 불의로부터 자유롭게 하심으로써 맘몬의 영이 우리의 감정 가운데 조금도 틈탈 곳을 찾지 못하기를 바라신다. 그래서 우리가 돈을 사랑함으로 인해 돈의 종이 되지 않도록 도우신다.

요약하면, 맘몬의 영의 목적은 사람들로 하여금 돈에게 신성한 가치를 두게 만들고 돈이야말로 평안한 삶을 가져다주는 근원으로 인식하게 만드는 것이다. 그때 사람들은 하나님보다 돈을 사랑하게 되고, 하나님을 두려워하기보다 돈의 결핍을 두려워하게 된다. 하나님이 당신의 공급자라면, 돈은 하나님 나라의 역사를 이루는 데 사용되는 종이 될 것이다. 반대로 돈이 당신의 공급처라면, 하나님은 결코 당신이 돈을 벌게 해주는 당신의 종이 되실 수 없다. 돈이 얼마나 무력한 것인지를 깨닫기 전까지는 결코 돈을 추구하는 것에서 자유로울 수 없다.

이제부터는 우리의 삶 가운데 역사하는 맘몬의 영향력을 살펴보자. 이로써 대적이 어떻게 돈을 사랑하는 마음을 통해 우리의 감정 가운데 들어올 수 있는지 깨닫게 될 것이다.

맘몬의 영향력

대부분 사람들은 자신의 삶 가운데 있는 맘몬의 영의 영향력을 깨닫지 못한다. 이제 사람들의 삶 가운데서 발견할 수 있는 맘몬의 영향력 열 가지를 살펴보려고 한다. 맘몬의 영의 영향력이 무엇인지 파악하는 것이 그 영향력으로부터 자유롭게 되는 첫걸음이기 때문이다.

1. 돈에 대한 염려와 근심이 있다

많은 사람들은 돈에 대한 근심과 두려움을 갖고 있다. 부자는 가지고 있는 돈을 잃어버릴까봐, 가난한 사람은 돈이 모자랄까봐 늘 두려워한다. 어떤 경우이건 간에 염려와 근심이 그 사람의 감정을 지배하게 된다.

잠언 30장은 우리에게 이렇게 말한다.

> 내가 두 가지 일을 주께 구하였사오니 내가 죽기 전에 내게 거절하지 마시옵소서 곧 헛된 것과 거짓말을 내게서 멀리 하옵시며 나를 가난하게도 마옵시고 부하게도 마옵시고 오직 필요한 양식으로 나를 먹이시옵소서 혹 내가 배불러서 하나님을 모른다 여호와가 누구냐 할까 하오며 혹 내가 가난하여 도둑질하고 내 하나님의 이름을 욕되게 할까 두려워함이니이다. 잠 30:7-9

2장에서 우리는 돈을 유일한 공급 수단으로 의존하는 것에서 벗어날 때 불안과 걱정에서도 해방될 수 있다는 것에 대해 더 자세히 나눌 것이다. 다음의 세 가지 내적 태도는 돈에 대한 근심으로부터 자유롭게 된 상태가 어떤 것인지를 잘 나타내고 있다.

첫째, 내가 가지고 있는 것은 모두 하나님으로부터 받은 선물이다. 나는 단지 하나님이 내게 맡겨주신 것을 관리하는 청지기에 불과하다. 나의 필요는 하나님이 채우실 것이며 나의 노력으로는 채울 수 없다. 내게 있는 모든 것은 나를 사랑하시는 하늘의 아버지께서 주신 선물이기 때문에 나는 돈에 대해 염려할 필요가 없다. 이 진리가 나를 두려움과 근심으로부터 자유롭게 한다.

둘째, 나의 재정과 소유는 하나님이 돌보신다. 내가 가진 모든 것이 하나님이 주신 선물임을 알 때에, 하나님이 모든 재물의 소유주가 되시고 나는 단지 그분의 자원을 맡은 관리자가 될 수 있다. 그러므로 무언가 도둑맞거나 손해를 보더라도, 나는 하나님이 내가 그것을 계속 갖고 있기를 원하신다면 그것을 다시 주시리라는 사실을 안다. 그러므로 나는 소유물을 유지하고 보살펴야 한다는 염려로부터 자유로울 수 있다.

셋째, 나의 소유물은 다른 사람들이 쓸 수 있는 것이다. 내가 소유한 것은 아무것도 없고 나는 하나님의 자원을 관리하는 청지기에 불과하기 때문에, 손실이나 손상을 입을까 두려워하지 않고 하나님이 지시하시는 대로 나의 소유물이나 자원을 다른 사람이 사용하도록 허락할 수 있다. 또한 나는 좋은 청지기로서 사람들에게 물건을 올바로 사용하는 방법을 가르침으로써 그들 역시 좋은 청지기가 되도록 돕는다.

1988년 2월 29일자 〈타임〉지에 '부자들의 재앙'이라는 제목의 의미 있는 기사가 실렸다. 큰 부자들을 괴롭히고 있는 근심의 전염병이 퍼지고 있다는 내용이었다. 그 기사는 몇 세대를 이어 재물을 축적해 온 집안에서는, 재산을 잃어버리는 것에 대한 불안과 고질적인 공포가 그 집안의 정체성으로 자리 잡는 경향에 대해서도 말하고 있었다. 이것은 오늘날 심리학자들이 많은 재물이 생길 때 심리적·감정적으로 엄청난 두려움이 함께 찾아온다고 지적하는 것과도 같은 맥락의 이야기이다.

마태복음 6장에서 예수님은 쓸 것의 근원에 대해 염려하지 말고 근심하지 말라고 말씀하신다.

> 그런즉 너희는 먼저 그의 나라와 그의 의를 구하라 그리하면 이 모든 것을 너희에게 더하시리라. 마 6:33

여기서 중요한 문제는 초점이다. 먼저 구한다는 것은, 하나님과 그분의 길을 구하는 것에 온 마음과 심령으로 전념하는 것이다. 이로써 재정에 대한 염려와 근심으로부터 우리는 보호받을 수 있다.

이 말씀은 하나님의 '거짓말 탐지기'와도 같다. 내가 그리스도인들에게 "당신은 하나님 나라와 그의 의를 먼저 구하십니까?"라고 묻는다면, 대부분이 "아, 그럼요. 물론입니다!"라고 대답한다. 그러나 대화가 깊어지면서 실제로 그들은 재정에 대한 근심걱정을 나누기 시작한다. 사람들이 하는 말은 그들의 마음이 어떤지에 대해 잘 보여 준다. 그들의 근심걱정은 결국 그들이 구하는 것은 하나님 나라가 아니라는 것을 보여 주는 증거인 것이다. '구한다'는 것은 무엇인가에 전념한다는 말이다. 그들이 하나님 나라에 전념하고 있다면, 염려와 근심은 있을 수 없다.

2. 돈을 잘못 관리한다: "돈이 다 어디로 갔는지 모르겠어요!"

많은 그리스도인이 개인의 재정 장부를 쓰지 않는다. 결과적으로 그들은 자신의 삶 가운데 재정적인 책임감이 없다. 이들은 한 달에 보통 얼마나 필요한지 물어보면 대답도 잘하지 못한다. 이와 관련하여 사람들에게 자주 인용하는 비유가 하나 있다.

당신이 수억만 달러의 신탁펀드를 관리하는 매니저라고 가정해 보자. 이 신탁펀드는 하나님 나라의 사역을 위해 설립된 것으로, 그리스도인들에게 지혜롭게 자금을 지원하려는 취지로 만들어졌다. 그런데 두 그리스도인 가정이 자금 배당을 신청했다. 한가정은 과거에 돈을 어떻게 사용했는지에 대한 기록과 함께 신청할 자금을 어떻게 사용할 것인지에 대한 예산안을 들고 당신을 찾아왔다. 그런데 또 한 가정은 과거에 돈을 어떻게 사용하였는지에 대한 기록도, 미래에 대한 계획도 없이 찾아왔다. 당신이 남편에게 자금을 얼마나 신청할 것인지 묻자, 그는 "음… 몇 천 달러 정도요?"라고 대답한다. 그래서 정확히 몇 달러인지 다시 묻자 "어… 잘 모르겠는데요. 아마 7천 달러 정도면 충분하겠지요?'라고 대답한다. 당신은 다시 "그 돈을 어디에 쓰실 계획입니까?"라고 묻는다. 그는 "생활에 필요한 비용을 지불하는 데 쓸 것입니다"라고 대답한다. "내야 할 비용이 매월 얼마입니까?"라는 마지막 질문에도 "정확히는 잘 모르겠는데요"라는 대답이 돌아온다.

이 두 가정 가운데 어떤 가정에게 자금을 내어 주겠는가? 말할 것도 없이 예산안을 들고 온 가정일 것이다. 나는 또 한 가지 결정적인 질문을 한다. 당신이 만일 펀드매니저라면, 자금을 맡긴 사람에게 한 치의 부끄럼 없이, 자신의 가정에 그 펀드 자금을 투자할 수 있겠는가? 많은 경우, 사람들은 고개를 숙이며 "아니요"라고 대답한다. "왜 아닙니까?" "저희 가정 상황은 두 번째 가정과 비슷하기 때문입니다. 저희는 예산 계획도 없고 재정 장부도 쓰고 있지 않습니다." 나는 마지막으로 이 한마디를 전할 수밖에 없다. "당신은 하나님께서 인간보다 어리석다고 생각하십니까? 당신도 자신에게 투자할 수 없는데 하나님께서 왜 당신에게 투자하시겠습니까?"

그 후 나는 그에게 하나님은 실제로 수천억 달러의 자본을 가지고 계시다고 말해 준다. 그분은 지금 이 순간에도 자금 신청을 받고 계시다. 하지만 당신이 하나님께 얼마를 구해야 할지, 그리고 그 돈을 어떻게 사용할지 설명할 수 있으려면, 당신의 재정 상황을 장부에 기록하여 준비해야만 한다.

재정에 대한 기록과 계획이 없다는 것은 재정을 잘못 관리한다는 증거다. 어떤 사람들은 하나님이 우리의 공급자시기에 우리의 재정을 기록하거나 계획할 필요가 없다고 주장하기도 한다. 그러나 이런 태도는 대부분 무책임함과 올바르지 못한 재정 관리로 이어지게 된다.

3. 계속적인 재정 결핍이 있다

돈이 충분한 적이 한 번도 없다. 월급날이 한참이나 남았는데 항상 돈이 부족하다. 이것은 부자나 가난한 사람이나 다 겪는 문제인 것 같다. 만약 내가 나 자신을 하나님 앞에서 하나님의 재정을 맡은 책임자로 생각하지 않는다면, 나는 기록도 하지 않고 재정 계획도 수립하지 않을 것이다. 이런 태도는 반드시 내가 가진 자원 이상의 소비 형태로 이어진다. 그리고 신용카드 빚은 당장의 재정 결핍에 대한 매력적인 해결책처럼 보인다.

만일 한 가정이 계속해서 자기에게 있는 재정 자원의 120%를 쓴다면, 그들은 영원히 궁핍함 가운데 살아갈 것이다. 많은 사람들이 '내가 돈을 조금 더 번다면 재정적인 문제가 해결될 텐데'라는 착각 속에 살고 있다. 그러나 사실 그들의 문제는 '돈이 얼마나 있느냐'가 아니라 '돈을 어떻게 쓰느냐' 하는 것이다. 만약에 가진 돈의 120%를 쓰는 것이 소비 형태로 굳어져 버린다면, 한 달에 1천 달러를 벌든 1만 달러나 10만 달러를 벌든 무슨 소용이 있겠는가? 적은 금액이 매월 2백 달러의 부족을 가져온다면, 큰 금액도 매월 2만 달러의 부족을 가져오게 될 뿐이다. 그에게 있어 매월 돈이 더 있다는 것은, 그저 매월 그 돈을 더 쓸 수 있는 여지가 있는 것과 같다.

4. '우리 형편으로는 그것을 살 수 없어'라는 사고방식을 갖고 있다

만약에 맘몬의 영이 나를 성공적으로 속여서, 돈이야말로 나의 공급처이며 나의 삶에 결정적인 요소라고 믿게 하였다면, 나는 돈을 쓰는 데 있어 매우 조심스럽게 될 것이다. 이는 공급자이신 하나님이 아니라, 돈에 초점을 맞추는 태도다. 나는 많은 돈을 벌어서 수백만 달러의 자산을 갖게 된 부자 한 명을 알고 있다. 하지만 그 사람은 돈에 대해 지나치게 방어적이었고 돈을 쓰는 것을 굉장히 어려워했다. 아내와 자녀들이 당연한 필요에 대해 돈을 쓰려고 할 때조차도 그는 '우리 형편으로는 그것을 살 수 없어'라고 말하며 거절했다. 다시 말하지만, 이것은 부자나 가난한 자를 막론하고 생기는 문제다. 이것은 재정적인 형편과는 상관없이 사고방식 가운데 형성된 견고한 진으로 인한 문제인 것이다.

선한 청지기로서 우리는 '어느 정도의 금액이 내게 충분한 액수인가?'에 대한 답을 가지고 있어야 한다. 맘몬의 영은 우리가 그 질문에 대답하는 것을 원치 않는다. 맘몬의 영은 우리에게 끝없이 또 다른 필요를 상기시켜 준다. 그러나 하나님은 우리가 하나님과 함께 그 질문에 대답하기를 원하신다.

예수님은 필요에 의해 움직이지 않으셨다. 그분은 엄청난 필요를 보시면서도, 오직 아버지가 자신에게 하라고 명하신 것만 행하셨다. 악한 영은 쉬지 않고 우리에게 엄청난 필요들을 상기시켜 줄 것이다. 만약 우리가 그 필요에 따라 움직인다면, 우리는 누구를 따르게 되는 것인가?

하늘 아버지께서는 우리가 구하기 전에도 우리의 필요를 아신다(마 6:8). 주님은 우리가 재정 분야에 있어서 주님과 같은 마음을 품기 원하시기 때문에, 우리는 이 예산 안에 무엇을 포함시켜야 할지에 대해서도 하나님께 여쭤 보아야 한다.

아모스 3장 3절에는 "두 사람이 뜻이 같지 않은데 어찌 동행하겠으며"라고 말한다. 재정의 영역에 있어 하나님이 동행하여 주시기를 원치 않는 그리스도인은 없을 것이다. 우리가 그 예산의 '꼭 필요한 것들'과 '원하는 것들' 범주 안에 무엇을 넣어야 할지에 대해 하나님께 여쭙고, 그분이 말쓸해 주시는 대로 순종한다면, '내 형편에 그것은 살 수 없어'라는 사고방식은 설 자리를 잃게 될 것이다. 그리고 당신이 필요한 어떤 물건에 대해서 진정으로 하나님의 뜻과 하나님의 때를 구했다면, 그 물건을 예산 안에 포함시킬 수 있을 것이다.

우리가 이 전략을 따를 때, 우리의 생각 속에 무언가 필요하다는 착각을 불러일으키는 광고 전략에도 이길 수 있다. 그것은 간단히 물리칠 수 있는 유혹에 불과한 것이 된다. 이 전략을 어떻게 구체적으로 적용할 수 있는지에 대해서는 이 책의 마지막 부분에서 다룰 것이다.

5. 충동적 구매: 구매에 대한 욕구를 이길 능력이 없다

당신이 어떤 물건을 사 가지고 집에 돌아왔는데 남편이나 아내가 이렇게 물을 때가 있다. "이걸 왜 샀죠? 어디에 필요한 건가요?" 그러면 이렇게 대답한다. "잘 모르겠어요. 하지만 이거 아주 잘 산 거예요. 얼마나 싸게 팔고 있었는데요!"

많은 사람들이 꼭 필요하지 않은 온갖 종류의 상품을 산다. 심지어 그냥 싸다는 이유만으로 무언가를 사기도 한다. 당신이 쇼핑몰(나는 맘몬의 성전이라고 부르고 싶다)에 걸어 들어가면, 맘몬의 영은 온갖 종류의 상품을 통해 "날 사세요! 날 사세요! 난 오늘 할인된 가격에 판매되고 있어요! 이렇게 싼 가격으로 살 수 있는 기회가 다시는 없을 거예요!"라고 외쳐 댄다. 재정을 올바로 관리하는 법을 배우지 못하고 성령님을 주인으로 영접하지 않은 많은 사람들은 이 외침에 이끌려 충동적으로 상품을 구매하곤 한다.

나는 이 땅에 맘몬의 영이 다스리는 도시들이 있다는 것을 알게 되었는데, 그중 하나가 바로 홍콩이다. 나는 아내 도로시와 처음 홍콩에 갔던 날을 기억한다. 홍콩에 가기 전, 친구 한 명이 우리에게 빈 가방을 여러 개 챙겨 가라는 조언을 해주었다. 홍콩은 우리가 사는 캐나다와 비교할 때 엄청나게 싸게 살 수 있는 물건이 아주 많기 때문이라는 것이었다.

홍콩에 도착한 우리 부부는 잠시 시내를 구경할 시간이 나서 어느 대형 백화점에 들렀다. 그곳에 진열된 물건들을 본 나는 놀라서 아내에게 말했다. "도로시, 이 가격 좀 봐요. 믿을 수가 없어. 우리나라에 가면 여기 가격의 다섯 배는 주고 사야 될 거예요!" 우리는 아무것도 사지 않고 상점들을 그냥 지나쳐 가는 것이 무척 힘들게 느껴졌고, 결국 바구니에 상품들을 담기 시작했다. 그런데 문득 심장이 두근거리고 이마에 땀이 흐르는 것이 느껴졌다. 나는 매장을 하나라도 빠뜨리고 지나가서 좋은 상품을 놓치면 어떡하나 염려하고 있었던 것이다.

나는 아내를 돌아보며 말했다. "도로시, 무언가 잘못되고 있는 것 같아요. 맘몬의 영이 내게 영향을 미치고 있는 것 같군요. 우리가 물건들을 사기 전에 잠시 차를 한 잔 마십시다." 우리는 잠시 앉아서 우리가 구입할 물건들을 통해 축복하고자 하는 지인들의 이름을 적어내려가기 시작했다. 나는 무언가를 소유하고자 하는 욕망이 아니라, 다른 사람들을 선물로 축복하기 위해 돈을 사용하는 것에 초점을 두는 것으로 우리의 생각 가운데 역사하는 맘몬의 영의 권세를 깨드릴 수 있다는 것을 깨달았다. 나는 염려와 압박감으로부터 완전히 자유롭게 된 마음으로 다시 상점에 걸어 들어갔다. 우리는 다른 사람들을 축복하고자 하는 목적으로 상품들을 샀고, 백화점을 떠날 때도 마음의 평안을 잃지 않을 수 있었다.

내가 경험했던 것과 같은 맘몬의 영은 사람들의 마음 가운데 너무나 강하게 역사하는 나머지, 수많은 사람들이 밟혀 죽을 지경에 이르더라도 할인 판매를 하는 곳에 몰려가게 만든다. 충동구매를 하지 않는 비결은 언제나 내가 세운 예산 안에서 목록대로 구매하는 것이다. 그 목록에는 당신이 축복하기 원하는 사람들의 이름을 기록하는 것도 좋다.

6. 인색함 때문에 십일조를 하지 못한다

어떤 사람들은 스크루지 영감보다도 더 돈을 쓰는 것을 두려워한다. 십일조나 다른 사람들에게 주는 것을 두려워하는 것은 그가 맘몬의 영에게 단단히 순복하고 있다는 확실한 증거다. 인색함이란 나 자신의 필요를 채울 충분한 돈이 없을까봐 두려워하는 것이다. 이 두려움이 돈을 움켜쥐고 있어야 한다는 필요를 만들어 내는 것이다.

다시 말하지만, 이런 두려움은 재정 형편과는 상관이 없다. 상당한 재정을 소유한 사람들도 심히 인색할 수 있다. 그들의 사고 가운데 있는 인색함이라는 견고한 진으로 인해 그들은 지불해야 할 요금도 늦게 내며, 십일조도 못한다. 가진 것이 없는 사람들도 똑같이 인색할 수 있다. 부자이든지 가난한 자이든지 인색함은 그가 맘몬의 영에게 묶여 있다는 것을 보여 주는 증상이다.

당대 최고의 부자 중 한 명이 자기 집에 손님용 공중전화를 설치했다는 이야기를 들은 적이 있다. 이것이야말로 인색함의 극치가 아닌가.

7. 욕심: 취하고 소유하겠다는 과도한 욕망

어떤 사람들은 탐심과 욕심을 같은 개념으로 생각한다. 하지만 탐심은 자신이 가지지 못한 것을 원하는 것인 반면, 욕심은 이미 가지고 있지만 더 원하는 것이다. 누가복음 12장 16-20절에서 예수님은 더 많은 곡식을 저장하기 위해 계속 곳간을 지었던 한 부자의 이야기를 말씀해 주신다. 주님은 그를 어리석은 자라고 칭하시며, 그가 하나님이 아니라 자신의 소유물을 의지하였기에 생명을 잃을 것이라고 말씀하신다. 만약 자신의 예산의 원(자신이 원하는 것에 대한 욕심)을 닫아 두지 않은 부자에게 "당신에게 얼마가 있으면 충분한가요?"라고 묻는다면, 그는 "지금보다 조금만 더 있으면 될 것 같아요"라고 대답할 것이다.

이 세상의 시스템은 없는 필요도 창출해 내도록 한다. 상인들은 어떤 품목을 거저 주거나 저렴한 가격으로 주면서 관련된 일련의 상품들을 팔려고 한다. 광고는 '이 상품은 당신이 수집해야만 하는 100개의 품목 중 하나입니다. 물론 언제든지 구매 취소도 가능합니다'라고 말한다. 그러나 일단 맘몬의 영이 다스리는 시스템에 들어가면, 그만두는 것이란 굉장히 어려운 일이다. 그래서 대부분 사람들은 자신의 충동구매를 정당화하고 합리화하는 과정을 거치게 된다. 우리는 모두 정도의 차이만 있을 뿐, 이런 과정을 경험했을 것이다.

8. 불만족

내가 궁핍하므로 말하는 것이 아니니라 어떠한 형편에든지 나는 자족하기를 배웠노니 나는 비천에 처할 줄도 알고 풍부에 처할 줄도 알아 모든 일 곧 배부름과 배고픔과 풍부와 궁핍에도 처할 줄 아는 일체의 비결을 배웠노라 내게 능력 주시는 자 안에서 내가 모든 것을 할 수 있느니라.
빌 4:11-13

어떤 사람들은 자신은 바울과 같이 궁핍에 처하는 것이 무엇인지 잘 안다고 말한다. 그러나 이 구절의 핵심은 이러한 모든 상황 가운데서 '어떻게 살아야 하는지'를 바울은 알았다는 것이다. 그는 풍부 가운데서도 궁핍 가운데서도 사는 법에 대한 '노하우'를 가지고 있었던 것이다.

바울의 상황들을 살펴보면, 그가 궁핍할 때는 하나님이 그가 가진 것을 모두 주라고 하셨던 때임을 알 수 있다. 궁핍과 풍부 가운데 어떻게 살아야 하는지 아는 것은 '맘몬의 영에 전혀 영향을 받지 않는 것'을 의미한다. 이것의 열쇠는 하나님을 바라보며, 그분만이 모든 상황 가운데 나의 공급자 되심을 알고 상황으로 인해 불만족스러워하지 않는 것이다.

나는 바울이 왜 아무것도 없는 삶에서부터 풍부하고 넉넉한 삶에 이르는 양극단에 모두 처하게 되었을까 생각해 보았다. 아마도 바울은 가진 모든 것을 나눠 주라는 주님의 명령에 순종함으로써 주님께 빌려 드렸을 것이다. 그리고 바울에게 빌리신 주님은 그에게 넘치도록 갚아 주셨던(잠 19:17) 것이다. 주님은 언제나 더 많은 것으로 돌려주시는 분이다.

9. 빚의 멍에(시 7:15, 37:21)

어떤 사람이 빚을 지는 배후에는, 맘몬의 영과 합세하여 재정의 흐름을 방해하는 영적인 존재가 있다. 빚은 맘몬의 영이 사람들을 멍에로 묶어 놓기 위해 사용하는 주된 전략 중 하나다. 맘몬의 영이 어떤 사람의 삶을 다스리고 있으면, 그는 빚에 대한 이자를 갚느라 재정적인 노예 상태에 놓이기 쉽다.

맘몬의 영에 묶여 있는 많은 사람들이 기다리는 훈련이 되어 있지 않아, 원하는 물건을 당장 사야만 만족한다. 누군가 계획에 없는 소비를 자주 한다면 이것은 맘몬의 영이 그의 삶 가운데 큰 영향력을 미치고 있다는 증거이다. 세상은 신용카드를 사용하라고 부추김으로써 사람들의 빚을 늘리고 있다. 우리는 개인적인 부채로부터 벗어나고 빚을 지지 않는 방법, 신용카드를 잘 사용하는 법을 반드시 배워야 한다.

우리는 다른 사람에게 돈을 지혜로운 방식으로 빌려줌으로써 그를 빚의 멍에에서 풀려나도록 도울 수도 있다. 은행들은 돈을 빌리는 규칙을 세워 놓는다. 매월 일정액을 갚도록 정해 놓는 것이다. 그러나 당신은 그리스도인으로서 사람들에게 좋은 이미지를 주고 싶은 나머지 돈을 빌려주면서 "당신이 갚을 수 있을 때 갚으세요!"라고 말하고 싶을지도 모른다. 그러나 절대로 그렇게 해서는 안 되는 이유가 있다. 이렇게 할 때 당신은 세상 체제의 원칙을 범하게 되고, 그로써 돈을 빌리는 사람을 맘몬의 영의 영향력 아래 두게 된다. 이 맘몬의 영은 그의 재정의 흐름을 막아 빚을 갚을 수 없게 만듦으로써 두 사람 사이의 관계를 파괴하고자 꾀할 것이기 때문이다. 돈을 잘못 빌려주어 인간관계에 어려움을 겪는 사람들을 수없이 많이 보지 않았은가?

개인의 빚을 다루는 방법과, 좋은 관계를 유지하면서 올바르게 빌릴 수 있는 방법에 대해서는 7장에서 집중적으로 다룰 것이다.

10. 돈을 지나치게 중요시하고 돈의 능력을 과대평가한다

사람들이 나누는 대화를 들어보면 종종 돈을 지나치게 중요시하는 것을 볼 수 있다. 어떤 사람은 말하는 내용의 대부분이 돈과 관련된 주제다. 이런 사람들은 부자들을 아주 대단한 인물로 생각하며, 어떻게 하면 돈을 벌 수 있을지에 대해서 끊임없이 이야기한다. 이들은 지나칠 정도로 돈을 좇는다. 그러나 하나님의 계획은, 돈이 우리를 좇고 따르는 것이다. 우리는 돈을 벌기 위해 일하도록 창조된 것이 아니다. 돈이 우리를 통해 흘러가고 그 돈이 우리를 위해 일하도록 하는 것이다.

> 도둑질하는 자는 다시 도둑질하지 말고 돌이켜 가난한 자에게 구제할 수 있도록 자기 손으로 수고하여 선한 일을 하라. 엡 4:28

우리가 일을 하는 이유는 다른 이들에게 주기 위해서다. 어떤 사람은 자기 인생의 아주 중요한 자리를 돈에게 내어 주고, 인생의 참된 권력은 돈에 있다고 믿는다. 이 사람은 돈이 많은 사람들은 많은 권력을 갖고 있으며 돈이 없는 사람들은 무력하다고 생각한다. 각 나라의 정부들도 돈만 있으면 모든 사회 문제를 해결할 수 있다고 생각하는 듯하다. 이들은 마약관련 문제나 범죄 등이 발생하면, '이 문제를 해결하는 데 얼마나 들겠는가?'라는 질문부터 한다. 심지어 그리스도인들조차 '나한테 돈이 조금만 더 있으면 하나님 나라를 위하여 훨씬 더 많은 일을 할 수 있을 텐데'

라고 생각한다.

다시 말하지만, 이런 생각들은 하나님이 우리 섬김의 근원이자 주관자 되시는 것이 아니라, 맘몬이 그 능력을 가지고 있다고 우리가 믿는다는 증거다. 이렇게 되면 맘몬이 우리가 돈을 갖고 있을지 줄지 결정하는 권위를 갖게 되면서 우리의 행동을 조종하게 된다. 만약 당신이 무언가를 결정하는 데 돈이 중요한 요인이라면, 이는 맘몬의 영에게 당신을 내어놓는 것이다.

몇 년 전, 저명한 성경 교사인 밥 버포드는 그가 이끄는 미니스트리인 라이프체인저스의 회원들에게 "맘몬에 대한 예언적 이해[2]"라는 제목의 세미나 테이프를 하나씩 나눠 주었다. 그 세미나 테이프는 그가 나의 재정 강의를 들을 때 주님이 그에게 더해 주신 구체적인 깨달음을 나눈 내용이었다. 나는 여기에서 밥 버포드가 제시한 일곱 가지 요점을 나누고자 한다.

1. 부요함은 어떤 형태일지라도 내 존재의 일부가 될 수 없다. 나는 언제나 단지 청지기일 뿐이다. 나는 '아무것도 소유하지 않았지만 맡은 모든 것의 청지기'이다.
2. '진정한 부요함'이란 하나님의 형상과 일치하는 것이다. 우리가 하나님 나라의 원칙을 지킬 때, 그 원칙이 우리 안에 진정한 부요를 이루어 준다.
3. 맘몬의 영은 하늘의 것을 지불하여 땅의 것을 얻는 거래를 하도록

---

[2] "라이프체인저스" 시리즈, 밥 멈포드 판권 소유. 테이프는 라이프체인저스를 통해 구입 가능 POBox98088, Raleigh, N.C.27624, USA Tape #A436.

강요한다. "나를 섬겨라. 그러면 내가 너를 축복하겠다!"라고 거짓말을 하는 것이다.
4. 돈을 위해 돈을 추구하는 것은 어리석은 일이다. 그럴 때 나는 하나님 나라의 가장 중요한 가치를 잃게 될 것이다.
5. 청지기는 절대로 맡은 일을 게을리해서는 안 된다. 만약 청지기가 주인이 되고자 한다면 문제가 발생할 것이다.
6. 당신은 재정으로 하나님을 섬기지 않으면서 하나님 나라를 섬길 수는 없다. 자기 삶을 자신이 주관하고자 하는 마음을 포기하라.
7. 하나님의 성품은 사랑이며, 이것은 돈을 사랑하는 마음에 대한 유일한 해결책이다.

이제 잠시 책을 덮고, 성령님께 맘몬의 영이 당신의 생각과 마음, 특별히 감정 가운데 어떤 영역에서 영향력을 미치고 있는지 계시해 달라고 구하라. 그리고 이 문제를 다루시는 하나님의 방법은 바로 우리가 회개하도록 도우시는 것임을 기억하라.

참새 믿음
WEALTH, RICHES AND MONEY

02

요한복음 4:23-24

영 _ 영적 측면	진리 _ 삶의 측면
하나님의 말씀에서 오는 믿음 | 롬 10:17 |	**순종함에서 오는 믿음** | 눅 17:5-10 |
은혜로 공급받음	**기본원칙을 지킴으로 공급받음**
하나님이 능히 모든 은혜를 너희에게 넘치게 하시나니 이는 너희로 모든 일에 항상 모든 것이 넉넉하여 모든 착한 일을 넘치게 하게 하려 하심이라 고린도후서 9:8	1. 맘몬의 영을 분별하고 끊으라. 　(하나님께만 향한 충성된 마음) 2. "참새 믿음"을 가지라. 　(하나님이 나의 공급자시다.)

그리스도인이 돈을 대하는 태도를 보면 그가 하나님의 은혜를 얼마나 이해하고 있는지 알 수 있다. 이 세상의 기본적인 경제 원칙은 '사고파는 것'인 반면, 하나님의 기본적인 경제 원칙은 '주고받는 것'이다. 주고받는 것은 무조건적인 은혜의 표현이다. 우리는 무언가를 줄 때 반드시 다른 것을 돌려받아야 한다고 기대하지 않는다. 그러나 사고파는 것은 반드시 교환이라는 개념을 포함한다.

만약 우리가 '무언가를 사기 위한 목적으로 고안된 존재인 돈'을 아무것도 바라지 않고 누군가에게 그냥 준다면, 우리는 돈을 '은혜'와 만나게 하는 것이다. 이렇게 하는 것이 돈에 대한 우상을 없애고, 영적 세계와 자연 세계 모두에게 맘몬은 우리의 공급자가 아님을 선포하는 것이다.

그리스도인인 우리가 자신의 필요를 채우기 위해 다시 돌려받을 것을 기대하며 헌금한다면, 우리는 하나님의 은혜를 제대로 이해하지 못한 것이다. 경제적인 결핍에 처해 있다면 재정을 심어서 거두라는 가르침을 나는 백 번도 넘게 들었다. 이것은 정말로 '틀린' 말이다! 이 가르침은 하나님의 은혜를 무효화한다. 뿐만 아니라 우리를 세상적인 교환 체제에 다시 속하게 만들고, 실제로는 맘몬의 영에 의해 다스림 받으면서도 하나님을 섬긴다고 착각하게 만든다. 예수님은 마태복음 6장에서 심고 거두는 원칙은 한 사람의 필요를 채우기 위한 것이 아니라는 사실을 가르치셨다.

> 한 사람이 두 주인을 섬기지 못할 것이니 혹 이를 미워하고 저를 사랑하거나 혹 이를 중히 여기고 저를 경히 여김이라 너희가 하나님과 재물을 겸하여 섬기지 못하느니라 그러므로 내가 너희에게 이르노니 목숨을 위

하여 무엇을 먹을까 무엇을 마실까 몸을 위하여 무엇을 입을까 염려하지 말라 목숨이 음식보다 중하지 아니하며 몸이 의복보다 중하지 아니하냐 공중의 새를 보라 심지도 않고 거두지도 않고 창고에 모아들이지도 아니하되 너희 하늘 아버지께서 기르시나니 너희는 이것들보다 귀하지 아니하냐 또 너희가 어찌 의복을 위하여 염려하느냐 들의 백합화가 어떻게 자라는가 생각하여 보라 수고도 아니하고 길쌈도 아니하느니라.

마 6:24-28

이 구절에서 예수님은 '하나님은 심고 거두는 것을 통해 인간의 필요를 채워 주신다'는 거짓말을 깨뜨리시고, 은혜라는 개념을 소개하셨다. 예수님은 참새와 백합이 심거나 거두거나 수고하거나 길쌈하지 않아도 하나님은 그들의 기본적인 필요를 채워 주신다는 것을 말씀하신다. 즉, 그들은 자신이 수고한 일 덕분에 공급받는 것이 아니다. 단지 하나님이 그들을 귀하게 여기시기에 보살핌을 받는 것이다.

예수님은 이어서 요점을 짚어 주신다. 그런 하나님이 새나 꽃보다 사람은 얼마나 더 귀히 여기시겠는가. 우리 삶의 기본적인 쓸 것은 하늘 아버지가 단지 우리를 사랑하시기 때문에 채워 주신다는 말씀이다. 이것을 나는 '참새 믿음'이라고 부른다. 참새 믿음은 하나님 나라의 다른 모든 경제 활동의 초석이 된다. 하나님이 나를 사랑하시기 때문에 내 필요를 채워 주실 것이라는 기본적인 신뢰인 이 참새 믿음이 없이는, 다른 성경적 재정원칙들은 맘몬의 영에 의해 쉽사리 왜곡되어 사람들을 혼란스럽게 만든다.

어떤 사람은 "그러면 받을 것을 기대하며 재정적으로 심고 거두는 것이 잘못된 것입니까?'라고 질문할 수도 있다. 물론 아니다! 그러나 심고 거두는 것이 올바른 성경적 원칙이지만 이는 나의 필요를 채움 받는 것과는 상관이 없다는 것이다. 이 원칙을 종종 잘못 가르치고 있기 때문에 우리 삶 가운데 하나님의 은혜는 사라지고, 우리는 자신의 필요를 하나님의 사랑이 아닌 우리가 행하는 일로 대체하려고 하는 것이다.

다시 말하지만 '참새 믿음'은 그리스도인의 재정원칙의 초석이다. 이것은 절대적인 신뢰이자 확신이며, 나를 사랑하시는 하나님이 모든 필요를 채우실 것을 나의 존재를 드려 철저히 의존하는 것이다. 이 믿음에 근거한다면 내가 지금 받고 있는 공급은 내가 마땅히 받아야 하는 것이 아니라 온전히 하나님의 선물임을 깨닫게 된다.

또한 참새 믿음은 내가 직장에서 일주일에 40시간 동안 하는 일을 사람에게 하듯 하지 말고 하나님께 하듯 하라고 말한다. 내가 월급으로 받는 돈은 내가 한 일의 대가로 고용주가 주는 돈이 아니라, 나를 사랑하시는 하늘 아버지의 선물, 즉 은혜로써 받게 되는 공급이다. 이 사실은 하나님이 나의 공급자가 되게 해주며, 고용주는 단순히 공급을 전달해 주는 통로가 되게 해준다.

이 진리를 이해하게 되면, 회사가 감원을 한다는 소식이 들려와도 나는 공급이 끊어질 것을 두려워하지 않는다. 나의 공급자는 고용주(회사)가 아니기 때문이다. 나를 향한 하나님의 사랑은 변함없기 때문에 나에 대한 공급도 안전하고 확실한 것이다.

하나님은 나의 필요를 채워 주시기 위해 다른 통로를 사용하실 수도 있다. 많은 사람들은 그 공급이 반드시 돈이라는 형태로 와야 한다고 생각한다. 그러나 이것은 사실이 아니다. 하나님은 집이나 차, 음식, 비행기표 등 당신이 부르심을 이루기 위한 모든 필요를 돈 없이도 공급해 주실 수 있다.

다시 말하지만, 맘몬은 당신에게 '인생의 능력은 돈에 있다'는 메시지를 계속 주입하려고 할 것이다. 그러나 하나님은 돈 없이도 엘리야에게 양식을 주셨고(왕상 17), 므비보셋에게 양식과 의복과 집을 주셨으며(삼하 9), 오천 명에게 떡을 먹이셨다(마 14).

이 진리를 이해한다면, 나는 하늘 아버지가 은혜로 주시는 선물인 돈의 청지기가 된다. 그분이 나의 공급자이심을 깨달을 때, 돈은 더 이상 나의 삶을 주관할 수 없다. 주님이 나에게 헌금을 드리라고 말씀하실 때, 나는 그 돈이 내가 열심히 일해서 번 것이라거나 내가 크게 희생하여 포기해야 하는 것으로 보지 않는다. 그렇다. 나는 나 자신을 하나님이 맡겨 주신 하나님의 것, 즉 세상 체제에 속한 자원에 대한 청지기로 여기는 것이다. 나의 개인적인 공급은 이미 그분의 사랑 안에서 확실하기 때문에, 하나님이 하나님 나라를 위해 어떤 곳으로 자원을 보내라고 말씀하시더라도 그것을 어렵거나 위험한 일이라고 생각하지 않는다. 나는 헌금을 해야 할 때 더 이상 내 계좌에게 이렇게 물어보지 않아도 된다. "오, 사랑하는 계좌여, 당신에게 얼마나 남아있습니까?" 그 대신 나는 살아 계신 하나님께, 내게 맡겨 주신 자원으로 무엇을 하기 원하시는지 자유롭게 기도할 수 있다.

그렇기에 참새 믿음은 재정원칙에 열쇠와도 같은 기초적인 원칙이 된다. 만약 그리스도인의 삶이 이 참새 믿음에 기초하지 않는다면, 그는 돈을 하나님을 섬기기 위한 도구로 보지 못하고, 자기에게 필요한 상품이나 서비스와 교환할 수 있는 능력으로 보게 될 것이다. 몇 가지 실제적인 예를 들어 보자.

나는 한때 아프리카에서 원주민을 상대로 사역했던 적이 있다. 이들은 대부분 자신이 아주 가난하다고 생각한다. 그러나 사실 많은 이들이 자신이 생각하는 것만큼 가난하지 않으며, 그 나라의 경제적 수준에 비춰 볼 때 아주 좋은 직장에 다니고 있었다. 한번은 내가 일주일 동안 교회 지도자를 대상으로 하는 집회의 강사로 섬기게 되었는데, 그 집회에서 매 시간 거둔 헌금의 총액은 미화로 42달러 정도였다. 하지만 이 집회를 여는 데 실제로 든 총 경비는 이 금액의 다섯 배 이상이었다. 집회에 참석한 교회 지도자들은 헌금을 드리는 것의 가치를 모르는 것이 분명했다.

사실 나는 집회에 참석한 이들에게 나눠 주려고 책과 설교 테이프들을 준비해 왔었다. 하지만 이 자료들을 거저 준다면 사람들이 이것을 가치 있게 여기지 않을 것이라는 생각이 들었다. 그래서 나는 각 책과 테이프에 낮은 수준의 가격을 붙였는데, 놀랍게도 첫 두 시간 안에 모든 자료가 다 팔렸다. 재미있는 것은 이 '가난한' 그리스도인 지도자들은 헌금으로 드릴 돈은 없어도 자신이 원하는 것을 사기 위한 돈은 많다는 사실이었다. 다른 말로 하면, 그들은 헌금을 드리는 일의 가치는 몰랐지만, 돈으로 책이나 테이프를 교환하여 받는 것의 즉각적인 가치는 알고 있었던 것이다. 이러한 태도는 아프리카의 시골에서만 볼 수 있는 것이 아니다. 서구 국가의 그리스도인들 가운데도 흔히 발견할 수 있는 모습이다.

1990년경에 나는 전 세계의 그리스도인들을 대상으로 시행한 지출에 대한 조사 결과를 들은 적이 있었다. 그 조사에 의하면 보통의 그리스도인 한 명이 하나님 나라를 위해 드리는 헌금은 일주일에 평균 30센트였다. 그러나 기독교 관련 서적이나 비디오, 카세트, 선물 등을 사거나 세미나 참석을 위해서는 그리스도인 한 명이 일주일에 평균 1달러 87센트를 사용했다. 분명한 것은 전 세계의 그리스도인들은 복음이 전파되는 일보다 '기독교 물품'을 사는 것에 훨씬 더 많은 가치를 두고 있다는 것이다.

하나님이 공급하시는 장소를 알라

한 모임에서 이 '참새 믿음'의 개념을 가르치고 있는데, 한 형제가 갑자기 이런 질문을 던졌다. "그렇다면 내가 하나님이 나의 공급자시라는 것을 믿을 때, 하나님이 은혜로 나의 쓸 것을 자동적으로 주신다는 말씀입니까? 그렇다면 저는 직장을 그만두고 주님이 공급해 주시기를 기다리면 되겠군요. 그렇지 않은가요?" 그 형제는 장난스럽게 질문을 던졌지만, 우리 모두 그 말이 무언가 잘못되었다는 것을 알 수 있었다.

정확히 무엇이 잘못된 것인가? 주님은 열왕기상 17장에 나오는 엘리야의 삶을 생각나게 해주심으로써 내가 이 질문에 지혜롭게 답할 수 있도록 인도해 주셨다. 나는 이 일을 통해 하나님이 지금 내게 공급하시는 장소와 통로가 무엇인지 아는 것이 중요하다는 사실을 깨닫게 되었다. 그 형제의 경우, 하나님이 그에게 공급하시는 통로가 바로 그가 현재 다니고 있는 직장이었다. 나는 많은 그리스도인들이 하나님이 자신에게 물질을 공급하시는 장소와 통로를 알지 못해 혼란에 빠진다고 생각한다.

이제 엘리야의 삶을 함께 살펴보자.

> 여호와의 말씀이 엘리야에게 임하여 이르시되 너는 여기서 떠나 동쪽으로 가서 요단 앞 그릿 시냇가에 숨고 그 시냇물을 마시라 내가 까마귀들에게 명령하여 거기서 너를 먹이게 하리라 그가 여호와의 말씀과 같이 하여 곧 가서 요단 앞 그릿 시냇가에 머물매 까마귀들이 아침에도 떡과 고기를, 저녁에도 떡과 고기를 가져왔고 그가 시냇물을 마셨으나.
>
> 왕상 17:2-6

엘리야의 삶에서 첫 번째로 발견할 수 있는 것은, 그에게 하나님의 말씀이 임하였다는 사실이다. 엘리야는 하나님으로부터 공급받을 장소가 어디인지에 대한 구체적인 말씀을 받았다. 그는 무신론자와 같이, 돈이야말로 자신을 위한 공급처라고 생각하지 않았다. 대신에 그는 늘 성령님의 음성을 듣고 있었다. 동일한 원칙이 우리에게도 적용된다. 우리는 하나님이 현재 우리에게 공급하시는 통로가 무엇인지 알기 위해 살아 계신 하나님과의 친밀한 관계 안에 있어야 한다.

대부분 그리스도인의 삶 가운데, 하나님은 공급하시는 장소와 통로를 여러 번 바꾸실 것이다. 이때 중요한 것은 바꾸신 장소와 통로가 무엇인지 알기 위해 성령님의 음성을 듣는 일이다. 엘리야는 온 땅에 가뭄과 기근이 임했을 때에도 그릿 시냇가로 가서 까마귀들이 물어다 주는 떡과 고기를 먹을 수 있었다.

많은 그리스도인들이 공급의 통로가 바뀔 때 무척 걱정하며 두려워한다. 그러나 중요한 것은 우리의 삶 가운데 공급의 장소와 통로가 여러 번 바뀔지라도, 공급자는 언제나 동일하심을 아는 것이다.

엘리야는 하나님께 들은 말씀에 입각하여 그릿 시냇가로 옮겨갔다. 그 때 하나님이 엘리야에게 약속하신 것은 돈이 아니라 단지 양식이었다. 엘리야는 하나님의 음성을 듣지 않고 자기가 있던 지역에 그대로 머물기로 결정할 수도 있었다. 그리고 먹을 것이 없다며 하나님을 원망할 수도 있었다. 하지만 그는 하나님의 말씀에 순종했다.

그런데 많은 그리스도인들이 엘리야와는 다른 선택을 한다. 하나님의 음성을 듣지 않고 자기가 선택한 곳에 머물기로 결정하는 것이다. 그들은 하나님이 단순히 공급의 장소와 통로를 바꾸고 계신다는 사실을 깨닫지도 못하는 것이다. 결과적으로 그들은 하나님이 공급하기로 작정하신 곳이 아닌 다른 장소로 향하게 된다.

우리가 공급의 통로가 바뀌는 것을 깨닫기 위해서는 일정 기간 이상 주님과 안정된 관계를 맺음으로써 주님을 향한 믿음을 가지고 있어야 한다. 머물던 곳에서 그릿 시냇가로 옮겨가기 위해서는 엘리야에게 하나님의 음성을 신뢰하는 믿음이 필요했을 것이다. 또 정말로 까마귀가 음식을 매일 가져다 줄 것인지에 대한 믿음도, 까마귀가 가져다주는 고기와 떡이 안전하다는 믿음도 필요했을 것이다(까마귀가 어디서 떡과 고기를 얻었을지에 대해 생각해 본 적이 있는가?).

열왕기상 17장 7-9절 말씀을 통해 엘리야 이야기를 좀 더 살펴보자.

땅에 비가 내리지 아니하므로 얼마 후에 그 시내가 마르니라 여호와의 말씀이 엘리야에게 임하여 이르시되 너는 일어나 시돈에 속한 사르밧으로 가서 거기 머물라 내가 그 곳 과부에게 명령하여 네게 음식을 주게 하였느니라.

시내의 물이 말랐을 무렵, 엘리야는 아마도 그것이 하나님이 공급의 통로를 바꾸신다는 사인임을 깨달았을 것이다. 실제로 시냇물이 마르자마자 곧 어디로 옮겨가야 할지에 대한 하나님의 말씀이 임했다. 대부분 그리스도인들은 하나님이 사용하시던 통로가 마르게 되면 즉시 두려움에 사로잡힌다. 많은 그리스도인들이 이러한 때에 맘몬의 영에게 사로잡혀 잠시 무신론자처럼 되어, 자신의 힘으로 공급의 문제를 해결하고자 미친듯이 애를 쓴다. 그러나 참새 믿음은 공급의 원천을 포기하는 것이 아니라, 그저 통로가 바뀌었음을 깨닫는 것이다.

만일 나에게 질문을 했던 형제가 '참새 믿음'이라는 명목 하에 무작정 직장을 그만두고 하나님의 공급을 기다렸다면, 그는 현재 자신의 삶 가운데 하나님이 공급하시는 장소를 떠나는 것이다. 하나님이 공급하시는 장소와 통로를 깨닫는 것은 이토록 매우 중요한 일이다.

엘리야가 하나님으로부터 받은 지시들 가운데 항상 이상하게 생각했던 것이 있다. 그것은 그 다음 단계의 공급 통로가 다름 아닌 사르밧 과부였다는 사실이다. 만약 내가 엘리야였다면, 나는 하나님이 나를 사르밧의 부자에게 보내실 것이지 손님은 고사하고 자기 먹을 것도 부족한 과부에게 보낼 리 없다고 생각했을 것이다.

그러나 이 구절을 계속 묵상하는 가운데, 나는 하나님이 엘리야를 사르밧 과부에게 보내신 것에는 두 가지 목적이 있다는 것을 깨달았다. 하나님은 엘리야에게 쓸 것을 공급하는 일뿐 아니라, 과부의 삶 가운데서도 무언가 이루실 일이 있으셨던 것이다. 그 다음 구절을 읽어 보자.

> 그가 일어나 사르밧으로 가서 성문에 이를 때에 한 과부가 그 곳에서 나뭇가지를 줍는지라 이에 불러 이르되 청하건대 그릇에 물을 조금 가져다가 내가 마시게 하라 그가 가지러 갈 때에 엘리야가 그를 불러 이르되 청하건대 네 손의 떡 한 조각을 내게로 가져오라 그가 이르되 당신의 하나님 여호와께서 살아 계심을 두고 맹세하노니 나는 떡이 없고 다만 통에 가루 한 움큼과 병에 기름 조금 뿐이라 내가 나뭇가지 둘을 주워다가 나와 내 아들을 위하여 음식을 만들어 먹고 그 후에는 죽으리라 엘리야가 그에게 이르되 두려워하지 말고 가서 네 말대로 하려니와 먼저 그것으로 나를 위하여 작은 떡 한 개를 만들어 내게로 가져오고 그 후에 너와 네 아들을 위하여 만들라 이스라엘의 하나님 여호와의 말씀이 나 여호와가 비를 지면에 내리는 날까지 그 통의 가루가 떨어지지 아니하고 그 병의 기름이 없어지지 아니하리라 하셨느니라 그가 가서 엘리야의 말대로 하였더니 그와 엘리야와 그의 식구가 여러 날 먹었으나 여호와께서 엘리야를 통하여 하신 말씀 같이 통의 가루가 떨어지지 아니하고 병의 기름이 없어지지 아니하니라. 왕상 17:10-16

주님의 말씀을 순종하기 위해, 엘리야에게는 다시 한 번 믿음이 필요했다. 아무것도 없는 극도로 가난한 과부에게 먹고 마실 것을 준비해 달라고 부탁해야 했던 엘리야의 마음은 과연 어땠을까? 인간적인 마음에서는 무척 어려웠을 것이다. 그리고 자존심도 상하는 일이었을 것이다.

내가 엘리야였다면 아마 이렇게 기도했을 것이다. '하나님, 아무래도 이번에는 제가 당신의 음성을 잘못 들은 것 같습니다. 이 과부는 너무 가난합니다. 도저히 이 여인에게 저를 먹여 달라고 부탁할 수가 없습니다. 오히려 마을 사람들로부터 헌금을 거두어서 가져다주어야 할 상황입니다. 지금 아들과 먹을 마지막 끼니를 준비할 참이라지 않습니까? 하나님, 뭔가 실수하신 것 같은데, 이런 사람에게 음식을 내놓으라고 할 수는 없어요.'

굶어 죽기 전, 마지막 끼니를 만들려는 가난한 과부에게 주님이 '그 음식을 만들기 전에 먼저 나에게 물을 주고, 나를 위해 작은 떡을 하나 만들어 주십시오.'라고 말하라고 명하시는 것을 상상할 수 있겠는가?

왜 하나님은 여인에게 마지막 남은 음식을 엘리야에게 달라 하라고 명하셨을까? 나는 이 여인의 삶에 참새 믿음이 필요했기 때문이라고 생각한다. 여인이 자신의 공급원으로 믿고 있었던 것이 무엇인가? 바로 자신이 가지고 있던 밀가루와 기름이었다. 이제 하나님은 이 과부의 공급의 근원이 되기를 원하셨다. 그래서 하나님은 하나님의 선지자로 하여금 과부가 가진 얼마 안 되는 마지막 소유를 달라고 시키신 것이다. 이렇게 함으로써 하나님은 그녀가 밀가루와 기름을 의지하지 못하도록 하셨다.

하나님은 그녀의 밀가루와 기름을 원하신 것이 아니었다. 엘리야도 마찬가지였다. 하나님이 원하신 것은 바로 그녀의 믿음이었다. 하나님과 하나님의 사람들은 사람들의 돈이 아니라, 믿음을 원하신다. 그리고 하나님에 대한 믿음이 기적을 일으킨다.

그 과부는 엘리야가 하라는 대로 행함으로써 하나님의 초자연적인 기적이 이루어지도록 했다. 기름과 밀가루는 여러 날이 지나도록 떨어지지 않았다. 이로써 과부는 물질적인 소유가 아닌 하나님의 말씀을 신뢰하며 사는 법을 배우게 된 것이다.

나도 비슷한 경험이 있다. 하나님이 엘리야에게 시키신 것과 같은 일을 나에게도 시키셨다. 몇 년 전, 나는 한 기독교 상담소에서 전임으로 사역하고 있었다. 그 상담소는 상담을 받은 이들의 헌금으로 유지되고 있었기에, 상담사들은 상담이 끝나면 상담을 한 사람에게 기도하면서 감동이 느껴지는 만큼 헌금하면 된다고 말해 준다.

그날 나는 한 청년을 상담해 주고 나서, 헌금에 대해 기도해 보라고 말했다. 그러자 그는 자기는 너무 가난해서 가진 것이 아무것도 없기 때문에 기도할 필요도 없다는 것이었다. 인간적인 마음으로는 오히려 내가 그에게 뭔가 주고 싶었다. 그러나 나는 성령님께서 청년에게 이렇게 말하라고 명하시는 것을 느꼈다. "나는 그 말을 믿지 않습니다. 지갑을 보여 줄 수 있나요?" 그는 지갑을 열어 보였고, 정말로 지폐가 한 장도 없었다.

하지만 나는 "저는 당신에게 헌금할 돈이 있다는 것을 알고 있어요. 호주머니를 한번 뒤져보세요."라고 말하였다. 그러자 50센트가 나왔다. 나는 "제 말이 맞죠!"라고 말했다. 하지만 그는 걱정스런 표정으로 이렇게 대답했다. "하지만 그 50센트는 저의 전 재산인 걸요. 이 돈은 버려진 병들을 모아서 겨우 번 돈이에요. 그리고 집에 돌아가려면 버스비가 정확히 50센트 필요합니다. 밖에는 눈이 오고 있고 우리 집은 여기서 26킬로미터나 떨어진 곳에 있습니다. 저는 버스비 50센트가 필요하다구요."

나의 인간적인 마음으로는 이 청년을 도와주고 싶었다. 그러나 그가 하나님이 아닌 자신의 50센트를 신뢰하고 있다는 것을 또한 볼 수 있었다. 맘몬이 그로 하여금 돈을 사랑하도록, 그리고 돈이 없는 것을 두려워하도록 묶고 있었던 것이다. 하나님도, 나도 그의 돈을 원하는 것이 아니었다. 우리가 보기 원했던 것은 바로 그의 믿음이었다. 그는 실질적으로 무신론자나 다름이 없었다. 그가 어떻게 집에 갈지를 생각할 때, 그의 마음속에는 하나님이 계시지 않았던 것이다.

그래서 나는 이렇게 말했다. "버스 값이 50센트이니, 그것을 헌금한다면 당신은 오늘 기적을 경험할 수 있는 기회를 얻게 되겠군요. 이제 하나님께 기도하며 50센트 중 얼마나 헌금으로 드려야 할지 여쭤 보면 어떨까요? 형제님은 내가 그 돈을 갖고 싶어 하는 것이 아니라는 것을 알지요? 형제님이 50센트를 다 드린다 해도 이 사역에 그리 큰 도움이 되는 것은 아닙니다."

나는 이렇게 말하면서 좀 심한 것은 아닌가 하는 생각이 들었다. 어쨌거나, 아무것도 없는 이 가난한 사람에게 마지막 50센트까지 취하는 것은 분명 이상해 보이는 일이었다. 그러나 나는 지금 믿음을 강조하지 않으면 그가 맘몬의 영으로부터 자유케 될 수 없다는 것을 알았다. 맘몬의 영은 오랜 세월 동안 그가 돈을 신뢰함으로써 스스로를 빈곤에 묶어 두도록 만들었던 것이다.

그는 결국 내 말에 동의했고, 우리는 함께 기도하였다. 그는 5센트를 드려야겠다는 감동을 받았고, 나는 그에게 45센트를 거슬러 주었다. 그리고 우리는 그 5센트의 헌금을 위해 함께 기도했다. 그는 자신 안에 있는 돈에 대한 신뢰를 끊으며 이제 맘몬의 영으로부터 자유케 되었음을 선포했고, 주 예수 그리스도를 자신의 공급의 근원으로 삼겠다고 선포했다. 이 청년은 버스비가 모자라 눈 속을 26킬로미터나 걸어가야 한다고 여전히 투덜거리며 상담소를 떠났다.

아마 당신도 짐작했겠지만, 다음주에 그는 놀라운 기적의 간증을 가져왔다. 그는 불평이 가득한 채로 버스 정류장에 이르렀는데, 우연히 정류장 표지판 밑을 내려다보니 바닥에 5센트가 있었던 것이다. 그는 그것을 주우면서, "우와, 정말 운이 좋은 날이구나" 하고 생각했다. 그는 버스를 타고 집으로 가는 동안에도 그날 '우연히' 주운 그 5센트가 하나님의 공급하심이라는 것을 꿈에도 생각지 못했다. 하지만 집에 도착해서 우편함을 열어 보았을 때, 생각지도 못한 5달러짜리 수표가 들어 있는 것을 발견했다. 그는 자신이 헌금한 5센트를 하나님이 100배로 돌려주셨음을 믿는다고 말했다. 그날 그 청년은 얼른 다시 헌금을 드리고 싶어서 상담을 빨리 끝내려고 할 정도였다. 하나님을 자신의 공급자로 믿는 믿음으로 헌금을 드리고 싶었던 것이다. 정확히 기억할 수는 없지만, 그날 그는 기도한 후 2달러를 드렸던 것 같다. 이 청년의 믿음은 매주마다 자라났고, 그의 재정 또한 계속해서 배가 되었다. 그가 처음으로 낸 헌금 5센트는 돈에 대한 그의 신뢰를 끊어내고 하나님의 신실하심만이 공급의 근원인 것을 증명해 주는 첫걸음이 된 것이다.

판정과 구출

나는 우리가 "나는 돈을 사랑하지 않는다"고 형식적으로 기도하거나 선포한다고 해서 맘몬의 영으로부터 자유케 되는 것이 아님을 깨닫게 되었다. 자유케 되었다는 하나님의 판정과 실제적인 해방이 있어야만 한다. 이것은 믿음을 행동으로 옮기는 것, 즉 하나님을 공급자로 신뢰하며 이를 실천함으로 받게 된다. 예수님은 젊은 부자 관원과의 만남을 통해 이를 보여 주셨다.

> 예수께서 길에 나가실새 한 사람이 달려와서 꿇어 앉아 묻자오되 선한 선생님이여 내가 무엇을 하여야 영생을 얻으리이까 예수께서 이르시되 네가 어찌하여 나를 선하다 일컫느냐 하나님 한 분 외에는 선한 이가 없느니라 네가 계명을 아나니 살인하지 말라, 간음하지 말라, 도둑질하지 말라, 거짓 증언 하지 말라, 속여 빼앗지 말라, 네 부모를 공경하라 하였느니라 그가 여짜오되 선생님이여 이것은 내가 어려서부터 다 지켰나이다 예수께서 그를 보시고 사랑하사 이르시되 네게 아직도 한 가지 부족한 것이 있으니 가서 네게 있는 것을 다 팔아 가난한 자들에게 주라 그리하면 하늘에서 보화가 네게 있으리라 그리고 와서 나를 따르라 하시니 그 사람은 재물이 많은 고로 이 말씀으로 인하여 슬픈 기색을 띠고 근심하며 가니라. 막 10:17-22

이 이야기를 제대로 이해하기 위해서는 유대인의 특별한 언어 습관을 알아야 한다. 어떤 유대인이 누군가에게 "당신은 선한 분입니다"라고 말하는 것은, "저는 당신이 무슨 말을 하든 순종하겠습니다"라는 것과 같은 뜻이다. 예수님은 하나님 한 분 외에는 선한 분이 없다고 말씀하시며 십계명을 인용하시자, 그 청년이 자신은 어려서부터 하나님의 계명들을 순종했다고 답하는 것을 주목하라. 그는 '당신은 선한 분입니다'라는 말이 무엇을 뜻하는지 확실히 알고 있었던 것이다. 그렇다면 그는 이제 예수님께 상담을 받을 준비가 된 것이다.

21절은 예수님이 그를 보고 사랑하셨다고 말한다. 예수님은 이 청년이 맘몬의 영에 묶여 있음을 아셨다. 그러나 예수님은 청년을 경멸하지 않고 오히려 사랑하셨다. 그리고 긍휼하심으로 십계명 가운데 그가 긍정적으로 대답할 수 있었던 여섯 가지 계명만을 인용하신다. 그러고 나서 그에게 맘몬의 영과 싸워 이길 수 있는 처방을 내려 주신다. 즉 가진 모든 것을 돈으로 바꾸어, 가난한 사람들에게 '주라'는 처방이었다. 청년은 하나님을 사랑할 것인지 맘몬을 사랑할 것인지 갈등했다.

예수님은 그 부자 청년을 맘몬의 영으로부터 구원해 주기를 원하셨다. 예수님은 청년의 돈이 아니라, 그의 마음이 주님께 충성되기를 원하셨다. 그러나 그는 소유물이 많았기에 슬픈 기색을 띠고 근심하며 떠나갔다. 그는 재물에 사로잡혀 있었던 것이다. 그래서 예수님의 사랑과 성경이 말하는 바를 깨달을 수 없었다.

잠언 19장 17절은 "가난한 자를 불쌍히 여기는 것은 여호와께 꾸어드리는 것이니 그의 선행을 그에게 갚아 주시리라"라고 말한다. 나라면 그 청년에게 이렇게 충고해 주었을 것이다. "뭐가 문제지요? 하나님은 가난한 자들에게 주라고 말씀하셨어요. 이것은 당신이 하나님께 꾸어드리는 것이니, 그분께서 당신에게 갚아 주실 것입니다."

그러나 맘몬의 영이 마음을 사로잡고 있을 때는 오직 손해만 보이고 부족함만 느껴진다. 예수님은 그가 맘몬의 영을 무시함으로써 그의 삶 가운데 있는 소유욕의 명예를 깨뜨려 주고자 하셨지만, 그는 예수님을 '선하다'고 칭하면서도 모든 재물을 가난한 자들과 나눌 수는 없었다.

그 뒤에 이어지는 예수님과 제자들과의 대화는 무척 흥미롭다. 마가복음 10장 24절은 이렇게 말한다. "제자들이 그 말씀에 놀라는지라." 그들은 왜 그렇게 놀랐던 것일까? 나는 아마도 제자들 가운데 상당수가 꽤 부유했고, 어느 정도의 돈을 가지고 있었기 때문일 것이라고 믿는다. 26절에서 제자들의 모습은 다음과 같다. "매우 놀라 서로 말하되 그런즉 누가 구원을 얻을 수 있는가." 그들은 바로 이렇게 묻는 것이다. "예수님, 가진 것을 다 팔아 나눠 주어야만 하나님 나라에 들어갈 수 있다면, 우리는 어떤가요? 우리는 돈을 가지고 있는데 우리도 그렇게 해야 하나요?"

그러나 예수님이 어부였던 베드로와 세배대의 아들 야고보와 요한을 부르셨을 때 그들은 배를 해변에 대어 놓고 모든 것을 버려 두고 예수님을 따랐다(눅 5:10-11). 그들은 어부로서 돈을 벌던 수단을 모두 다 버렸다. 이는 맘몬의 영이 그들의 삶에서는 아무런 영향도 미치지 못하는 것을 보여 준다.

또한 예수님이 세리 마태를 제자로 부르셨을 때(마 9:9), 마태는 예수님이 '나를 따르라'고 말씀하시자마자 세관을 떠나 예수님을 좇았다. 당시 누구보다 맘몬의 영의 지배를 많이 받는 자가 있었다면 바로 세리가 아니겠는가? 그러나 마태는 부름을 받은 즉시로 예수님을 따랐다. 제자들은 예수님이 부자 청년에게 하신 말씀에 충격을 받았지만, 사실 제자들은 맘몬의 영에 지배받고 있지 않았기에 부자 청년과 같은 기준을 적용하지 않아도 되었다. 제자들 중에도 맘몬의 영에 지배를 받았던 단 한 사람이 있었는데, 바로 가룟 유다였다. 그는 마리아가 예수님의 발에 향료를 붓는 것을 보며 이렇게 말했다.

> 이 향유를 어찌하여 삼백 데나리온에 팔아 가난한 자들에게 주지 아니하였느냐 하니 이렇게 말함은 가난한 자들을 생각함이 아니요 그는 도둑이라 돈궤를 맡고 거기 넣는 것을 훔쳐 감이러라. 요 12:5-6

유다의 입에서 나온 이 말을 어디서 한번 들어본 것 같지 않은가? 유다는 신령해 보이고 싶어서 일전에 예수님이 젊은 부자 관원에게 "가진 것을 다 팔아서 가난한 자에게 나눠 주어라"고 말씀하셨던 것을 따라 한 것이다.

많은 사람들이 나에게 "모든 사람이 예수님이 그 젊은 부자 관원에게 명하신 대로 해야 하나요?"라고 묻는다. 그러면 나는 이렇게 대답한다. "저도 잘 모릅니다. 그건 개개인이 주님께 여쭤 보아야 하는 문제입니다. 그러나 그것이 궁금했다는 것은, 아마 당신도 그렇게 해야 하기 때문일 수 있습니다!"

여기서 핵심 질문은 '당신이 신뢰하는 것은 무엇입니까? 누가 당신의 공급자입니까? 하나님입니까, 아니면 맘몬입니까? 당신은 하나님을 사랑하며 추구합니까? 아니면 맘몬을 사랑하며 추구합니까?' 하는 것이다.

실제로 우리가 가지고 있는 모든 것은 하나님으로부터 선물 받은 것이다. 그렇기에 우리가 돈을 어떻게 쓰느냐 하는 것은 우리가 하나님의 은혜를 제대로 이해하고 있는지를 알아보는 시험이다. 나는 내가 가진 것을 하나님이 주신 선물로 인식하고 있는가, 아니면 내가 한 일의 대가로 당연히 소유해야 한다고 생각하는가? 나는 돈을 다른 사람들에게 은혜를 알려 주기 위해 그냥 주거나 받는 것으로 보는가, 아니면 단지 세상의 경제 안에서 가격에 상당하는 무엇인가를 얻기 위해 사거나 파는 것으로 여기는가? 우리가 무엇인가를 사고팔기 위해 만들어진 돈을 누군가에게 아무런 대가 없이 줄 때, 우리는 그에게 은혜를 맛보게 해주고, 맘몬이 돈에게 부여한 능력을 무효화시키게 한다.

주는 것은, 돈이 우리의 삶 가운데 아무 권세가 없다는 것을 선포하는 일종의 영적 전쟁이다. 내가 맡아서 관리하는 돈의 액수가 줄어드는 것은 내가 목표를 달성할 수 있는 능력이 줄어드는 것이 아니다. 하나님은 세상 체제로부터 내게 돈을 흘려보내 주실 수 있는 분이기에, 내가 나눠 준다고 해서 결코 나의 능력이 줄어드는 것이 아니다.

하나님이 나의 공급자이시며, 나는 은혜로 주시는 그분의 공급하심을 신뢰한다.

서로 다른 두 경제 체제
WEALTH, RICHES AND MONEY

03

경제 운영 체제

하나님 나라	사탄의 영역 '세상 체제'
주고받기	사고팔기

대부분 그리스도인들은 이 땅 위에 하나님 나라와 사탄의 영역이라는 두 개의 영역이 양립하고 있음을 알고 있다. 이 두 영역은 완전히 구별되는 독립적인 경제 체제를 가지고 있다. 먼저 세상 체제는 사탄의 능력 아래서 움직인다(요일 5:19). 이 영역 안에서 맘몬의 영은 화폐 제도를 주관하며 사고파는 원칙을 통해 역사한다. 이는 예수님이 다스리시며 주고받는 원칙으로 움직이는 하나님 나라와는 정반대의 모습이다. 세상 체제 안에서 증가는 더해지는 것을 통해 일어난다. 그러나 하나님 나라에서의 증가는

30배, 60배, 100배 또는 최대 수익 등과 같이 곱해지는 것, 즉 처음 뿌린 것에 비교할 수 없을 만큼 커지는 배가법칙을 통해 일어난다.

많은 사람들이 하나님 나라의 배가법칙에 익숙하지 않다. 그들이 알고 있는 증가란 그저 조금씩 더해지는 것뿐이기 때문이다. 대부분 사람은 투자한 돈이 매년 20-30% 정도의 수익을 가져온다면 그것을 아주 좋은 투자였다고 생각할 것이다. 세상 체제 안에서는 당연히 그렇게 생각할 수 있다. 그러나 하나님의 경제 운영 원칙에서 이뤄지는 30배, 60배, 또는 100배의 배가 또는 최대 수확과 비교한다면 그것은 아주 형편없는 투자인 것이다.

부와 재물과 돈의 차이

대부분의 사람들은 부^{Wealth}와 재물^{Riches}과 돈^{Money}을 같은 것으로 생각한다. 하지만 이 세 단어는 각각 다른 것이며 서로 다른 권세가 다스리는 것이기에, 쉽게 동의어로 정의해서는 안 된다. 먼저 부란 하나님이 창조하신 것이며 하나님이 다스리시는 것이다. 돈은 사람이 만든 것으로, 맘몬의 영에게 영향을 받는다. 마지막으로 재물은 부와 돈 사이에 있는 것인데, 이 재물 역시 맘몬의 영향 아래 있으므로 사람들은 재물을 신뢰하고 섬기게 될 수도 있다.

성경은 솔로몬이 하나님께 지혜를 구했을 때, 하나님은 부와 재물에 대해서도 말씀하신 것을 보여 준다.

> 주는 이제 내게 지혜와 지식을 주사 이 백성 앞에서 출입하게 하옵소서 이렇게 많은 주의 백성을 누가 능히 재판하리이까 하니 하나님이 솔로몬에게 이르시되 이런 마음이 네게 있어서 부나 재물이나 영광이나 원수의 생명 멸하기를 구하지 아니하며 장수도 구하지 아니하고 오직 내가 네게 다스리게 한 내 백성을 재판하기 위하여 지혜와 지식을 구하였으니 그러므로 내가 네게 지혜와 지식을 주고 부와 재물과 영광도 주리니 네 전의 왕들도 이런 일이 없었거니와 네 후에도 이런 일이 없으리라 하시니라. 대하 1:10-12

부^{wealth}란 무엇인가? 히브리어로 부는 자원, 물질, 상품, 힘, 세력, 재산 등을 의미하는 말이다. 부는 하나님이 창조하신 것이며, 그 자체로 본질적인 가치를 가지는 것이다. 우리는 구약에서 부를 소유한 사람들을 여럿 발견할 수 있다. 하나님은 그들에게 복을 주어 부하게 하셨고, 그들은 하나님과 함께 그 부를 소유했다. 그들이 가졌던 부는 땅, 집, 가축, 금, 은, 보석, 목재, 기름, 천연자원, 남종과 여종 등이었다. 창세기 13장 2절에서 보여 주는 아브람의 삶을 예를 들어 살펴보자.

> 아브람에게 가축과 은과 금이 풍부하였더라.

이러한 물품들은 모두 본질적인 가치를 가진 것들이다. 오늘날 금 1온스(28.3그램)로 음식을 산다면 오십 년 전 금 1온스로 살 수 있었던 것과 비슷한 양을 살 수 있을 것이다. 그러나 금 1온스에 해당하는 돈의 액수는 50년 전에 비하면 엄청나게 달라졌을 것이다. 그러므로 주님이 신명기 8장 18절에서 "네 하나님 여호와를 기억하라 그가 네게 재물^{wealth,부} 얻을 능력을 주셨음이라"고 말씀하셨을 때, 그것은 돈이 아니라 내재적 가치를 가진 부를 의미하는 것이었을 것이다. 하지만 많은 그리스도인들이 이 구절을 잘못 이해한 나머지 돈을 추구하는 일에 사로잡혀 있다.

부에 대한 하나님의 목적 중 하나는 당신의 자손에게 부를 유산으로 물려주는 것이다. 부는 대를 이어가며 증가하는 것이다. 하나님은 자신을 아브라함과 이삭과 야곱의 하나님, 곧 삼대의 하나님이라고 밝히셨다.

> 선인은 그 산업을 자자손손에게 끼쳐도 죄인의 재물^{wealth,부}은 의인을 위하여 쌓이느니라. 잠13:22

부는 당신의 손자에게 상속되는 것임을 기억하라. 우리가 자녀와 손자들에게 부를 물려줄 때, 그들은 젊은 나이에 혜택을 입음으로써 그들의 삶 가운데 뜻하셨던 하나님의 계획과 목적을 이룰 수 있게 되는 것이다.

> 부자의 재물^{wealth,부}은 그의 견고한 성이요 가난한 자의 궁핍은 그의 멸망이니라. 잠 10:15

예수님은 젊은 부자 청년을 만나신 후 부자가 천국에 들어가는 것이

낙타가 바늘귀로 들어가는 것보다 어렵다고 말씀하셨다. 이 말을 들은 제자들은 놀라서 그러면 누가 구원을 얻을 수 있겠는가 서로 질문한다. 예수님은 다음의 말씀으로 제자들의 질문에 답하며 결론을 지으신다.

> 예수께서 이르시되 내가 진실로 너희에게 이르노니 나와 복음을 위하여 집이나 형제나 자매나 어머니나 아버지나 자식이나 전토를 버린 자는 현세에 있어 집과 형제와 자매와 어머니와 자식과 전토를 백배나 받되 박해를 겸하여 받고 내세에 영생을 받지 못할 자가 없느니라. 막 10:29-30

재미있는 것은 예수님은 이 구절에서 돈을 언급하지 않으셨다는 사실이다. 예수님은 '네가 가진 모든 돈'을 버리면 백배로 받게 되리라고 말씀하지 않으셨다. 예수님은 그 누구에게도 배가된 '돈'을 약속하지 않으셨다. 그러나 부를 포기하는 사람들에게는 배가된 부를 받게 되리라고 약속하셨다. 하나님의 말씀은 땅, 집, 사람들과의 관계 등과 돈을 서로 다른 것으로 취급하고 있는 것이다.

돈^{Money}은 무엇인가? 단순히 말하여 돈이란 사람들이 상품과 서비스를 거래하기 위해 만들어 낸 교환수단이다. 우리가 상품이나 서비스를 거래할 수 있는 매개체인 것이다. 돈은 우리가 생산한 상품이나 제공하는 서비스의 대가로 받는 것이다. 우리는 받은 돈을 사용하여 다시 다른 사람이 생산한 상품이나 제공하는 서비스를 산다. 그러므로 돈 자체에는 본질적인 가치가 없으며, 돈의 가치는 매일매일 시장에 의해 결정된다. 그러나 시장이란 실질적으로는 사람들의 의견에 불과하다. 다른 말로 하면,

돈의 가치는 전적으로 사람들의 평가에 따라 달라질 수 있다. 돈은 본질적으로 가치중립적인 것으로 그 안에 도덕성을 갖고 있지 않은 선하지도 악하지도 않은 생필품에 불과하다. 전통적으로 돈은 금속이나 종이, 또는 플라스틱 등을 사용하여 만들었으며, 중요한 인물이나 건물의 모습이 찍힌 동전이나 지폐의 형태로 제조되어 왔다.

전통적으로 돈의 특징은 다음의 다섯 가지로 정의된다.

1. 돈은 거래하기 쉽게 단위를 나누어 만들어진다.
2. 돈은 쉽게 손상되어 거래능력을 잃지 않도록 튼튼한 재료로 만들어진다. 지폐는 일반 종이보다 훨씬 질긴 종이로 되어 있다.
3. 돈은 이동성이 있다. 돈은 거래를 위해 가지고 다니기에 너무 무겁거나 거추장스러우면 안 된다.
4. 돈은 그것이 돈임을 잘 알아볼 수 있다. 돈은 교환의 수단임을 모든 사람이 분명히 알아볼 수 있어야 한다.
5. 돈은 희귀성이 있다. 수요보다 공급이 훨씬 적어서 통화액을 조종할 수 있어야 한다. 돈의 공급을 제대로 관리하지 않으면 통화 팽창inflation이나 통화 수축deflation을 피할 수 없다.

그리스도인들에게 돈은 누구에게 속한 것이냐고 질문하면, 대부분 모든 것은 하나님에게 속했으니 돈도 하나님께 속한 것이라고 대답할 것이다. 그러나 바리새인들이 세금에 대해 질문했을 때, 예수님은 돈은 하나님이 창조하신 것이 아니며, 하나님께 속한 것도 아니라고 분명히 가르쳐 주셨다. 돈은 사람에 의해 창조된 것이며 세상 체제에 속한 것이다.

> 그러면 당신의 생각에는 어떠한지 우리에게 이르소서 가이사에게 세금을 바치는 것이 옳으니이까 옳지 아니하니이까 하니 예수께서 그들의 악함을 아시고 이르시되 외식하는 자들아 어찌하여 나를 시험하느냐 세금 낼 돈을 내게 보이라 하시니 데나리온 하나를 가져왔거늘 예수께서 말씀하시되 이 형상과 이 글이 누구의 것이냐 이르되 가이사의 것이니이다 이에 이르시되 그런즉 가이사의 것은 가이사에게, 하나님의 것은 하나님께 바치라 하시니. 마 22:17-21

예수님은 이 구절에서 세금에 대한 질문에 답하시는 동시에 돈의 본성에 대해서도 분명히 가르쳐 주셨다. 데나리온은 하나님이 아니라 가이사에게 속한 것이었다. 본질적인 가치를 지니고 있는 금 한 덩어리를 가져다가 틀에 넣어 모양을 만들고 가이사의 형상을 새겨 넣은 후 그것을 사고파는 용도로 사용한다면, 원래는 하나님의 왕국에 속한 부였던 한 덩어리의 금은 다른 왕국에 속하게 되는 것이다. 즉, 그것은 더 이상 하나님의 소유가 아니라 세상 체제에 속한 돈이 된다는 것이다. 하나님은 그 금을 세상 체제에게 넘겨주신 것이다.

어떤 이들은 돈을 소장품이나 가치의 기준으로 삼으려고 했다. 부를 집, 땅, 금, 은 등의 형태로 가지고 있을 때는 그것을 소비하기 위해 팔아야 하지만, 돈을 쌓아 두는 것은 소비하는 것에 비해 거래 비용이 더 적게 들기 때문이다. 하지만 돈은 맘몬 체제의 약점인 인플레이션이나 디플레이션에 영향을 받는 단점이 있다. 인류는 소장품으로서 돈이 갖는 약점을 보완하기 위해 통용되는 모든 돈을 금으로 만들어 보려고 노력하기도 했다. 금 가격의 표준을 없앤 국가에서 인플레가 증가되는 것을 보면 이 사실이 증명된다.

부는 하나님께 속한 것이지만 돈은 그렇지 않다. 돈은 사람에 의해 창조된 세상 체제에 속한 것이다. 그러면 그리스도인으로서 우리는 돈을 어떻게 대해야 하는가?

하나님은 돈을 작은 것 또는 사소한 것이라고 부르신다. 마태복음 25장에서 예수님은 주인에게 달란트(당시 사용하던 돈의 단위로, 학자들에 의하면 금 34킬로그램에 해당하는 금액)를 받아 관리했던 종 세 명에 대한 비유를 말씀하셨다. 27절에서 예수님은 관리하라고 준 돈을 땅에 묻어둔 종을 책망하신다. 그리고 21절과 23절에서 다른 두 종을 칭찬하며 이렇게 말씀하신다. "착하고 충성된 종아 네가 적은 일에 충성하였으매 내가 많은 것을 네게 맡기리니 네 주인의 즐거움에 참여할지어다." 이 구절에서 예수님은 돈을 '적은 일'이라고 칭하시는 것을 볼 수 있다.

> 지극히 작은 것에 충성된 자는 큰 것에도 충성되고 지극히 작은 것에 불의한 자는 큰 것에도 불의하니라. 눅 16:10

예수님은 비유의 주제인 돈을 다시 '작은 것'이라고 부르신다. 하나님은 성실과 청지기적 사명을 가르치기 위해서도 돈을 사용하신다.

> 너희가 만일 남의 것에 충성하지 아니하면 누가 너희의 것을 너희에게 주겠느냐. 눅 16:12

예수님은 제자들에게 돈이 가이사, 즉 세상 체제에 속한 것이라고 말씀하신다. 그렇기 때문에 돈이 우리를 다스리는 것이 아니라 우리가 돈을 다스려야 한다. 돈은 우리의 종이 되도록 만들어졌으며, 우리는 돈을 하나님 나라에 유익이 되도록 사용해야 한다. 우리는 세상 체제에 속한 것을 맡은 청지기가 되어야지, 그 체제의 기본원칙을 범하는 사람이 되어서는 안 된다.

그리스도인들은 세상 체제 안에 살고 있으나 그 체제에 속한 사람들은 아니다. 그렇기에 사고파는 것이 잘못된 것은 아니다. 그러나 우리에게는 세상 체제에 내재한 한계를 뛰어넘는 하나님 나라의 원칙이 있다.

우리는 하나님이 창조하고 소유하신 것을 사랑하도록 되어 있다는 진리를 통해서도 돈이 하나님께 속한 것이 아니라는 사실을 알 수 있다. 하나님은 사람들을 창조하신 후 서로 사랑하도록 명령하셨다. 만약 하나님이 돈을 창조하셨고 돈의 주인이 되신다면, 우리는 돈을 사랑해도 될 것이다. 그러나 하나님은 "돈을 사랑하는 것은 일만 악의 뿌리"(딤전 6:10)이기에 돈을 사랑하지 말라고 명백하게 명하셨다.

부가 돈으로 전환될 때, 돈이 속한 체제는 하나님 나라에서 세상 체제로 바뀌며, 맘몬의 영의 영향을 받게 된다. 나는 가족이 소유하던 농장을 팔아 자녀나 손자들에게 돈으로 분배해 준 후 몇 년 지나지 않아 아무에게도 돈이 남아있지 않게 된 사례를 수없이 보았다. 무슨 일이 벌어진 것인가?

　농장이 부의 형태로 존재할 때에는 아무도 그것을 구매력이 있는 것으로 보지 않았다. 농장의 가치는 그저 농장의 실질적인 가치 그대로였다. 그러나 농장이 팔린 순간 부는 돈으로 전환되어, 하나님 나라가 아닌 세상 체제에 속하게 되는 것이다. 이때 맘몬이 상속자들의 마음속에 돈이야말로 엄청난 힘과 가치를 가지고 있다고 속삭인다. 사람들은 이렇게 돈에게 신적인 속성을 부여하는 것이 사람의 마음에 얼마나 막강한 영향력을 행사하는지 잘 알지 못한다. 이 사실을 명백하게 보여 주는 사례가 사도행전에 기록되어 있다.

> 그 중에 가난한 사람이 없으니 이는 밭과 집 있는 자는 팔아 그 판 것의 값을 가져다가 사도들의 발 앞에 두매 그들이 각 사람의 필요를 따라 나누어 줌이라 구브로에서 난 레위 족 사람이 있으니 이름은 요셉이라 사도들이 일컬어 바나바라(번역하면 위로의 아들이라) 하니 그가 밭이 있으매 팔아 그 값을 가지고 사도들의 발 앞에 두니라. 행 4:34-37
>
> 아나니아라 하는 사람이 그의 아내 삽비라와 더불어 소유를 팔아 그 값에서 얼마를 감추매 그 아내도 알더라 얼마만 가져다가 사도들의 발 앞에 두니 베드로가 이르되 아나니아야 어찌하여 사탄이 네 마음에 가득하여 네가 성령을 속이고 땅값 얼마를 감추었느냐 땅이 그대로 있을 때에는 네 땅이 아니며 판 후에도 네 마음대로 할 수가 없더냐 어찌하여 이 일을 네 마음에 두었느냐 사람에게 거짓말한 것이 아니요 하나님께로다 아나니아가 이 말을 듣고 엎드러져 혼이 떠나니 이 일을 듣는 사람

이 다 크게 두려워하더라. 행 5:1-5

    초대교회 공동체 안에서는 사람들이 자신의 부를 돈으로 바꾸어서 다른 이들의 필요를 채워 주곤 했다. 아마 아나니아와 삽비라 부부도 이런 모범적인 사례들을 보면서 자신들도 그렇게 하여 좋은 평판을 얻고 싶었을 것이다. 그러나 이 부부는 자신들이 부를 돈으로 바꾸는 순간 맘몬의 영으로부터 얼마나 강력한 유혹을 받을 것인지를 전혀 알지 못했다. 분명한 것은, 그들이 사도들에게 돈 대신에 땅 문서를 그대로 주는 것이 훨씬 나았을 것이라는 사실이다.

    아마도 그들은 자신들이 드리고자 했던 헌금이 부의 형태였을 때에는 땅 전체를 기꺼이 드렸을 것이다. 그러나 그것이 돈으로 전환되는 순간 그들의 생각이 바뀌었다. 그들은 맘몬의 영의 영향을 받아 돈에게 권세를 부여하게 되었고, 하나님과의 약속을 어기고 사도들에게 드릴 돈의 얼마를 감추고자 하는 생각을 품게 되었다. 이 일은 맘몬의 영이 한 사람의 마음에 얼마나 큰 영향력을 미치는지를 확실하게 보여 준다.

    아마 아나니아와 삽비라는 그들이 기대했던 것보다 땅값을 훨씬 더 많이 받았을 수도 있다. 그래서 원래 땅값으로 생각했던 금액만을 사도들에게 드리려고 했을 것이다. 아무도 그들이 땅값으로 얼마를 받았는지 모르기에, 완전히 비밀리에 진행할 수 있을 것이었다. 이 얼마나 무신론적인 생각인가? 맘몬의 영이 한 사람의 마음을 사로잡을 때, 하나님이 그 사람의 마음에서 얼마나 신속하게 제거되는지 놀랍지 않은가? 그 부부는 '아무도 모를 거야'라고 생각했다. 성령님은 어디로 가신 것인가?

자신의 재정원칙 가운데서 하나님을 제거해 버린 결과, 아나니아와 삽비라는 목숨을 잃었다. 이 일은 속이고 훔치고 파괴하며 궁극적으로 죽이는 맘몬의 영의 능력을 여실히 보여 준다. 우리는 사역이나 교회에 부가 흘러갈 때 이런 맘몬의 영의 능력을 보게 된다. 사람들은 교회와 사역단체에 부동산이나 건물, 물건 등이 흘러들어 오면 그저 하나님이 주신 복이라고 생각한다. 그러나 돈과 관련된 문제에 있어서는 대부분 돈이 충분하지 않다고 느낀다.

돈은 세상 체제로부터 하나님 나라의 사업으로 흘러들어 가야 하는 목적을 가지고 있다. 그러나 돈은 하나님이 아닌 세상 체제에 속해 있기에, 그리스도인일지라도 세상 체제가 사용하는 돈 관리 원칙을 준수해야 한다. 돈이 그리스도인에게 흘러가서 하나님 나라를 위한 사업에 사용되기 위해서는 맘몬의 영을 다루어야 하며 돈을 다스리는 원칙을 지켜야 하는 것이다.

그런데 많은 그리스도인이 번번이 돈 관리 원칙을 범하면서, 하나님이 자신들이 힘쓰고 있는 하나님 나라의 일에 초자연적으로 돈을 공급해 주시기를 기대한다. 그래서는 안 된다. 목회자나 선교사라고 할지라도 마땅히 자연 법칙에 순응해야 한다.

마귀는 세상 체제를 다스리는 자로서(요일 5:19) 세상에서 작용하고 있는 원칙을 잘 알고 있다. 그리고 우리가 돈을 다스리는 법을 잘 모른다는 약점을 이용하여 율법주의자와 같이 우리를 공격한다. 만약 하나님이 우리를 위해 세상 체제에서 작용하는 자연법칙을 무효화시켜 주신다면, 사탄은 하나님이 공의롭지 못하다고 하나님을 고소할 수 있을 것이다. 그러나 우리가 세상 체제의 원칙을 따를 때, 우리는 믿음으로 하나님 나라의 재정원칙을 적용한 후 재정적인 공급을 확신할 수 있다.

영적인 측면에서는 하나님을 신뢰하고, 진리의 측면에서는 돈에 대한 세상 체제의 자연 법칙을 지킬 때, 우리는 온전한 확신을 가지고 하나님께 구할 수 있다. 그럴 때 우리는 요동함이나 주저함이나 의심 없이 믿음 안에서 재정을 구할 수 있게 된다(약 1:6).

한번은 사람들이 베드로에게 예수님도 세상의 세리들에게 협조하실 것이냐고 물어본 적이 있다.

> 가버나움에 이르니 반 세겔 받는 자들이 베드로에게 나아와 이르되 너의 선생은 반 세겔을 내지 아니하느냐 이르되 내신다 하고 집에 들어가니 예수께서 먼저 이르시되 시몬아 네 생각은 어떠하냐 세상 임금들이 누구에게 관세와 국세를 받느냐 자기 아들에게냐 타인에게냐 베드로가 이르되 타인에게니이다 예수께서 이르시되 그렇다면 아들들은 세를 면하리라 그러나 우리가 그들이 실족하지 않게 하기 위하여 네가 바다에 가서 낚시를 던져 먼저 오르는 고기를 가져 입을 열면 돈 한 세겔을 얻을 것이니 가져다가 나와 너를 위하여 주라 하시니라. 마 17:24-27

예수님의 사역 가운데 재정에 관한 것은 당시 세상의 세금 제도에 순응하고 있었다. 예수님은 베드로에게 자신들이 실제로는 세상의 재정 체제에 속해 있지 않지만, 믿는 사람이든 안 믿는 사람이든 다른 사람들이 오해하지 않게 하기 위하여 세상 체제의 제도에 따라 행동해야 한다고 말씀하신 것이다. 사실 예수님과 제자들은 하나님 나라에 속해 있었지만, 복음을 선포하는 것에 어떠한 방해도 받지 않기 위해 스스로 순복했던 것이다. 예수님은 사역의 재정이 어떤 상황에 처해 있을지라도 하나님이 필요를 채워 주실 것이라는 굳건한 믿음이 있으셨다.

찰스 블레어가 쓴 『잘못할 수 없는 사람』(A Man Who Could Do No Wrong)이라는 책은 이 점을 잘 설명해 주고 있다. 찰스 목사는 하나님으로부터 노인들을 보살펴주는 건물을 지으라는 비전을 받았다. 그것은 하나님으로부터 온 놀라운 계획이 분명했다. 그리고 그는 그 사업을 위해 모금을 시작했다. 하지만 찰스 목사는 돈은 하나님께 속한 것이기에, 하나님의 일을 위해 모은 돈을 또 다른 하나님의 일을 위해 사용해도 된다고 생각하고는 다른 사역에 그 돈을 사용하는 실수를 저질렀다. 이것은 '어떤 사업을 위해 모금된 돈은 그 사업을 위해서만 사용할 수 있다'는 세상 체제의 규칙을 범한 것이었다. 결국 그는 미국증권감독원의 규정을 어겼다는 몇 건의 기소를 받게 되었다.

이 이야기는 우리가 세상 체제의 규칙을 범했을 때, 하나님이 그 실수에 대해 무효화해 주실 것을 기대할 수 없는 증거가 된다. 찰스 목사는 이 뼈아픈 경험을 통해 돈은 세상 체제에 의해 다스려지는 것이며 세상 체제에 대해 책임을 진다는 값진 깨달음을 얻었다.

재물^{riches}은 무엇인가? 재물 역시 부나 돈과 구별되어야 하는 개념인가? 우리는 그렇다고 생각한다. 우리는 재물이란 '우리를 위해 사용되는 돈'이라고 생각한다. 우리는 납부해야 할 요금을 다 납부하고 생필품들을 다 사고도 돈이 남으면, 그 돈을 투자하여 우리를 위해 사용되도록 할 수 있다. 재물이란 이와 같이 우리에게 필요한 것을 사기 위한 돈이라기보다, 우리 자신을 위해 일하는 여분의 돈을 일컫는다. 그러한 돈이 있을 때, 우리는 재물을 가졌다고 정의할 수 있다. 오늘날 재물은 흔히 주식이나 채권, 투자신탁^{mutual fund}, 정부 보증서 등의 모양으로 존재한다.

우리가 돈을 재물로 생각한다면, 맘몬의 영은 우리가 투자 등을 함으로 재물을 신뢰하도록 영향을 미치려 할 것이며, 특별히 미래의 필요에 대해 재물을 신뢰하도록 유혹할 것이다. 그러나 바울은 부한 자들에게 자만하지 말고 재물이 아니라 하나님을 신뢰하라고 말한다.

> 그대는 이 세상의 부자들에게 명령하여, 교만해지지도 말고, 덧없는 재물에 소망을 두지도 말고, 오직 우리에게 모든 것을 풍성히 주셔서 즐기게 하시는 하나님께 소망을 두라고 하십시오. 딤전 6:17(표준새번역)

이 구절에서 바울은 다시 한 번 재물이 아니라 하나님이 우리의 공급자이심을 선포한다. 예수님은 재물이 덧없는 것, 즉 속이는 것이라고 말씀하신다. 마가복음 4장의 네 가지 밭에 대한 비유에서는 말씀이 열매 맺는 것을 파괴하는 여러 가지 방해물이 나오는데, 가장 중요한 방해물 가운데 하나가 바로 덧없는 재물을 뜻하는 가시떨기이다. 이 가시떨기가 우리 마음에 말씀이 자라고 결실할 수 있는 능력을 죽이는 것이다(19절).

돈으로 하여금 우리를 위해 일하도록 하는 것은 잘못이 아니다. 실상 달란트의 비유(마 25)와 므나의 비유(눅 19)는 우리에게 맡겨진 돈을 가지고 배가를 일으켜서 우리를 위해 일하도록 하라는 말씀이다. 다른 말로 하면, 돈을 가진다는 것은 재물을 만들어 낼 수 있다는 것이다. 우리는 여기서 하나님 앞에 정직해야 한다.

어떤 사람은 자녀의 교육비나 차를 사기 위한 비용 등과 같은 구체적인 목적을 위해서가 아니라 그저 돈을 모아 두기 위해 돈을 모으기도 한다. 그러나 특정한 목적이 없는 재물은 우리가 재물을 신뢰하도록 할 수 있다. 증권 시장이 폭락할 때, 재물에 신뢰를 두었던 사람들은 건물에서 뛰어내리기도 한다. 그들은 한순간에 엄청난 가치를 잃어버릴 수 있는 재물을 의지하고 신뢰하고 있었기 때문이다.

예수님은 맡은 돈을 가지고 일하여 배가시킨 종들을 칭찬하셨다. 그러나 배가된 돈은 종이 아닌 주인에게 돌아갔다. 하나님은 우리의 삶 가운데 여분의 돈이 있기를 원하신다. 또한 우리가 그 돈을 하나님이 원하실 때 쓸 수 있도록 준비되어 있기를 원하신다. 우리가 하나님께 여분의 돈의 목적이 무엇인지 여쭐 때, 그 돈의 목적을 알려 주실 것이다. 나는 이런 여분의 돈을 '주인님이 쓰실 자금'이라고 부른다. 이것은 주님이 하나님 나라의 목적을 위해 요구하시면 즉각적으로 사용될 수 있는 돈이나 재물일 것이다.

우리는 이제 부의 소유권이 하나님께 있음을 알게 되었다. 하나님은 우리가 그 부를 하나님과 공동으로 소유하기를 원하시고, 또 대를 이어 물려줄 수 있도록 복 주기를 원하신다.

그러나 우리가 만약 자신이 소유한 부를 돈으로 바꾼다면 즉시 맘몬의 영을 대면하게 될 것이다. 이 사실은 탕자의 비유에서 잘 나타나 있다.

또 이르시되 어떤 사람에게 두 아들이 있는데 그 둘째가 아버지에게 말하되 아버지여 재산 중에서 내게 돌아올 분깃을 내게 주소서 하는지라 아버지가 그 살림을 각각 나눠 주었더니 그 후 며칠이 안 되어 둘째 아들이 재물을 다 모아 가지고 먼 나라에 가 거기서 허랑방탕하여 그 재산을 낭비하더니. 눅15:11-13

둘째 아들이 자기 몫의 재산을 돈으로 바꾸어 방탕한 생활을 하며 탕진해 버린 사실을 주목하라. 재산의 분깃이 돈의 형태로 바뀌자 맘몬의 영향력에 노출되어 버린 것이다.

많은 국가가 상속인이 21세가 될 때까지는 유산을 받지 못하도록 하는 법을 시행하고 있다. 이는 유산을 돈으로 바꾸어 마구 써 버리는 일을 막으려는 것이다. 그러나 우리는 수많은 젊은이들의 삶 가운데 맘몬의 영이 영향을 미치는 것을 볼 수 있다. 이러한 법은 영적인 영역에 대한 구체적인 이해가 없이, 맘몬의 영향력을 제어하고자 하는 것이다.

재정에 대한 영적 전쟁

돈은 사고파는 일을 위해 세상 체제가 만들어 낸 것임을 우리는 알고 있다. 예수님도 "가이사의 것은 가이사에게, 하나님의 것은 하나님께 바치라"(마 22:21)고 말씀하셨다. 우리는 모두 하나님의 형상으로 창조된 하나님께 속한 자들이다. 또한 우리는 그리스도인으로서 하나님께 속한 것을 맡은 청지기이기도 하다. 그렇기에 비록 돈이 세상에 속한 것일지라도 우리는 청지기로서 시간과 노력을 기울여 돈을 관리해야 한다. 하나님은 돈을 다루는 것을 통하여 우리에게 성실과 청지기로서의 직책에 대하여 가르쳐 주신다.

사실 하나님의 목적은 많은 돈을 세상 체제로부터 그리스도인들에게 흘러가게 함으로써 하나님 나라에 돈이 사용되도록 하는 것이다. 우리의 손에 돈이 있다면, 세상 체제로 하여금 하나님 나라를 위해 일하게 만들 수 있다. 비행기표를 사서 어느 곳에든 가서 전도할 수 있고, 성경을 인쇄하여 나눠 줄 수도 있으며, 시원한 물을 사서 예수님의 이름으로 나눠 줄 수 있는 것이다. 또한 우리는 한 곳에 머무를지라도 세계 곳곳의 사역지에 후원금을 보내어 그 모든 사역에 동참할 수도 있다.

그리스도인이 돈을 소유하면 이런 잠재력을 가지기 때문에, 사탄은 온 힘을 다해서 헌신된 복음전도자들과 그리스도인들의 손에 돈이 들어가지 못하도록 막으려고 애쓴다. 동시에 사탄은 맘몬의 영의 영향력 아래 있는 사람에게는 엄청난 금액의 돈이 흘러가도록 역사하기도 한다. 어떤 사람이 재정을 다루는 일에 있어 훈련을 받지 못했다면, 맘몬의 영은 그가 하나님 나라가 아니라 더 많은 재물을 모으는 것에 초점을 맞추도록 유혹함으로써 그를 파괴할 수 있다.

그러나 예수님은 우리에게 대적의 모든 일을 멸할 수 있는 예수 이름의 권세를 주셨다. 그러므로 우리는 하나님 나라의 일에 초점을 두고 돈이 우리에게 흘러오도록 대적과 영적 전투를 벌일 수 있다. 이 전투는 아래 인용되는 성경 말씀에 기록되어 있다.

> 부하려 하는 자들은 시험과 올무와 여러 가지 어리석고 해로운 욕심에 떨어지나니 곧 사람으로 파멸과 멸망에 빠지게 하는 것이라 돈을 사랑함이 일만 악의 뿌리가 되나니 이것을 탐내는 자들은 미혹을 받아 믿음에서 떠나 많은 근심으로써 자기를 찔렀도다 오직 너 하나님의 사람아 이것들을 피하고 의와 경건과 믿음과 사랑과 인내와 온유를 따르며 믿음의 선한 싸움을 싸우라 영생을 취하라 이를 위하여 네가 부르심을 받았고 많은 증인 앞에서 선한 증언을 하였도다. 딤전 6장 9-12

흥미로운 것은 돈에 대해 말씀하는 6장에 영적 전투에 관한 말씀(12절)도 있다는 것이다. 우리는 돈이 하나님 나라를 위해 풀리도록 믿음의 선한 싸움을 해야 한다는 것이다. 영적 전쟁이란 단순히 예수님의 이름으로 무언가를 멈추도록 명하는 것만이 아니다. 영적 전쟁은 우리가 어떻게 살아야 할지, 또 어떻게 직분을 다해야 할지 선택하는 것을 포함한다. 요한복음 14장에서 사탄이 예수님에게 마수를 뻗칠 때 예수님이 어떻게 반응하셨는지를 보라.

> 이 후에는 내가 너희와 말을 많이 하지 아니하리니 이 세상의 임금이 오겠음이라 그러나 그는 내게 관계할 것이 없으니. 요 14:30

재정을 주관하고 있는 이 세상 체제의 원칙을 지키지 않으면서 (예를 들면 부채를 제대로 관리하지 못하거나 재정을 잘못된 곳에 사용하면서) 영적인 영역에서 맘몬의 영을 이길 수 있다고 생각한다면 착각이다. 개인의 재정 상태를 균형 있게 유지하고, 그렇지 못했을 경우 회개하고 돌이킬 때, 우리의 말과 행동에는 영적 전쟁에 승리할 수 있는 권위가 생긴다. 우리의 삶 가운데 대적이 우리의 손에 재정이 흘러들어 오는 것을 방해할 수 있는 빌미나 근거가 한 가지도 없기를 바란다.

> 믿음은 들음에서 나며 들음은 그리스도의 말씀으로 말미암는다. 롬 10:17

믿음에는 적어도 다음 세 가지 요소가 있다.
1. 우리는 하나님의 말씀을 믿어야 한다.
2. 우리는 말씀을 고백해야 한다. 즉 우리 귀가 우리가 믿는 것이 무엇인지 들을 수 있어야 한다.
3. 우리의 행동은 우리가 믿고 고백하는 내용과 일치해야 한다.

그러면 이 세 가지 요소가 어떻게 재정의 영역에 적용되는가?
첫째, 우리는 재정에 대한 하나님 말씀의 견고한 터 위에 서 있어야 한다. 우리의 삶에 재정이 풀려나기 위해서는 먼저 영적인 영역에서 승리해야 함을 기억하라. 영적인 영역에서 이루어진 것이 후에 육신적인 영역에서 결과로 드러나기 때문이다.
둘째, 세상 체제의 재정적 사고방식에 의해 흔들리지 말고, 하나님 나라의 원칙 안에서 살아가기로 결심하고 순종해야 한다.

셋째, 우리의 믿음과 고백에 일치하는 삶을 살아야 한다. 야고보 사도가 말한 것 같이 우리는 두 마음을 품어서는 안 된다.

> 너희 중에 누구든지 지혜가 부족하거든 모든 사람에게 후히 주시고 꾸짖지 아니하시는 하나님께 구하라 그리하면 주시리라 오직 믿음으로 구하고 조금도 의심하지 말라 의심하는 자는 마치 바람에 밀려 요동하는 바다 물결 같으니 이런 사람은 무엇이든지 주께 얻기를 생각하지 말라 두 마음을 품어 모든 일에 정함이 없는 자로다. 약 1:5-8
> 우리의 씨름은 혈과 육을 상대하는 것이 아니요 통치자들과 권세들과 이 어둠의 세상 주관자들과 하늘에 있는 악의 영들을 상대함이라. 엡 6:12

앞서 나눈 것과 같이, 맘몬의 영은 영적 세계 안의 권세로서 재정의 영역에서 사람들의 일을 조종하려는 존재다. 이 영은 사람들의 마음과 생각을 주관하기를 원한다.

나는 한때 하나님을 사랑하며 섬기던 사람들이 돈이 생기자 돈을 사랑하게 된 나머지 더 이상 하나님 나라를 위해 돈을 사용하지 않고, 심지어는 하나님을 사랑하지도 섬기지도 않는 모습을 많이 보았다. 오늘날 우리는 재정적인 면에 있어 과거 어느 때보다도 치열한 영적인 전투 가운데 있다. 재정에 대한 사람들의 마음 안에서 세상 체제와 하나님 나라는 엄청난 갈등을 빚고 있다. 그러나 우리의 싸우는 무기는 인간이 만들어 낸 무기가 아님을 기억하라.

우리의 싸우는 무기는 육신에 속한 것이 아니요 오직 어떤 견고한 진도 무너뜨리는 하나님의 능력이라 모든 이론을 무너뜨리며 하나님 아는 것을 대적하여 높아진 것을 다 무너뜨리고 모든 생각을 사로잡아 그리스도에게 복종하게 하니 너희의 복종이 온전하게 될 때에 모든 복종하지 않는 것을 벌하려고 준비하는 중에 있노라. 고후 10:4-6

우리가 이 책을 계속 읽어가는 동안, 하나님이 재정 영역 안에서 우리가 어떤 전투를 벌이고 있는지 계시해 주시기를 바란다. 또한 하나님이 맘몬의 영에 맞서고자 하는 의지와 갈망에 힘을 더하셔서, 우리의 손에 재정이 들어오는 것을 막고, 우리의 관심을 하나님 나라를 섬기는 것에서 떠나게 하려고 하는 원수를 능히 대적하게 되기를 바란다.

목적을 가진 형통함

다음 기본원칙Building block으로 넘어가기 전에 먼저 자신의 백성을 형통하게 하시려는 하나님의 계획을 이해해야 한다. 최근 교회 안에는 형통에 대한 메시지가 많은 것이 사실이다. 이런 종류의 메시지에 대해 찬성과 반대의 입장이 모두 있지만, 좋은 소식은 하나님은 자기 백성이 형통하기를 원하신다는 것이다. 우리는 모든 영적인 복과 특권을 받았다. 부와 평안, 기쁨과 건강을 포함해 삶과 경건에 필요한 모든 것을 우리는 거저 받았다.

우리는 예수님의 피로 봉해진 하나님의 언약을 받은 자들이다. 언약 아래 산다는 것은 하나님과의 밀접한 관계를 맺고 있다는 것을 의미한다. 당신이 하나님과 친밀한 관계 가운데 있다면, 하나님의 언약에 대한 믿음도 갖게 될 것이다. 바로 그 언약 안에 공급과 형통에 대한 약속이 있다. '형통'이 의미하는 것은 무엇인가. 이 단어의 근본적인 뜻은 돈이나 재물, 부가 아니다. '형통'이란 뛰어나게 되는 것, 또는 가장 높은 곳에 오르는 것을 의미한다. 그러므로 '형통하다'는 것은 우리의 영, 혼, 육, 관계, 재정 등 무언가를 바랄 때 가장 높은 곳으로 나아가는 것이다. 여기서 가장 중요한 것은 우리가 무엇을 바라느냐 하는 것이다. 우리가 바라는 대상은 선한 것일 수도 있고 악한 것일 수도 있기 때문이다.

형통은 선한 것에서 이뤄지는 것이다. 성경적 형통이란 인류의 다양한 필요를 채우기 위해 하나님의 능력이나 지식을 사용할 수 있는 능력을 말한다. 하나님이 당신의 백성들에게 원하시는 것은, 성령님을 통하여 하나님의 능력과 지식을 얻음으로써 선을 이루는 것이다.

영의 영역에서 형통은 그가 복음을 듣고 예수님을 임금과 구주로 영접할 때 찾아온다. 복음은 모든 믿는 자에게 구원을 주시는 하나님의 능력이기 때문이다. 사람들은 거듭남을 통해 영적으로 형통하게 된다. 죽음에서 생명으로 옮겨감에 따라 우리의 영은 zoe('영원한 생명'을 뜻하는 헬라어-편집자 주), 즉 영생을 얻게 된다.

다음으로, 혼은 생각과 의지와 감정으로 이루어져 있다. 그러므로 혼의 영역에서의 형통은 사고와 의지와 감정의 변화를 가져온다. 우리가 하나님의 말씀으로 계속해서 마음을 새롭게 할 때 사고방식은 변화된다.

> 너희는 이 세대를 본받지 말고 오직 마음을 새롭게 함으로 변화를 받아 하나님의 선하시고 기뻐하시고 온전하신 뜻이 무엇인지 분별하도록 하라. 롬 12:2

하나님의 말씀을 읽고 묵상하며 반응할 때, 우리의 사고방식은 세상 체제를 본받는 것에서 하나님 나라의 체제를 본받는 것으로 변하게 된다. 이렇게 사고방식이 변화될 때 사고방식에서 형통이 이뤄지게 된다.

반대로 가난의 영 또한 우리의 사고방식에 영향을 미칠 수 있다. 만약 가난의 영에 영향을 받는 사람이 그것을 다루지 않으면, 그는 언제나 다른 사람들을 자신에게서 무언가를 빼앗아 가려는 자들로 생각하고 끊임없이 자신을 보호하려고 애쓰게 된다. 이런 태도는 분명 그가 남에게 나누거나 주지 못하도록 방해할 것이다.

하나님은 우리의 의지 역시 형통하기를 원하신다. 우리의 의지가 멍에와 결박에서 벗어나 자유하게 될 때 우리는 지체 없이 하나님께 순종할 수 있게 된다. 지체하는 순종은 불순종일 뿐이다.

하나님은 우리의 감정도 형통하기를 원하신다. 감정은 우리의 선택과 병행하게 되어 있다. 많은 경우, 매우 강한 부정적인 감정은 우리가 올바른 결정을 하지 못하게 만든다. 우리의 감정은 예수 그리스도의 피로 씻김 받아야 한다. 그렇게 될 때 우리의 감정은 공포, 수치, 교만, 탐욕 등으로 인해 괴로워하는 것이 아니라, 오히려 우리가 올바른 선택을 할 수 있도록 도와줄 수 있게 된다. 감정은 우리가 올바른 선택을 하도록 뒷받침해 주기 위한 것이지, 우리를 방해하는 것은 아니다.

> 너희가 즐겨 순종하면 땅의 아름다운 소산을 먹을 것이요. 사 1:19

하나님은 우리의 육체도 형통을 누리기 원하신다. 그분은 우리 육신의 몸을 위해 건강과 치유를 주셨다.

> 사랑하는 자여 네 영혼이 잘됨 같이 네가 범사에 잘되고 강건하기를 내가 간구하노라. 요삼 1:2

이 구절에서 형통의 순서를 주의하여 보라. 영혼의 형통함이 육신의 건강과 안녕을 이끄는 것을 볼 수 있다. 어쨌거나 신구약의 많은 성경 구절들은 하나님이 육신의 형통함을 원하신다는 것을 말해 준다.

하나님은 우리가 사람들과의 관계에 있어서도 형통하기를 원하신다. 우리는 남편과 아내, 자녀와 부모, 다른 가족들, 크게는 그리스도의 몸, 그리고 모든 사람들과 그렇게 해야 한다.

> 서로 마음을 같이하며 높은 데 마음을 두지 말고 도리어 낮은 데 처하며 스스로 지혜 있는 체 하지 말라 할 수 있거든 너희로서는 모든 사람과 더불어 화목하라. 롬 12:16, 18

관계 가운데 형통하는 비결은 겸손으로 사는 것이다. 하나님의 말씀은 우리가 어떻게 그렇게 할 수 있는지 가르쳐 준다. 하나님은 우리의 관계가 형통하기를 원하시기 때문이다.

하나님은 우리가 재정의 영역에서도 형통하기를 바라신다.

> 너희의 구속자시요 이스라엘의 거룩하신 이이신 여호와께서 이르시되 나는 네게 유익하도록 가르치고 너를 마땅히 행할 길로 인도하는 네 하나님 여호와라 네가 나의 명령에 주의하였더라면 네 평강이 강과 같았겠고 네 공의가 바다 물결 같았을 것이며. 사 48:17-18

하나님은 아브라함, 요셉, 여호수아를 포함하여 성경에 등장하는 많은 이들을 형통케 하셨다. 그들의 형통은 부와 재물, 때로는 돈도 포함하는 것이었다. 이런 재정적인 형통의 반대는 궁핍이다. 궁핍, 또는 형통의 결여는 저주의 한 종류로, 하나님께 불순종해서 스스로 하나님의 보호로부터 떠나는 것이다(신 28:29).

> 부자의 재물은 그의 견고한 성이요 가난한 자의 궁핍은 그의 멸망이니라. 잠 10:15

'꼭 필요한 만큼 가지면 돼'와 같은 사고방식도 궁핍에 속한다는 것을 알고 있는가? 꼭 필요한 만큼만 가진다는 것은 근본적으로 이기적인 것이다. 다른 사람에게 베풀고 줌으로써 그들을 축복할 수 있는 여지를 남기지 않기 때문이다. 하나님은 우리의 삶에 흘러넘치는 재물이 있기를 바라신다. 그것을 통해 우리가 하나님 나라의 송수관이 되어 다른 사람에게 받은 복을 흘려보내기를 원하시는 것이다.

> 주의 성령이 내게 임하셨으니 이는 가난한 자에게 복음을 전하게 하시려고 내게 기름을 부으시고 나를 보내사 포로 된 자에게 자유를, 눈 먼 자에게 다시 보게 함을 전파하며 눌린 자를 자유롭게 하고. 눅 4:18

예수님은 각각의 문제에 대한 해결책으로 반대의 것을 처방하셨다. 눈 먼 자에게는 보는 것을, 눌린 자와 포로 된 자에게는 자유를, 가난한 자에게는 복음을 처방하셨다. 무슨 목적으로 그렇게 하셨는가? 그들을 가난과 궁핍에서 건지기 위해서다.

이렇게 묻는 사람들도 있을 것이다. "예수님은 가난한 자들은 언제나 우리 가운데 있을 것이라고 말씀하지 않으셨나요?" 물론 그렇다. 그러나 이것은 모든 사람이 구원을 주시는 하나님의 능력인 복음을 믿지 않는 까닭이다. 모든 사람이 복음을 믿는다면, 가난한 사람은 아무도 없을 것이다. 복음이 가져다주는 구원이란 삶의 모든 영역에서의 구원이기 때문이다.

하나님은 왜 당신의 백성을 복 주기 원하시는가?

하나님이 우리를 복 주기 원하시는 이유는 적어도 네 가지를 들 수 있다. '복 주다'라는 히브리 단어의 원래 의미는 '형통할 수 있는 힘을 얻다'라는 뜻이다. 우리가 살펴본 바와 같이, 하나님은 분명 당신의 백성에게 형통하도록 힘을 주길 원하신다. 이제 그 이유 네 가지를 살펴보자.

첫째, 하나님은 단지 우리가 그분의 자녀이기에 형통케 하신다

> 너희 중에 누가 아들이 떡을 달라 하는데 돌을 주며 생선을 달라 하는데 뱀을 줄 사람이 있겠느냐 너희가 악한 자라도 좋은 것으로 자식에게 줄 줄 알거든 하물며 하늘에 계신 너희 아버지께서 구하는 자에게 좋은 것으로 주시지 않겠느냐. 마 7:9-11

하나님의 소원은 자녀들에게 좋은 선물을 주시는 것이다. 궁핍하지 않은 상태 또한 하나님의 좋은 선물 중 하나다. 어떤 이들은 하나님이 우리를 겸손케 하기 위해 가난하게도 하실 수 있다고 생각한다. 그러나 이것은 하나님의 방법이 아니다. 당신도 당신의 자녀에게 그렇게 하지 않을 것이다. 그런데 왜 하나님이 그렇게 하시겠는가?

하나님이 우리를 형통하게 하시는 데는 목적이 있다. 형통 자체로 끝이 아니다. 하나님은 자신이 여호와 이레의 하나님, 즉 우리의 공급자 되신 하나님임을 보여 주셨다. 그러므로 우리는 형통 자체가 아닌 공급자 되신 하나님께 초점을 맞추어야 한다.

안타깝게도 많은 사람들이 형통 자체를 궁극적인 목적으로 삼는 실수를 범해 왔다. 그럴 때 돈을 버는 것이 목적이 되고 하나님은 수단이 되어 버리는 것이다. 그러나 하나님이 우리의 궁극적인 목적이 되실 때, 우리는 형통 안에 있는 그분의 목적을 발견할 수 있게 된다.

이렇게 하기 위해서는 닫힌 원, 즉 '얼마면 충분한가?'에 대한 명확한 대답이 있는 예산을 갖고 있는 상태에서 형통을 가르쳐야 한다. 만약 우리가 이 질문에 대한 하나님의 대답을 갖고 있지 않다면, 맘몬의 영은 형통에 대한 우리의 생각과 마음에 영향을 주어, 하나님이 주신 형통이 오용되도록 할 것이다. 우리는 돈과 그 뒤에 있는 맘몬의 체제에 대해 올바로 배워야 한다.

우리의 사고방식과 생각에 영향을 미치는 또 다른 요인은 세상 체제에서 통용되는 경제에 대한 전통적 가르침이다. (이에 대한 내용은 '하늘에 쌓아둔 보물'에서 자세히 설명하고 있다.) 많은 사람들이 부에 대해 '제로섬' 개념을 갖고 있다. 즉, 세상의 부의 총량은 고정되어 있다고 생각하는 것이다. 따라서 그들은 자신이 더 많은 것을 얻기 위해 다른 사람의 것을 취하고, 이로써 다른 사람은 궁핍해진다.

하지만 사실 부의 총량은 고정된 것이 아니다. 우리는 열심히 일하고 창조적인 아이디어를 냄으로써 더 많은 부를 창출해 낼 수 있다. 재정이 늘거나 줄어드는 것은 인간과 맺으신 하나님의 언약, 그리고 인간이 얼마나 이 언약 안에서 하나님과 동행하느냐에 달린 것이며, 모든 부는 원래 하나님에게서 흘러오는 것이다. 그리고 하나님과 언약을 맺은 자만이 그 부를 소유하고 사용할 수 있는 권리가 있다.

> 네 하나님 여호와를 기억하라 그가 네게 재물 얻을 능력을 주셨음이라 이같이 하심은 네 조상들에게 맹세하신 언약을 오늘과 같이 이루려 하심이니라. 신 8:18

> 죄인의 재물은 의인을 위하여 쌓이느니라. 잠 13:22 하

우리는 재정에 대해 온전한 청지기가 되어야 한다. 그때 하나님이 우리가 다른 사람들을 축복하고 하나님 나라를 섬길 수 있도록 복 주실 수 있기 때문이다. 우리의 형통은 다른 사람의 희생으로 이루어지는 것이 아님을 기억하라. 하나님은 모든 사람에게 형통을 주실 수 있다.

그러나 형통하기 위해 먼저 충족시켜야 할 조건이 있다. 우리는 먼저 형통을 주관하는 법칙인 하나님의 법에 순종해야 한다. 형통의 원래 목적은 복을 받고 그 복을 다른 사람에게 나누는 것이었지만 인간은 형통을 자기 자신을 위해서만 쌓아 두는 죄를 범함으로써 형통의 원래 목적을 오용했다.

둘째, 형통은 염려로부터 우리를 자유케 하기 위해 주어진다

세상 체제는 형통을 하나님 나라와는 다르게 정의한다. 세상 체제는 형통이란 더 많은 것을 소유하고 취하는 것이라고 말한다. 나는 '가장 많은 장난감을 가진 사람이 가장 성공한 사람이다!'라고 쓴 자동차 범퍼 스티커를 본 적이 있다. 세상 체제의 사고방식을 그대로 보여 주는 슬픈 문구가 아닐 수 없다.

하나님이 원하시는 것은 우리의 닫힌 원, 즉 정해 놓은 예산이 채워지고 흘러넘쳐서, 다른 사람들에게 복을 흘려보내고 하나님 나라의 일에 재정을 대는 것이지, 결코 만족할 수 없는 인간의 이기심을 채워 주는 것이 아니다.

그러나 네가 마음에 이르기를 내 능력과 내 손의 힘으로 내가 이 재물을 얻었다 말할 것이라. 신 8:17

대적은 공급자이신 하나님께 쏟을 관심을 빼앗기 위해 우리에게 재물(여분의 돈)을 주려고 할 것이다. 이때 우리가 형통에 대한 하나님의 목적을 이해하지 못하고 있다면, 우리는 그 재물을 자신을 위해 써 버릴 것이다. 열린 원, 즉 예산의 한도를 열어둔 채로, 우리는 주님께 여쭙지도 않고 원의 규모를 늘리며 그것을 하나님의 복이라고 해석할 수도 있다. 닫힌 원, 즉 정해진 예산을 설정해 두지 않으면, 그리고 '얼마가 충분한가?'라는 질문에 대한 하나님의 답을 갖고 있지 않으면, 형통은 함정이 될 수 있다.

'염려'에는 두 가지 종류가 있다. 우리는 너무 가진 것이 없어도 염려하게 된다. 가진 것이 없으면 많은 시간을 '돈을 버는 일'에 소모하고, 결국 하나님이 우리에게 하라고 부르신 일을 하는 데 제한을 받게 된다. 반대로 우리는 가진 것이 너무 많아도 염려하게 된다. 우리 스스로 '그 모든 것'들을 관리해야 하기 때문이다. 재물을 보호하고 유지하고 관리하는 것에도 많은 시간과 자원이 필요하다. 가진 것에 대한 염려는 우리에게 무거운 짐이 될 수 있다.

그러면 어떻게 균형을 맞춰야 할까? 이것은 개인마다 다르다. 우리 각자가 받은 부르심에 알맞은 원의 크기는 오직 하나님만이 아신다. 그렇기에 우리는 각자의 원이 어떻게 그려져야 하는지에 대해 하나님께 물으며, 그분의 뜻을 따라야 한다. 하나님은 모든 것에 대해 원칙과 의견을 가지고 계신다.

어떤 사람들은 '빈곤 심리'에 시달리고 있다. 이들은 자신의 의무와 필요 카테고리를 겨우 채울 수 있는 수준으로 사는 것이 겸손이라고 생각한다. 또한 이들에게는 다른 사람들을 축복할 수 있는 풍족함에 대한 개념이 없다. 반면 또 다른 부류의 사람들은 하나님이 풍족한 재물을 주시는 것은 자신의 탐욕을 만족시키기 위해, 그리고 다른 사람들 앞에서 자신의 가치를 재물로 증명하기 위해서라는 터무니없는 생각을 한다.

여기서 중요한 것은 우리에게 '의무'obligations, '필요'necessities, '원하는 것'wants라는 각각의 카테고리에 대해 하나님의 뜻과 일치된 닫힌 원의 예산이 있어야 한다는 것이다. 그럴 때 우리는 그 닫힌 원 예산을 기반으로, 넘치는 공급하심을 하나님 나라의 목적을 위해 잘 관리하고 흘려보낼 수 있는 자가 되어, 하나님의 신뢰를 얻게 된다. (어떻게 원을 닫으며 하나님의 자원을 잘 관리하는 자가 될 수 있는지는 6장에서 더욱 자세히 다룰 것이다.)

셋째, 형통은 다른 사람들에게 기쁘게 나눌 수 있도록 하기 위해 주어진다
하나님 나라의 가장 중요한 원칙은 '주는 것'이다. 하나님은 우리 삶에 재정적인 형통을 주셔서 우리가 다른 사람들에게 줄 수 있게 되기를 바라신다.

> 각자 마음에 정한 대로 해야 하고, 아까워하면서 내거나, 마지못해서 하는 일은 없어야 합니다. 하나님께서는 기쁜 마음으로 내는 사람을 사랑하십니다. 고후 9:7(표준새번역)

이 구절은 우리가 주어야 하는 것에 대해 명확히 말하고 있다. 우리는 다른 사람들에게 시간이나 은사, 봉사와 같은 것들도 줄 수 있지만, 재정을 주는 경우가 가장 많다. 그러므로 우리에게 돈이 없다면 우리 주위의 사람들에게 관대할 수 없다.

하나님이 우리를 형통케 하기 원하시는 큰 이유는 아주 단순하다. 우리가 기쁨으로 드리고 줄 수 있게 하기 위해서다. 우리는 어떤 일을 포기하고 그것을 위해 모아둔 돈을 하나님께 드릴 수도 있고, 계획한 예산보다 더 공급받은 여분의 돈으로 다른 사람들에게 줄 수도 있다. 하나님은 우리가 그분이 원하시는 대로 하나님과 다른 이들의 필요를 채우기를 원하신다. 그러나 우리가 줄 때에는 언제나 주님께 지시를 받아야 한다. 어떤 사람들은 두려움으로 인해, 심지어는 누군가의 압력이나 조종으로 인해 헌금을 하거나 구제를 하기도 한다. 그러나 죄책감이나 잘못된 자비 때문에 나누는 것은 올바른 일이 아니다.

넷째, 형통은 세계 복음화를 위한 자금을 공급하기 위해 주어진다

지상대명령을 완수하기 위해서는 수천억 원의 돈이 필요할 것이다. 그리고 사실 그 과업을 완수하기에 충분한 자금이 이미 그리스도인들의 손에 있다. 그러나 안타깝게도 대부분의 경우, 이 자금들은 하나님 나라를 위해 사용됨으로써 배가가 되는 대신, 작은 퍼센트의 증가를 이루는 세상 체제 안에 묻혀 있다.

우리가 하나님 나라를 위해 돈을 드릴 때 우리는 동시에 많은 곳에서 섬길 수 있게 된다. 범세계적인 선교 프로젝트에 헌금을 한다면, 우리는 특정한 지역에서 살고 있지만, 우리의 돈으로 전 세계에서 동시에 일할 수 있게 되는 것이다.

우리에게 재정적인 여유가 있을 때, 우리는 그 돈을 사용하여 세상 체제가 하나님 나라를 위해 일하도록 만들 수 있다. 돈으로 성경을 인쇄하고, 세상 어느 곳이든 가서 복음을 전하며 교회를 짓고, 예수님의 이름으로 행하는 어떤 구제 사역에든 참여할 수 있게 된다.

성경적인 형통은 지구상의 어떤 나라나 문화에서도 효력을 발휘하는 것이다. 한 개인이 믿음으로 살아가며 말씀을 행하는 자가 될 때, 하나님 나라의 재정원칙은 그 어떤 문화에서도 효력을 발휘할 것이다. 예수님은 가난한 나라에서 성경적 재정원칙을 가르치셨다. 당시의 이스라엘은 로마의 식민지였다. 성전을 제외하고는 자국의 화폐는 사용이 금지되었고, 로마의 화폐가 강제 통용되고 있었다. 이스라엘 백성들은 로마의 압제 아래 있었다.

이런 상황에서 예수님이 사역에 필요한 재정을 어떻게 관리하셨는지 생각해 보자. 예수님이 재정을 위해 기도하셨다는 기록은 찾아볼 수 없다. 예수님의 사역에서 회계는 가룟 유다로, 그는 가난한 사람들에게 돈을 나누어 주며 사역에 필요한 것들을 사는 일을 맡고 있었다. 하지만 우리는 가룟 유다가 도둑이었고 계속 돈궤에서 돈을 훔쳤다는 사실을 알고 있다. 만일 도둑을 회계로 두고 있다면 그 사역이나 사업이 얼마나 오래 버틸 수 있겠는가? 하지만 예수님의 사역에는 결코 부족함이 없었다.

이렇게 말함은 가난한 자들을 생각함이 아니요 그는 도둑이라 돈궤를

맡고 거기 넣는 것을 훔쳐 감이러라. 요 12:6

유다가 맡은 돈궤에 헌금이 얼마나 들어오고 있었을까? 우리가 정확히 알 수는 없지만, 유다가 계속 돈을 훔쳤음에도 예수님이 사역하시는데 부족함이 없었던 것이 분명하다. 추측하기로는, 돈궤에 지속적인 재정이 흘러들어 오지 않았다면 유다는 예수님을 떠나 헌금이 풍부한 다른 사역지로 옮겨갔을 것이다. 그러나 예수님께서는 언제나 아버지께서 하라고 명하신 일들을 행하기에 부족함이 없었다.

요한복음 13장의 최후의 만찬에서 제자들은 가룟 유다의 이런 상태에 대해 조금도 눈치 채지 못하고 있음을 알 수 있다.

> 어떤 이들은 유다가 돈궤를 맡았으므로 명절에 우리가 쓸 물건을 사라 하시는지 혹은 가난한 자들에게 무엇을 주라 하시는 줄로 생각하더라.
> 요 13:29

예수님은 계속해서 가난한 자들에게 주고 계셨으며 삶 가운데 하나님 나라의 원칙을 행하고 계셨다. 예수님의 사역 가운데 지속적인 재정의 공급이 있었음을 볼 수 있다.

성경에서 하나님은 다음과 같은 사람들에게 형통을 약속하셨다.

1. 하나님의 말씀을 묵상하는 사람(시1).
2. 하나님을 찾는 사람(대하 26:5, 14:7).

3. 순종하는 사람(대상 22:12-13, 사 1:19).

4. 하나님을 신뢰하는 사람(렘 17:7-8, 대하 20:20).

하늘에 쌓아 둔 보물들

세상 체제에서 이뤄지는 경제에 대한 연구는 하나님 나라의 경제에 대한 연구와 매우 다르다.

여기서 먼저, '경제학'이라는 단어의 정의를 알아볼 필요가 있다. 경제학을 뜻하는 영어 단어 economics는 헬라어 oikonomia(오이코노미아)에서 온 것으로, 이는 '가계를 경영하는 것'을 의미한다. 따라서 우리는 성경적 원칙에 따라 가계를 경영하여 성경적 재정원칙 안에 살거나, 그렇지 않으면 세상의 경제 원칙을 따름으로 세상의 경제 체제 안에 거하게 된다.

그러나 오늘날 경제학에 대한 또 다른 정의가 통용되고 있다. 폴 사무엘슨과 윌리엄디 노드하우즈는 그들이 공저한 책 『경제학』[3] (Economics)에서 경제학에 대해 이렇게 정의하고 있다. "경제학이란 사람과 사회가 희소한 자원들을 어떻게 사용할지 선택하고 결정하는 것에 대한 연구로, 희소한 자원이란 여러 필수품을 생산하여 그것을 소비하도록 배부하는 데 있어 여러 용도가 있는 자원을 말한다."

여기서 '희소한 자원들'이라는 말이 사용되었는데, 이것은 세상 체제

---

[3] Paul Samuelson and William D. Nordhaus, Economics 12th edition, 1985, New York, (McGraw Hill), p.4

에 다스림을 받을 때 생겨난 사고방식이다. 반면 성경은 하나님 나라의 자원은 희소하지 않고 풍부하다고 말한다. 하나님의 말씀은 그리스도인들의 삶을 주관하는 성경적 원칙을 다룰 때 언제나 증가와 배가, 그리고 형통을 말하고 있다. 우리에게 주시는 하나님의 복은 다른 사람의 희생으로 말미암은 것이 아니다.

그러므로 우리는 하나님의 말씀으로 마음을 새롭게 하여, 희소한 자원이 아니라 풍부한 자원을 경영하며, 우리의 삶의 모든 영역에 증가가 일어날 것을 기대해야 한다. 한때 우리는 '하나님 나라의 경제학'이라는 말을 사용하려고 생각했었다. 그러나 경제학이 위와 같은 세상 체제의 정의를 가진다면, 하나님 나라의 경제학이라는 말은 모순이다. 그러므로 우리는 지금부터 '하나님 나라의 재정원칙'에 대해 이야기하고자 한다. 예수님은 다음의 성경 구절을 통해 하나님 나라의 재정원칙을 소개하신다.

> 너희를 위하여 보물을 땅에 쌓아 두지 말라 거기는 좀과 동록이 해하며 도둑이 구멍을 뚫고 도둑질하느니라 오직 너희를 위하여 보물을 하늘에 쌓아 두라 거기는 좀이나 동록이 해하지 못하며 도둑이 구멍을 뚫지도 못하고 도둑질도 못하느니라 네 보물 있는 그 곳에는 네 마음도 있느니라. 마 19:19-21

여기에 땅에 쌓아 둔 보물이란 오늘날의 말로 하면 여러 형태의 주식이나 채권이나 예금 등을 일컫는다. 만약 당신이 그런 것들을 '보물'로 여긴다면, 이것들을 중히 여기고, 당신을 보호해 줄 것으로 신뢰하고, 의지하게 될 것이다.

그러나 말씀은 우리에게 보물을 땅에 쌓아 두지 말라고 이야기한다. 우리의 마음이 이러한 것들에 의해 감정적으로 묶이며, 이러한 것들을 신뢰하게 될 것이기 때문이다. 실질적으로 이것은 우상숭배(주님이 아닌 사람이나 물체를 신뢰하는 것)다. 증권 시장의 붕괴나 인플레이션 등으로 인해 주식이나 채권이나 투자의 가치가 갑자기 떨어질 때, 땅에 보물을 쌓아 둔 사람은 완전히 절망에 빠지게 된다.

위의 구절에서 예수님은 좀과 동록과 벌레와 도둑의 비유를 사용하셨다. 좀은 유통되는 돈이 너무 많아 현재 갖고 있는 돈의 화폐 가치가 떨어지는 인플레이션을 말하는 것이다. 사실, 사람들이 투자하는 돈의 증가율은 인플레이션의 속도를 따라가지 못하고 있다.

다음으로 동록이란 유통되는 돈이 너무 적어 현재 갖고 있는 돈의 가치가 상승하는 디플레이션으로 설명할 수 있다. 디플레이션은 경제 침체를 가져오고, 심하면 상업이 마비되기도 한다.

벌레는 국가의 신용등급이 떨어지는 것으로 볼 수 있다. 이는 외화에 화폐가 묶여 있는 나라들과 그 나라 사람들에게 영향을 끼친다. 그리고 도둑이 뚫고 들어와 훔쳐 가는 것은 투자 시장의 불안정을 뜻한다. 도둑은 또한 1980년도 후반 미국에서 일어났던 저축대부조합 부실 사건(저축대부조합의 부실 사태로 미국 국내 총생산의 3%에 해당하는 공적 자금을 투입했던 사건-편집자 주)과 같은 금융기관의 붕괴, 은행 파산, 금융시장 붕괴, 그리고 사기성 투자 계획과 같은 것을 의미한다.

만일 당신이 이와 같은 이 땅의 보물을 신뢰하고 이것들이 미래에 안정을 가져다주리라 믿는다면 분명 실망하게 될 것이다. 1929년 미국 증권 시장이 붕괴했을 때 많은 사람들이 빌딩 꼭대기에서 뛰어내렸다. 이전에는 결코 그럴 사람들이 아니었지만 경제적인 문제를 겪게 되자 마약, 불륜, 도박, 범죄 등에 빠진 사람들도 수없이 많아졌다.

그렇다면 세상 체제 안에 투자하는 것이 잘못된 일인가? 물론 아니다. 그러나 투자를 보물로 여기는 것은 잘못이다. 만약 투자한 것을 보물로 여긴다면, 당신의 마음(감정)은 세상의 경제 체제에 묶여 버릴 것이다.

예수님은 우리를 위하여 하늘에 보물을 쌓아 두라고 가르치셨다. 하늘은 이러한 문제들이 존재하지 않는 곳이며, 우리의 마음이 보물과 연관되어도 안전한 곳이기 때문이다. 또한 세상의 경제 체제와 그 안에 있는 모든 문제들은 우리가 '하늘에 쌓아 둔 보물'에 어떤 영향도 미칠 수 없다.

우리는 자신이 보물로 여기는 것을 추구하도록 만들어졌다(21절). 그렇기에 하나님은 우리가 보물을 올바른 곳에 둠으로써 참된 가치를 추구하기를 원하신다. 그러므로 우리는 "오직 너희를 위하여 보물을 하늘에 쌓아 두라"는 예수님의 명령대로 행하고자 힘써야 할 것이다.

하나님은 우리 각자의 삶에 대해 큰 비전을 가지고 계시며, 우리 각자가 그 부르심을 이루기 위해서는 많은 돈이 필요하다는 것도 알고 계셨다. 그래서 하나님은 우리에게 하나님 나라의 재정원칙의 윤곽을 보여 주셨다. 이는 증가되고 배가되는 재정원칙으로, 인플레이션이나 디플레이션, 국가 신용 등급 하락 등에 제한을 받지 않는 것이다.

하나님은 하나님의 길을 보여 달라고 구했던 모세(출 9:13)와 같이 우리가 그분의 길을 구하기를 원하신다. 마태복음 6장에서 예수님은 재정에 대한 하나님 나라의 원칙, 즉 한 사람이 두 주인을 섬기지 못한다는 것을 가르쳐 주신다. 그러나 예수님은 20절에서 이미 "오직 너희를 위하여 보물을 하늘에 쌓아 두라"고 해결책을 제시해 주셨다는 사실을 기억하라. 그렇기 때문에 25절이 "그러므로"라는 단어로 시작되는 것이다.

> 한 사람이 두 주인을 섬기지 못할 것이니 혹 이를 미워하고 저를 사랑하거나 혹 이를 중히 여기고 저를 경히 여김이라 너희가 하나님과 재물을 겸하여 섬기지 못하느니라 그러므로 내가 너희에게 이르노니 목숨을 위하여 무엇을 먹을까 무엇을 마실까 몸을 위하여 무엇을 입을까 염려하지 말라 목숨이 음식보다 중하지 아니하며 몸이 의복보다 중하지 아니하냐. 마 6:24-25

하나님은 우리를 사랑하시며 우리가 삶의 모든 영역에서 궁핍하지 않기를 원하시기 때문에 성경에 재정의 영역 가운데 우리를 이끌어줄 구절을 2천 개나 기록해 두셨다. 그렇다면 이제 우리는 "오직 너희를 위하여 보물을 하늘에 쌓아 두라"는 명령에 순종하기 위해서 무엇을 해야 하겠는가?

다시 한 번 예수님이 젊은 부자 관원에게 말씀하신 부분으로 돌아가 보자. 여기서 예수님은 우리를 위하여 보물을 하늘에 쌓아 두는 법을 말씀해 주신다.

> 예수께서 그를 보시고 사랑하사 이르시되 네게 아직도 한 가지 부족한

것이 있으니 가서 네게 있는 것을 다 팔아 가난한 자들에게 주라 그리하면 하늘에서 보화가 네게 있으리라 그리고 와서 나를 따르라 하시니 그 사람은 재물이 많은 고로 이 말씀으로 인하여 슬픈 기색을 띠고 근심하며 가니라. 막 10:21-22

예수님은 이 청년에게 그의 재물이 보물이라는 것과 그가 맘몬의 영의 덫에 걸려 있는 것을 알고 계셨다. 예수님은 그 청년을 사랑하셨기에, 그에게 어떻게 하면 자유를 얻을 수 있는지 말씀해 주셨다. 그는 모든 소유와 재물을 돈으로 바꾸어 다른 사람들에게 주어야 했다. 이 방법으로 그는 그동안 섬기던 맘몬에게서 모든 권세와 능력을 박탈하고 그를 내쫓을 수 있었다.

이 말씀에서 우리가 주목할 것은 예수님은 이 청년에게 하나님 나라의 재정에 대해서도 가르쳐 주셨다는 사실이다. 예수님은 "하늘에서 보화가 네게 있으리라"고 말씀하셨다. 그분은 이 젊은이가 하나님 나라의 재정 원칙 안에 서게 되기를 원하신 것이다.

만약 이 청년이 예수님께 순종하여, 구할 때마다 그분이 주셨다면, 그것은 하늘에 쌓이는 보화가 되어 그의 하늘 계좌에 입금되었을 것이다. 그러나 안타깝게도 하나님 나라의 패러다임의 변화가 너무 거대하게 느껴졌던 청년은 그 기회를 거절한다.

맘몬의 영이 그의 마음과 생각을 주관하고 있었으므로 그는 슬퍼하고 근심하며 돌아갔다.

하늘 계좌에 있는 보화

우리는 하늘의 보화를 출금과 입금을 할 수 있는 계좌로 생각할 필요가 있다. 우리는 이 계좌에 돈을 넣거나 돈을 찾을 수 있다. 이 계좌는 실제 은행 계좌와 별 차이가 없다. 그러나 이 계좌는 이 땅의 은행 계좌가 가지고 있는 문제들로부터 자유한 것이다.

예수님은 그 부자 청년이 미래를 위한 재정을 걱정하는 것을 아셨고, 그 문제에서 자유케 되기를 원하셨다. 그 청년이 신뢰하는 세상의 재정원칙이 그를 노예로 묶어놓고 있는 것을 아셨던 것이다.

땅의 은행 계좌에서는 보통 아주 낮은 퍼센트의 이자를 지급한다. 그러나 하늘 계좌에 있는 보화는 하나님이 관여하시는 모든 일이 그렇듯이 배가 한다. 아담과 하와에게 하신 하나님의 명령은 생육하고 번성 multiplying, 배가—역주 하는 것이었다. 하나님의 원래 계획과 목적은 배가였다.

마태복음 25장 14-29절과 누가복음 19장 13-26절의 두 비유는 돈에 대한 청지기직을 이야기한다. 이 두 가지 비유에서 예수님은 맡은 돈을 배가시킨 종들을 칭찬하셨다. 마태복음 25장에서는 두 배의 배가가, 누가복음 19장에서는 열 배와 다섯 배의 배가가 언급되고 있다.

우리는 우리의 하늘 보화도 배가하고 있음을 믿는다. 그 계좌에는 언제나 우리가 입금하는 것보다 더 많은 잔고가 있다. 예수님은 그분이 배가시키실 우리의 하늘 계좌를 돌보시며, 우리에게 언제 어디에 주어야 할지를 가르쳐 주신다.

> 예수께서 헌금함을 대하여 앉으사 무리가 어떻게 헌금함에 돈 넣는가를 보실새 여러 부자는 많이 넣는데 한 가난한 과부는 와서 두 렙돈 곧 한 고드란트를 넣는지라 예수께서 제자들을 불러다가 이르시되 내가 진실로 너희에게 이르노니 이 가난한 과부는 헌금함에 넣는 모든 사람보다 많이 넣었도다 그들은 다 그 풍족한 중에서 넣었거니와 이 과부는 그 가난한 중에서 자기의 모든 소유 곧 생활비 전부를 넣었느니라 하시니라.
> 막 12:41-44

예수님은 이 과부를 지켜보시며, 주는 것과 하나님 나라의 재정원칙에 대해 가르치셨다. 그 과부 여인은 부족함 가운데 드렸다. 그녀는 하늘의 보화의 개념과, 하나님의 공급은 주는 것을 통해서 작용한다는 것을 알고 있었던 것이다.

예수님은 성전 앞자리에 앉아 사람들이 드리는 모습을 관찰하고 계셨다. 이 땅의 성전은 하늘에 있는 참된 성전의 모형이다(히 9:24). 그러나 이제 예수님은 참된 하늘 성전에 들어가 계시며, 보좌에 앉아 우리의 하늘 계좌를 지켜보고 계신다. 그분은 우리의 입금 내역에 관심을 갖고 계시며, 우리가 그분의 지시에 따라 순종하여 드리는 것을 기뻐하신다.

주님이 우리에게 주라고 지시하신 대로 줄 때에 하늘 계좌에 입금이 이루어진다. 주는 것이라고 해서 다 그분이 지시하신 것은 아니다. 어떤 사람들은 죄책감이나 두려움으로, 또는 다시 돌려받으려는 마음으로 주기도 한다. 우리는 우리가 주는 것이 맞는지, 준다면 또 얼마를 주어야 하는지 주님께 반드시 여쭈어야 한다.

사도 바울은 주님께 하나님 나라의 재정원칙에 대해 가르침을 받았고 디모데에게 그것을 그대로 전했다. 바울은 디모데에게 보낸 서신에서 부자들이 어떻게 자신들의 재물을 다루어야 하는지에 대해 다음과 같이 말한다.

> 네가 이 세대에서 부한 자들을 명하여 마음을 높이지 말고 정함이 없는 재물에 소망을 두지 말고 오직 우리에게 모든 것을 후히 주사 누리게 하시는 하나님께 두며 선을 행하고 선한 사업을 많이 하고 나누어 주기를 좋아하며 너그러운 자가 되게 하라 이것이 장래에 자기를 위하여 좋은 터를 쌓아 참된 생명을 취하는 것이니라. 딤전 6:17-19

이 말씀을 자세히 살펴보자. 우리는 앞서 재물이란 우리를 위해 일하는 돈이라고 정의했다. 재물은 부와는 달리 맘몬의 영의 영향력 안에 있는 것으로, 맘몬의 영은 우리가 재물을 신뢰하도록, 특히 미래를 위한 공급처로 생각하도록 유혹한다.

바울은 부자들에게 교만하거나 마음을 높이지 말고 정함이 없는 재물을 신뢰하지 말라고 경고한다. 만일 우리가 이 땅 위에 재물을 쌓는다면 그것들은 좀이나 동록과 도둑 때문에 가치가 떨어지게 될 것이다. 그래서 바울은 부자들에게 모든 것을 누릴 수 있게 공급해 주시는 분인 하나님만을 신뢰하라고 가르친다. 이 구절에서 "모든 것"에 해당하는 헬라어는 문자 그대로 '모든 것'을 의미하는 말이다.

바울은 18절에서 계속해서 부자들에게 선한 일을 하고 기쁨으로 자유롭게 나눠 주라고 명한다. 그 결과를 19절에서 "그렇게 하여 미래의 든든한 기반을 만들어 주는 보물을 얻으라"(the New English Bible)고 말하는 것이다. 바울은 우리가 미래에 재정이 필요할 것을 알고 있었고, 그렇기에 하나님 나라 재정 안에서 터를 닦아 두어야 한다는 것도 알고 있었다. 그래서 주님이 주라고 하실 때 줌으로써 우리의 하늘 계좌에 입금하라고 가르쳤던 것이다.

인플레이션과 디플레이션, 국가 신용등급 하락 및 재정적인 속임수 등은 우리의 하늘 계좌에 영향을 줄 수 없다. 그렇기에 우리의 하늘 계좌는 우리 마음이 안식과 평안을 찾을 수 있는 가장 안전한 곳인 것이다.

확대번역본은 19절의 "좋은 터"를 "영원히 지속할 재물"이라고 말한다. 이것은 세상 체제에 영향 받지 않는, 미래를 위한 기반이 된다. 사람들은 미래를 위해 재정적으로 든든한 기반이 되어 줄 투자처를 찾고 있다. 그러나 바울은 주는 것이야말로 바로 미래를 재정적으로 준비하는 것이라고 말한다. 그렇게 할 때 우리는 "참된 생명"을 갖게 된다. 다른 말로 표현하면, 우리의 마음이 평안한 가운데 하나님이 우리에게 하라고 부르신 일을 할 수 있는 것이다. 우리가 일을 하는 초점과 목적은 '생계유지'가 아니라, "구제할 것"(엡 4:28)을 가지기 위해서다. 우리는 이와 동일한 원칙을 디모데에게 한 바울의 가르침에서도 보게 된다.

빌립보서 4장에서 바울은 빌립보 그리스도인들에게 재정에 대해 가르치고 있다. "나의 하나님이 그리스도 예수 안에서 영광 가운데 그 풍성한 대로 너희 모든 쓸 것을 채우시리라"라는 19절 말씀은 대부분 그리스도인들에게 친숙한 구절이다. 헌금을 거둘 때마다 이 구절이 낭독되곤 한다. 그러나 사실 19절은 따로 떨어져 있는 구절이 아니며, 그 앞 절에서 다루고 있는 과정의 결론이다.

> 그러나 여러분이 나의 고난에 동참한 것은 잘 한 일입니다. 빌립보의 교우 여러분, 여러분도 아는 바와 같이, 내가 복음을 전파하던 초기에 마케도니아를 떠날 때에, 주고받는 일로 나에게 협력한 교회는 여러분밖에 없습니다. 내가 데살로니가에 있을 때에도, 여러분은 내가 쓸 것을 몇 번 보내어 주었습니다. 나는 선물을 바라지 않습니다. 나는 여러분의 장부(계좌)에 유익한 열매가 늘어나기를 바랍니다. 빌 4:14-17(표준새번역)

괄호 안에 설명해 놓은 헬라어의 내용은 하나님 나라의 재정의 성격을 분명히 보여 준다. 우리가 주님의 지시에 따른다면, 주고받는 것에 의해 작용하는 하늘나라의 입출금 계좌를 열게 되는 것이다.

바울은 빌립보 교회에게 계속해서 주라고 격려하였다. 이것은 바울 자신을 위한 것이 아니라 빌립보 교회 그리스도인들을 위한 것이었다. 그들이 준 것이 그들의 계좌 안에서 쌓여서 배가될 것이기 때문이다. 여기에서 우리는 바울이 하늘에 쌓아 둔 보물을 묘사하고 있음을 알 수 있다. 바울은 지금 그들이 하늘 계좌에 입금시켜 두면 미래에 출금해서 쓸 수 있을 만큼 풍족히 배가되리라는 것을 알았던 것이다.

나는 모든 것을 받아서, 풍족하게 지내고 있습니다. 나는 여러분이 보내준 것을 에바브로디도로부터 받아서 풍족합니다. 그것은 아름다운 향기이며, 하나님께서 기쁘게 받으시는 제물입니다. 나의 하나님께서 자기의 풍성하심을 따라 그리스도 예수 안에 있는 영광으로 여러분에게 필요한 것을 모두 채워 주실 것입니다. 빌 4:18-19(표준새번역)

바울은 어떻게 하나님이 빌립보 교회 그리스도인들의 모든 필요를 채우실 것이라고 힘주어 강조할 수 있었을까? 바울이 그렇게 확신할 수 있었던 것은 '참새 믿음'을 알았기 때문이며, 빌립보 교회 그리스도인들이 상당한 하늘 보화를 쌓아놓은 것을 알았기 때문이다. 하나님이 그들의 공급자시며 하나님 나라의 재정원칙이 그들을 위해 일하고 있는 것이다.

사도행전에서 우리는 고넬료가 하나님의 천사를 만난 이야기를 보게 된다. 여기서 하나님이 고넬료에 대해 무엇을 기억하고 계셨는지에 주목하라.

> 고넬료가 주목하여 보고 두려워 이르되 주여 무슨 일이니이까 천사가 이르되 네 기도와 구제가 하나님 앞에 상달되어 기억하신 바가 되었으니. 행 10:4

성경은 하나님이 고넬료의 기도와 그가 가난한 자들에게 준 것을 특별히 기억하셨다고 기록하고 있다.

우리는 두려움이나 죄책감 때문이 아니라 주님이 우리에게 주라는 마음을 주실 때 순종함으로써 하늘 계좌에 입금하게 된다는 사실을 알게 되었다. 그러면 재정의 필요가 있을 때 어떻게 계좌로부터 돈을 꺼낼 수 있는가? 이 땅에서는 은행에 가서 돈을 출금하기 위한 절차를 따라야 한다. 이는 하늘 계좌도 마찬가지다.

우리는 먼저 하나님은 필요가 아니라 우리의 믿음에 응하시는 분임을 알아야 한다. 성경은 믿음이 없이는 그분을 기쁘시게 할 수 없다고 말한다(히 11:6). 그러므로 하늘 계좌를 다루는 데 있어서도 믿음이 기본적인 필요조건이 된다. 우리는 그렇게 될 것을 믿으며 믿음으로 구해야 하는 것이다. 요한복음 16장에서 예수님이 제자들에게 이 원리를 가르치고 계신 것을 본다.

> 그날에는 너희가 아무것도 내게 묻지 아니하리라 내가 진실로 진실로 너희에게 이르노니 너희가 무엇이든지 아버지께 구하는 것을 내 이름으로 주시리라. 요 16:23

여기서 "주시리라"에 해당하는 헬라어 단어의 뜻은 '승인한다'라는 의미에 더 가깝다. 즉 하나님이 그 재정 신청에 대해 승인하시겠다는 말씀인 것이다.

하나님 나라의 계좌에서는 우리가 믿음으로 구하고 흔들리지 않을 때 재정이 풀어진다. 이것이 바로 하늘 계좌에 재정을 신청하는 과정이다. 우리는 그저 '돈이 필요합니다!'라고 기도하는 것이 아니라 구체적으로 어떤 도움이 필요한지를 구해야 한다. 그러기 위해서는 재정의 영역에서 청지기 정신과 계획이 필요하다.

어떤 사람이 "남의 것"(눅 16:12)의 신실한 청지기이고, 하늘 계좌에 보화를 소유하고 있다면, 그 사람은 마가복음 11장 말씀에 따라 재정을 신청할 자격을 가지게 된다. 하나님은 더 높은 차원의 원리들을 적용하는 사람들의 손으로 재정이 흘러가도록 하실 것이다.

> 내가 진실로 너희에게 이르노니 누구든지 이 산더러 들리어 바다에 던져지라 하며 그 말하는 것이 이루어질 줄 믿고 마음에 의심하지 아니하면 그대로 되리라 그러므로 내가 너희에게 말하노니 무엇이든지 기도하고 구하는 것은 받은 줄로 믿으라 그리하면 너희에게 그대로 되리라.
> 막 11:23-24

24절에서의 "받은"의 의미는 '승인받은'임을 다시 한 번 기억하기 바란다. 우리가 하나님이 재정을 공급해 주실 것을 확신할 수 있는 이유는, 첫째로 우리가 참새 믿음을 가지고 있기 때문이다. 하늘에 계신 아버지가 우리를 사랑하시기에, 우리의 기본적인 필요는 보장되어 있는 것이다. 그래서 미래를 계획하며 예산을 짤 때, 우리는 믿음으로 매일, 매주 또는 매월 '일용할 양식'에 필요한 구체적인 재정을 구할 수 있는 것이다.

둘째로는 우리는 믿음으로 살도록 부르심 받았기 때문이다. 그러나 여기서의 믿음은 아무 근거도 없는 맹목적인 믿음이 아님을 기억하라. 우리는 예수님이 돌보시는 '하늘 계좌'가 있음을 알고 있다. 우리가 다른 이들에게 주는 것으로 입금을 하면, 이 계좌에는 다른 필요를 충당하기에 부족함 없는 잔고가 있게 되는 것이다.

이 원리는 모든 분야에 있는 모든 그리스도인들에게 다 적용되는 것이다. 어떤 이들은 이 원리가 '믿음으로 사는' 선교사들이나 사역자들, 또는 실직자들에게만 적용된다고 생각한다. 그러나 이러한 생각은 그들이 고용주나 사업을 공급의 근원으로 신뢰하고 있다는 사실을 지적해 준다. 하나님이 진정한 공급자이시며, 그분이 고용주들을 시켜서 우리에게 월급을 주도록 하시는 것일 뿐이다.

나의 개인 경험을 예로 나누기 원한다. 나는 19년 동안 IBM에서 일했다. 나는 하나님이 우리 가족을 국제 예수전도단Youth With A Mission에 들어가도록 부르셨을 때 회사로부터 마지막 월급을 받은 것을 기억한다. 하지만 우리 가족은 하나님이 우리의 공급자 되신 것을 알고 있었기 때문에 어떤 두려움이나 염려도 없었다. 우리는 실제로 어떤 변화도 일어나지 않았다는 사실을 알고 있었다. 그저 하나님이 우리의 손에 돈이 들어오도록 사용하시는 방법을 바꾸셨던 것일 뿐이다. 돈은 땅에 있지만, 회계는 하늘에서 이루어지고 있었다.

나는 회사를 그만두기 전에 이미 IBM이 나의 공급자가 아니며 그저 하나님이 시키신 대로 나의 월급을 지불하는 통로일 뿐이라는 사실을 깨닫고 있었다. 하나님이 나의 고용주이자 공급원이셨다.

만약 세상 체제에서 경제 침체가 일어나 당신이 일하는 회사가 파산하거나 당신이 실직을 하게 된다 해도, 하나님은 당신에게 또 다른 공급 통로를 열어 주실 수 있다. 땅에서 어떤 일이 일어나든 하늘에 있는 당신의 계좌는 손상을 받지 않는다. 바로 이것이 우리가 하나님 나라의 재정원칙에 의해 살아가야 할 이유인 것이다.

하지만 아직 또 하나의 질문이 여전히 당신의 마음속에 남아있을 수 있다. '어떻게 재정이 나에게 올 것인가?' '하나님이 공급하시는 장소와 통로는 무엇인가?' 우리는 2장에서 하나님이 돈을 우리 손에 흘려보내시는 방법은 여러 가지가 있다는 사실을 이야기했다. 이제 그것이 어떤 것들인지 살펴보자.

첫 번째는 '만나의 공급'이라고 불리는 것이다. 하나님은 광야에서 자기 백성에게 만나를 내려주셨듯이 오늘날에도 당신의 자녀들에게 양식을 마련해 주실 수 있다. 하나님이 '만나'를 내려 주신 이야기는 아무리 들어도 질리지 않는다. 매일 고아들을 먹일 음식과 건물을 지을 돈이 기적적으로 들어왔던 조지 뮬러를 포함하여, 전 세계에 있는 그리스도인들의 삶 가운데 우리는 하나님이 기적적으로 공급하신 이야기들을 듣는다. 이런 이야기들을 들으며 우리 모두는 하나님이 주시는 만나의 공급에 흥분하게 된다.

두 번째 하나님의 방법은, 당신이 수고하지 않은 것을 추수하게 하시는 것이다. 이스라엘 백성들이 요단강을 건너 약속의 땅에 이르자 만나가 그쳤고, 그들은 자신들이 심지 않은 것을 추수하여 먹게 되었다. 그들이 할 일은 다른 사람이 뿌린 것을 거두는 것이었다. 이런 추수는 유산을 물려받거나 다른 사람이 당신에게 주는 것 등을 통해서 오게 된다.

세 번째 하나님의 공급 방법은 하나님이 우리 손에 주시는 구체적인 씨앗을 통해서 오는데, 이 씨앗은 고용이나 투자의 기회가 될 수 있는 무언가를 의미한다. 이스라엘 백성은 가나안 땅에서 추수를 거둔 후에 다음 해의 추수를 위하여 씨앗을 심어야 했다. 우리가 하나님과 동행할 때, 우리가 하는 일은 복을 받게 되어 있다(학 2:19). 우리가 하나님께 헌신하는 삶을 살 때 우리의 일자리에서 더욱 많은 열매를 맺게 된다는 것을 아는가? 이런 열매는 성공적인 사업을 시작할 수 있는 아이디어일 수 있다. 또한 성령님의 인도하심을 받아 사람들을 만나고, 기회를 포착하고, 공부를 하거나 일자리를 신청할 때 얻는 발전과 승진과 더 많은 수입의 문일 수 있다.

하나님은 우리가 재정적인 형통을 얻을 수 있도록 우리의 마음과 손에 쉬지 않고 하나님의 방법을 가르치고 계신다. 그것은 첫째, 하나님의 뜻에 일치하는 입술의 고백이며, 둘째는 손의 부지런함이다.

> 사람은 입의 열매로 말미암아 복록에 족하며 그 손이 행하는 대로 자기가 받느니라. 잠 12:14

우리에게는 믿음의 고백과 실제적인 행함 둘 다가 필요하다. 행함이 없는 믿음의 고백은 피상적이며 진정한 형통을 가져오게 될 인내가 없는 것이다. 반면 믿음의 고백이라는 영적 능력이 결여된 노동 윤리는, 하나님이 주기 원하시는 재정적 형통을 가져오는 은혜와 기름부음을 제한하는 것이다.

행함이 따르는 진실한 믿음을 얻기 위해, 우리는 하나님의 언약 아래에서 살아가야 한다. 그럴 때 하나님의 온전한 복을 받을 수 있게 된다. 우리가 근면과 성실함으로 일할 때, 하나님은 그분의 방법으로 우리에게 승진과 급여 인상, 놀랄 만한 성장을 가져다주실 것이다.

예수님은 마태복음 6장에서 하늘에 쌓아 둔 보화에 대해 설명하신 후, 재정의 영역에 대해 염려하거나 걱정하지 말라고 말씀하신다(25-34절). 먼저 하나님 나라와 그의 의를 구하면 이 모든 것들을 우리에게 더하여 주겠다고 말씀하신다. 예수님이 다섯 번씩이나 재정에 대해 염려하지 말라고 당부하셨다는 사실을 주목하라(25, 27, 28, 31, 34절). 예수님은 여기서 그저 '걱정하지 말라'고 말씀만 하신 것이 아니라, 우리가 꼭 깨달아야 할 진리를 알려 주심으로써 우리의 마음이 평안 가운데 안식을 취할 수 있도록 해주신 것이다.

일자리나 세상 체제가 아닌 하나님을 우리의 공급자 삼을 때, 그리고 우리가 하나님의 진리 안에 자리 잡을 때, 걱정이나 염려는 우리 안에 있을 곳을 찾지 못하고 떠나가게 된다.

호세아 4장 6절은 "내 백성이 지식이 없으므로 망한다"라고 경고했고 잠언 5장 23절에서 악인은 "훈계를 받지 아니함으로 말미암아 죽겠고 심히 미련함으로 말미암아 혼미하게 되느니라"라고 말한다. 그러므로 우리가 재정에 대한 하나님의 원리와 원칙들을 잘 이해하고 그것에 따라 사는 것은 지극히 중요한 일이다.

어떤 사람들은 '이 원리들은 부유한 선진국에서나 적용 가능한 이야기다'라고 말하기도 한다. 그러나 이 재정원칙들은 전 세계 어느 문화권이나 나라에서도 모두 적용되는 것들이다.

예수님도 그 당시 '제3세계'였던 이스라엘에서 이러한 원칙에 따라 살고 가르치셨다.

WEALTH RICHES AND MONEY

GOD'S BIBLICAL PRINCIPLES OF FINANCE

제 II 부

재정 사용의 다섯 가지 성경적 원칙

공식이 아니라 지혜를 구하라

돈을 성경적으로 사용하는 것에 대한 다섯 가지 원칙을 따르기 전에 먼저 왜 그것을 해야 하는지를 아는 것이 무척 중요하다. 이스라엘 왕 솔로몬은 역사상 그 누구보다 재정적인 영역에서 형통했던 자였다. 우리는 성경을 통해 다윗은 생전에 아들 솔로몬에게 그가 할 일과 왜 그 일을 해야 하는지를 가르쳤음을 알 수 있다. 다윗은 그의 노년에 아들 솔로몬이 지혜와 명철을 얻을 수 있도록 이렇게 기도했다.

> 이제 내 아들아 여호와께서 너와 함께 계시기를 원하며 네가 형통하여 여호와께서 네게 대하여 말씀하신 대로 네 하나님 여호와의 성전을 건축하며 여호와께서 네게 지혜와 총명을 주사 네게 이스라엘을 다스리게 하시고 네 하나님 여호와의 율법을 지키게 하시기를 더욱 원하노라 그 때에 네가 만일 여호와께서 모세를 통하여 이스라엘에게 명령하신 모든

규례와 법도를 삼가 행하면 형통하리니 강하고 담대하여 두려워하지 말고 놀라지 말지어다. 대상 22:11-13

지혜와 총명은 무엇을 해야 하는지에 대한 원칙과 공식보다 훨씬 더 귀한 것이다. 많은 사람들은 원칙 뒤에 있는 지혜와 명철을 이해하지 못한 채 그저 다른 사람들이 고안한 원칙만을 적용하다가 대부분 실패하고 낙심한다. "저는 물질적 형통에 대한 설교와 티칭들을 다 적용해 보았지만 아무 소용이 없었어요"라고 말하는 사람들을 수없이 만나 보았다. 그들이 실패하고 낙심한 이유는 원칙 뒤에 존재하는 지혜와 명철을 이해하지 못하고 피상적인 공식만을 따랐기 때문이다.

솔로몬이 형통할 수 있었던 것은 단지 다윗의 원칙을 물려받았기 때문만이 아니라, 하나님의 지혜를 구했기 때문이다. 솔로몬은 공식과 원칙 뒤에 있는 지혜를 이해했던 것이다.

그 날 밤에 하나님이 솔로몬에게 나타나 그에게 이르시되 내가 네게 무엇을 주랴 너는 구하라 하시니 솔로몬이 하나님께 말하되 주께서 전에 큰 은혜를 내 아버지 다윗에게 베푸시고 내가 그를 대신하여 왕이 되게 하셨사오니 여호와 하나님이여 원하건대 주는 내 아버지 다윗에게 허락하신 것을 이제 굳게 하옵소서 주께서 나를 땅의 티끌 같이 많은 백성의 왕으로 삼으셨사오니 주는 이제 내게 지혜와 지식을 주사 이 백성 앞에서 출입하게 하옵소서 이렇게 많은 주의 백성을 누가 능히 재판하리이까 하니 하나님이 솔로몬에게 이르시되 이런 마음이 네게 있어서 부나 재물이나 영광이나 원수의 생명 멸하기를 구하지 아니하며 장수도 구하지 아니하고 오직 내가 네게 다스리게 한 내 백성을 재판하기 위하여 지혜와 지식을 구했으니 그러므로 내가 네게 지혜와 지식을 주고 부와 재물과 영광도 주리니 네 전의 왕들도 이런 일이 없었거니와 네 후에도 이런 일이 없으리라 하시니라. 대하 1:7-12

나는 솔로몬이 하나님에게 지혜와 명철을 구한 것은, 아버지 다윗이 그렇게 가르쳤고 그를 위해 그렇게 기도했기 때문이라고 생각한다. 하나님은 그에 대한 응답으로 솔로몬에게 지혜와 명철뿐만 아니라 부와 재물과 영광도 주셨던 것이다. 마찬가지로 우리도 부를 얻기 위해 하나님을 찾는 것이 아니라, 하나님 앞에서 지식과 명철을 먼저 구해야 한다. 지금부터 다섯 가지 성경적 재정원칙을 살펴볼 때, 공식만 아니라 그 원칙 뒤에 있는 지혜와 명철도 주실 것을 구하기 바란다.

이제 돈을 성경적으로 사용하기 위한 다섯 가지 원칙을 하나씩 구체적으로 살펴보자. 우리는 앞 장에서 돈은 우리의 주인이 아니라 우리의 종이 되어야 한다는 것을 배웠다. 돈이 무능하다는 사실을 깨달아야 돈으로부터 자유롭게 될 수 있으며, 비로소 돈을 하나님 나라의 사업에 사용할 수 있게 된다. 그렇다면 하나님 보시기에 올바르고 합법적으로 돈을 사용하는 것은 어떤 것일까? 우리는 고린도후서 9장에서 바울이 돈에 대한 다섯 가지 합법적인 사용 방법을 설명하는 내용을 발견할 수 있다.

하나님이 능히 모든 은혜를 너희에게 넘치게 하시나니 이는 너희로 모든 일에 항상 모든 것이 넉넉하여 모든 착한 일을 넘치게 하게 하려 하심이라 기록된 바 그가 흩어 가난한 자들에게 주었으니 그의 의가 영원토록 있느니라 함과 같으니라 심는 자에게 씨와 먹을 양식을 주시는 이가 너희 심을 것을 주사 풍성하게 하시고 너희 의의 열매를 더하게 하시리니 너희가 모든 일에 넉넉하여 너그럽게 연보를 함은 그들이 우리로 말미암아 하나님께 감사하게 하는 것이라. 고후 9:8-11

우리는 8절에서 첫 번째로 하나님은 '능히 모든 은혜를 우리에게 넘치게 하실 수 있는' 분임을 보게 된다. '능히 하실 수 있는'이라는 말은 자동적으로 그렇게 되는 것이 아니라는 뜻이다. 그렇게 되려면 충족시켜야 할 조건들이 있다. 그리고 하나님의 은혜를 받기 위한 가장 기본 조건은, 하나님에 대한 믿음을 가지는 것이다. 즉 참새 믿음을 가지는 것이다.

하지만 참새 믿음을 갖지 못하게 방해하는 요소들이 있는데, 가장 근본적인 방해가 되는 마음은 바로 우리의 행위를 근거로 하나님께 우리의 필요를 채워 달라고 구하는 것이다. 그러나 우리 안에 참새 믿음이 점점 자라게 되면, 우리는 우리가 한 행위의 결과가 아니라 하나님의 선물로서 공급하심을 계속 받게 된다. 이것이 하나님의 은혜이며, 하나님은 그분의 은혜로 우리가 모든 것에 있어 언제나 넉넉한 것을 기뻐하신다.

나는 하나님이 사용하시는 '모든', '언제나' 등의 표현을 참 좋아한다. 이는 우리를 향한 그분의 갈망을 잘 표현하고 있기 때문이다. 그분은 우리가 그분의 갈망을 언제나 알기를 원하시는데, 그것은 우리가 그저 겸손히 그분의 은혜를 '받는' 것이다. 그러면 하나님은 우리를 향한 구체적인 목적을 이루기 위해 우리의 삶에 형통과 풍요를 풀어 주신다.

앞에서 언급한 것처럼 일부 그리스도인이 형통에 대해 잘못 정의한 이래로 많은 그리스도인들이 '형통' 자체를 피하게 되었다. 안타까운 일이다. 나는 이 책에서 형통에 대해 새롭게 정의하고자 한다. 형통이란 하나님이 지시하신 것을 우리가 이룰 수 있도록 주시는 넉넉한 공급이다. 다시 말하지만, 비전이 없는 곳에는 공급해줄 필요도 없다. 하나님은 하나님 나라의 목적을 이루기 위한 모든 선한 일을 위해 우리에게 번영과 풍성함을 주시는 것이다.

다음은 방금 살펴본 고린도후서 9장 10-11절에 나타나는 재정 사용의 다섯 가지 성경적 재정원칙을 요약한 것이다.

1. 씨 뿌리기(십일조)
2. 일용할 양식(소비)
3. 심고 거두기(씨를 뿌려 배가하는 것)
4. 의의 열매를 맺기(사람들을 멍에로부터 풀어 주기 위해 돈을 사용하는 것)
5. 베풀기(주는 것)

대부분 그리스도인들은 자신이 1번에 대해서는 잘 이해하고 있으며 2번과 5번에 대해서도 어느 정도 알고 있다고 생각하고, 3번과 4번은 다소 생소하게 느낄 것이다. 이 다섯 가지 재정원칙은 모두 하나님 나라 안에서 각각 다른 목적을 위해 올바르고 합법적으로 돈을 사용하는 것으로, 각각 다른 결과를 가져온다.

한 가지 분명한 것은, 우리에게 돈이 없다면 이러한 목적을 위해 돈을 사용할 수 없다는 사실이다. 그렇기에 공급자이신 하나님이 우리에게 사용할 돈을 주실 때, 우리는 위의 원칙들을 따라 돈을 어떻게 사용할지 계획을 세워야 한다. (이 다섯 가지 재정원칙 안에 빚에 대한 이자와 관련된 원칙이 없다는 것은 주목할 만한 사실이다.) 이제부터 이 다섯 가지 원칙에 대해 하나씩 자세히 살펴보자.

하나님의 것을 구별하라
WEALTH, RICHES AND MONEY

04

요한복음 4:23-24

영 _ 영적 측면	진리 _ 삶의 측면
하나님의 말씀에서 오는 믿음 | 롬 10:17 |	**순종함에서 오는 믿음** | 눅 17:5-10 |
은혜로 공급받음	**기본원칙을 지킴으로 공급받음**
하나님이 능히 모든 은혜를 너희에게 넘치게 하시나니 이는 너희로 모든 일에 항상 모든 것이 넉넉하여 모든 착한 일을 넘치게 하게 하려 하심이라 고린도후서 9:8	1. 맘몬의 영을 인식하고 끊으라. 　(하나님께만 향한 충성된 마음) 2. "참새 믿음"을 가지라. 　(하나님이 나의 공급자시다.) 3. 십일조를 드리라. 　(구별하여 변함없이 십일조를 드리라.)

다섯 가지 재정원칙 중 첫 번째 '씨 뿌리기'는 십일조를 의미한다. 십일조는 우리가 돈으로 가장 먼저 해야 할 일이다. 우리는 다른 데 돈을 쓰기 전에 먼저 하나님께 속한 것을 하나님께 돌려드리는 일부터 해야 한다. 이 장에서는 십일조를 언제, 어디에, 무엇을, 어떻게, 왜 드려야 하는지에 대해 알아볼 것이다.

무엇을

십일조라는 말은 히브리어의 'maaser'라는 단어에서 온 것으로, 이 단어는 10%를 의미하는 말이다. 12%를 십일조로 드릴 수 있는가? 아니다. 8%를 십일조로 드릴 수 있는가? 그럴 수 없다. 우리는 오직 10%만을 십일조로 드릴 수 있다. 십일조라는 단어의 뜻이 그렇기 때문이다. 간단히 말해 십일조를 한다는 것은 당신에게 주어지는 총수입의 10%를 주님을 위해 드리는 것이다.

만약 우리가 여기서 맘몬의 영의 유혹에 대해 알지 못한다면, 우리는 십일조를 총수입에서 계산할 것인가, 세금을 제한 수입에서 계산할 것인가로 고민하게 된다. 그러나 십일조의 목표는 '어떻게 하면 내가 쓸 돈이 더 많이 남을 것인가'가 아니라, '하나님이 그분의 것이라고 말씀하신 것을 돌려드리는 것'임을 기억하라. 하나님이 우리의 공급원이시기에, '나의 필요가 채워지지 못하면 어떡하지'라고 고민하는 것은 어리석은 일이다. 십일조는 우리가 하나님의 것을 하나님께 돌려드리기로 선택하고 결정하기까지 일어나는 영적 전쟁 중 하나이다.

우리는 십일조를 하나님께 드림으로 맘몬의 영에게 이렇게 선포하는 것이다. "나는 너를 사랑하지도 섬기지도 않는다. 나는 사고파는 데 사용하는 돈의 10%를 취하여 하나님께 드린다."

십일조를 계산하는 방법은 수입을 얻는 방법에 따라 조금씩 다를 수 있다. 당신이 직장으로부터 정기적인 급여를 받고 있다면, 당신의 십일조는 단순히 세금을 제하기 전 총 급여의 10%로 계산할 수 있다. 당신이 자영업을 하고 있다면 정기적으로 받는 급여가 아니라 사업체가 내는 수익이 당신의 수입이 될 것이다. 이 경우에는 그 수익의 10%를 십일조로 계산하면 된다. 만일 당신의 사업체가 7%의 '총수익'을 남겼는데 총수익이 아닌 '총매출'의 10%를 십일조로 드린다면, 당신은 오히려 3%의 손실을 얻게 될 것이다. 만약 매월 이렇게 십일조를 드린다면 얼마 지나지 않아 더는 사업을 운영하지 못하게 될 것이다.

나에게는 낙농업을 하는 친구가 하나 있는데, 그는 하나님을 섬기고자 하는 마음이 특별한 사람이다. 어느 날 하나님이 그가 십일조를 제대로 하지 않았다는 사실을 깨닫게 해주셨고, 그는 즉시 회개하고 사업의 총매출에 대한 십일조를 드리기 시작했다. 하지만 얼마 지나지 않아 그의 계좌는 비어갔고 매월 대출액이 늘어나기 시작했다. 곧 그는 자신의 사업 수익률이 총매출의 10%도 안 된다는 사실을 발견했다. 그 사실로 인해 그 친구는 사업 총매출의 10%가 아니라, 총수익의 10%를 십일조로 드려야 한다는 것을 깨닫게 된 것이다.

나는 자영업을 하는 사람들에게 의무, 필요, 원하는 것 카테고리에 대한 개인적인 비용에 대한 닫힌 원 예산을 가질 것을 권한다. 사업에 대해서도 동일한 또 하나의 원을 갖도록 하라. 그러면 사업에서 수입으로 당신의 개인적인 원으로 가져가는 부분을 제대로 추적할 수 있게 된다. 그럴 때 당신의 개인적인 십일조는 일정 시간 동안 닫힌 원 안으로 들어온 모든 수입에서 하게 될 것이다.

부동산이나 투자를 통해 돈을 버는 사람들은 수익을 현금으로 받는 것이 아니라 수익금을 새로운 투자에 돌려 사용하기에, 십일조를 계산하는 것이 어려울 수 있다. 이럴 때는 매 거래의 실제 이익을 계산하여 그것의 10%를 십일조로 드리면 좋겠다.

십일조에 대해 좀 더 정확히 알기 위한 방법의 하나로, 십일조가 아닌 것은 무엇인지에 대해서도 살펴보자. 십일조가 우리가 당면한 모든 재정 문제의 해결책은 아니다. 어떤 그리스도인들은 좋은 의도로 다른 그리스도인들에게 이렇게 말하곤 한다. "십일조를 하기만 하면 당신의 모든 재정적인 문제가 해결될 것입니다." 그러나 결코 십일조는 당신의 모든 재정 문제에 대한 해답은 아니다.

다시 말하지만, 많은 사람들이 어떤 원리나 원칙 뒤의 지혜를 이해하지 못한 채 그 원칙을 피상적으로만 적용하려 한다. 물론 십일조는 반드시 해야 하는 것이다. 그런데 어떤 그리스도인들은 공급자이신 하나님보다는 십일조를 하면 복을 받는다는 원리를 신뢰한다. 그러나 기억하라. 당신의 재정 문제에 대한 해답은 당신과 예수 그리스도와의 관계, 그리고 당신의 하나님을 향한 신뢰에 있는 것이다.

십일조를 한다고 하나님과 친밀해지는 것은 아니다. 하나님은 십일조를 하는 사람들만 편애하시는 분이 아니다. 우리는 오직 예수 그리스도의 보혈을 믿음으로써 하나님과 올바른 관계, 호의, 사랑 가운데 들어가게 된다. 만약 그렇지 않다면 우리는 하나님과 올바른 관계 안에 들어가기 위해 자기 자신의 의로움과 종교적인 행위에 의지해야 할 것이다.

> 나 여호와는 변하지 아니하나니 그러므로 야곱의 자손들아 너희가 소멸되지 아니하느니라 만군의 여호와가 이르노라 너희 조상들의 날로부터 너희가 나의 규례를 떠나 지키지 아니했도다 그런즉 내게로 돌아오라 그리하면 나도 너희에게로 돌아가리라 했더니 너희가 이르기를 우리가 어떻게 하여야 돌아가리이까 하는도다 사람이 어찌 하나님의 것을 도둑질하겠느냐 그러나 너희는 나의 것을 도둑질하고도 말하기를 우리가 어떻게 주의 것을 도둑질했나이까 하는도다 이는 곧 십일조와 봉헌물이라 너희 곧 온 나라가 나의 것을 도둑질했으므로 너희가 저주를 받았느니…너희의 온전한 십일조를 창고에 들여 나의 집에 양식이 있게 하고.
> 말 3:6-10 상

사실 십일조를 한다고 해서 재정적인 저주를 막을 수 있는 것은 아니다. 물론 올바른 십일조를 드리는 것이 재정적인 파탄을 막아줄 수 있고, 십일조를 하지 않음으로써 재정 상황에 부정적인 영향이 미치는 일이 있을 수도 있다. 그러나 저주를 제거할 수 있는 것은 오직 능력 있는 예수 그리스도의 피에 대한 믿음뿐이다(갈 3:13-14). 그리고 이 능력은 이미 당신에게 주어진 것이다. 따라서 당신이 저주를 제거하기 위해 해야 할 일은 그저 그분의 피의 능력을 믿고 적용하는 것이다.

여기서 먼저 저주란 무엇인지 알아보자. 하나님은 우리가 하나님 나라의 재정원칙 안에서 살기를 원하신다. 그러나 우리가 십일조를 하지 않는다면 세상 체제에 우리 자신을 맡겨 버리는 셈이 된다. 이 세상 체제는 사탄의 주관 하에 있기에 저주받은 체제다. 그리고 우리를 이 저주에서 자유케 하는 것은 죽은 일(세상 체제)로부터의 회개, 예수의 보혈과 그분의 공급하심에 대한 믿음이다.

어디에

말라기 3장 10절은 우리에게 온전한 십일조를 '창고'로 가져오라고 말씀한다. 우리는 이 창고란 당신이 영적인 공급을 받으며 양육을 받고 있는 지역 교회라고 본다. 그 창고는 다른 선교 단체나 방송 사역, 또는 당신의 자녀들이 다니는 미션스쿨이 아니다. 당신의 창고는 당신을 알며, 당신을 돌봐주고, 당신을 이끌어주는 영적 권위를 받은 지도자들이 있는 당신의 교회이다.

언제

십일조는 공급을 받은 때에 드려야 한다. 그 공급이 주급이건 월급이건, 수입을 받는 때마다 드려야 하는 것이다. 앞에서 언급한 바와 같이, 부동산이나 투자에 의해 수입을 얻으므로 정규적인 수입이 없는 사람은, 실제적으로 현금을 받은 것은 아니라 해도 거래가 이루어질 때마다 십일조를 계산해서 드려야 한다.
나는 많은 사람들이 부동산이나 투자가 증가한 것에 대해서는 전혀 십일조를 드리지 않는 모습을 목격했다.

왜

'왜 십일조를 드려야 하는가'는 무척 중요한 문제다. 앞에서 말한 대로, 어떤 원칙 뒤에 존재하는 지혜를 이해하는 것은 실제로 그 원칙을 적용하고 시행하는 것만큼이나 중요한 일이다. 안타깝게도 많은 그리스도인들이 원칙 뒤의 지혜를 알지 못하기에 십일조를 하면서도 십일조 안에 하나님이 두신 수많은 목적을 무효화시켜 버리고 있다.

십일조를 하는 첫 번째 이유는 십일조는 "옛적 길 곧 선한 길"(렘 6:16)이기 때문이다. 십일조는 하나님이 당신의 재정 가운데 초자연적인 능력을 행하실 수 있게 해준다. 어떤 사람들은 십일조란 모세의 율법, 즉 구약에서 나온 것이기에 오늘날 우리의 삶과는 상관없는 것이라고 주장한다. 하지만 실제로 십일조가 성경에 처음 등장한 것은 창세기 14장 20절에서 아브라함이 살렘 왕 멜기세덱에게 소유의 십분의 일을 드린 때였다. 이는 모세의 율법보다 430여 년이나 먼저 일어난 일이며, 히브리서 7장 4-8절에서도 다시 언급되고 있다. 우리는 십일조의 원칙은 어떤 시대나 국가, 또는 성경의 특정 시기에만 적용되는 것이라고 생각하지 않는다. 우리는 십일조가 '옛적 선한 길'이라고 믿는다. 이는 중력의 법칙처럼 보편적인 원리라고 할 수 있다. 그래도 여전히 어떤 사람은 "글쎄요, 우리는 이제 예수님의 은혜 아래 있는데, 구약의 원칙을 지킬 의무는 없지 않나요?'라고 반문할 수도 있다. 틀린 말은 아니다.

하나님이 아무리 당신이 거듭나기를 원하신다고 해도, 그리스도를 영접할 것인가 말 것인가는 온전히 당신의 선택이다. 그 누구도 당신의 선택에 대해 강요할 수는 없다. 하지만 어떤 원칙은 그것을 따를 때 우리의 삶에 엄청난 유익을 얻게 한다. 구원도 그런 것 중 하나다. 당신이 주님을 영접하기로 결단하고 구원을 받는다면 영원의 시간 가운데 당신에게 엄청난 유익을 줄 것이다. 그러나 아무도 당신이 구원을 받도록 억지로 강요하지는 못한다.

또 다른 예를 들어 보자. 성경은 당신이 간음이나 간통을 저지르지 않으면 훨씬 더 잘 살게 되리라고 말한다. 그것은 사실이다. 이 명령에 따른다면 당신의 삶은 훨씬 나아질 것이다. 성적 순결함은 당신의 삶에 큰 유익이 될 것이다. 또한 당신이 자녀들을 축복하라는 성경 말씀을 따라 자녀들을 축복한다면 당신의 가정은 훨씬 더 좋은 가정이 될 것이다. 성경은 언제 어떻게 자녀들에게 축복해야 하는지를 말하고 있다. 그러나 당신이 꼭 그렇게 해야만 하는 것은 아니다. 마찬가지로 7일 중 하루를 안식일을 위해 떼어놓는다면, 당신의 삶은 훨씬 나아질 것이다. 당신의 육신은 휴식이 필요하기 때문이다.

어떤 이들은 "아, 그것은 율법이잖아요. 저는 율법을 지킬 필요가 없습니다"라고 말할 것이다. 물론 꼭 '그렇게 해야만' 하는 것은 아니다. 그러나 다시 말하지만, 나는 안식일의 원칙을 깨닫고 6일 동안만 일하기로 결정한 후, 7일 내내 일했던 것보다 훨씬 더 많은 일들을 하게 되었다는 간증을 수없이 들었다. 이것은 율법이 아니라 '옛적 선한 길'인 것이다.

하나님이 우리에게 이러한 계명들을 주시는 이유는 법으로 우리를 억누르거나 제한하려는 것이 아니다. 하나님은 이런 원칙을 지키며 사는 것이 우리에게 실제로 큰 유익이 될 것을 아시기 때문이다. 따라서 우리가 이런 기본적인 삶의 원칙을 어긴다면 때로는 끔찍한 결과가 따라올 수 있다는 것도 기억해야 한다.

　많은 그리스도인들이 오늘날 우리는 은혜 아래 있기에 기본적인 율법은 더 이상 지킬 필요가 없다고 생각한다. 그러나 나는 당신의 사고방식 안에서 율법이라는 단어를 원칙이라는 단어로 바꾸기를 조언한다. 왜냐하면, 안식일을 지키는 것, 십일조를 드리는 것, 자녀를 축복하는 것, 성적인 순결을 지키는 것과 같은 율법(원칙)은 실상 중력의 법칙과 같은 것이기 때문이다. 중력의 법칙 역시 법의 일종인 것이다.

　만약 어떤 사람이 "중력의 법칙이 법이라면 나는 그 법을 따라 살지 않을 겁니다. 나는 그리스도의 은혜 아래 있어서 법으로부터 자유함을 받았기 때문입니다!"라고 말한다면, 그 사람과는 더 논쟁할 필요가 없다. 그가 그렇게 믿는다면, 실제로 법을 무시하는 경험을 해보도록 놔두어야 한다. 그에게는 얼마든지 높은 건물이나 절벽 위에서 뛰어내릴 자유가 있다. 그러나 그가 뛰어내리면서 "저는 은혜 아래 있기에 이 중력의 법칙이 제 삶에 적용되지 않게 해주세요!"라고 기도한다고 해서 떨어지지 않겠는가?

　어떤 이들은 부모가 만든 독단적이며 의미 없는 여러 규칙들 때문에 하나님의 명령도 그런 것이라고 생각하기도 한다. 당신의 아버지는 '목요일에는 푸른색 셔츠를 입을 수 없다'고 명령했을지도 모른다. 그래서 당신은 어릴 적에 한 번도 목요일에는 푸른색 셔츠를 입지 않았을 것이다. 그러나 당신은 성인이 되어, 목요일에 푸른색 셔츠를 입고 다니는 사람들에게 아무 일도 일어나지 않는다는 것을 알게 되었다. 그래서 당신은 어느 목요일 아침 두렵고 떨리는 마음으로 푸른색 셔츠를 입어 보았다. 그런데 그날 하늘에서 벼락이 내리기는커녕 무척 순탄한 하루를 보냈다. 이렇게 몇 번 목요일에 푸른색 셔츠를 입어 본 후, 결국 당신은 아버지의 명령이 아무런 목적도 결과도 없는 독단적인 지시였다는 결론을 내린다.

많은 사람들이 이와 같은 경험을 한 후, 하나님이 주신 원칙도 이와 비슷하다고 생각한다. 사람들은 육신의 아버지가 했던 여러 명령과 같이 하나님의 법도 그저 낡고 독단적인 지시라고 믿는 것이다. 명령을 어길 때에 벌을 주었던 육신의 아버지처럼 십일조를 하지 않으면 벌을 준다는 개념은 목적도 의미도 없는 독단적인 것이라고 생각하는 것이다.

그러나 나는 하나님의 말씀하신 대부분의 명령은 근본적으로 '지시'가 아니라 '설명'이라는 것을 알게 되었다. 하나님은 우리의 삶에 지시하기보다는 기본적인 원칙을 설명해 주시고자 하신다. 예를 들어, 하나님이 "주의해라! 절벽에서 뛰어내리지 마라!"라고 말씀하실 때, 그분은 독단적인 명령을 내리시는 것도, 불순종에 대한 벌을 받을 거라고 위협하시는 것도 아니다. 하나님은 중력의 법칙을 아시기에, 그것을 어겼을 때 오게 되는 끔찍한 결과로부터 우리를 구해 주시려는 것이다. 하나님의 명령에는 이유가 있다.

위와 같은 경우에 하나님의 명령은 명령조가 아니라 설명조인 것을 볼 수 있다. 하나님이 '이것은 하지 말고 저것을 하라'고 말씀하시는 이유는, 그렇게 하는 것이 당신의 삶에 복이 되기 때문이다. 하나님은 결코 '나는 하나님이니 너는 무조건 순종해라. 그렇지 않으면 네게 벌을 내릴 것이다'라고 말씀하지 않으신다. 십일조는 중력과 같이 '옛적 선한 길'이다. 우리가 그것에 따라 살아야 하는 의무가 있는 것은 아니지만, 그렇게 하기로 선택한다면 당신의 삶에 엄청난 유익이 될 것이다.

십일조는 목적도 의미도 없는 독단적인 법이 아니다. 하나님은 십일조를 사용하여 우리의 마음에 '참새 믿음'이 자라도록 하신다. 십일조를 통해 우리는 기적을 경험하게 되는 것이다. 십일조는 보편적인 법칙인 '옛적 선한 길'일 뿐 아니라, 우리의 재정에 초자연적인 것을 풀어 주는 역할을 한다.

"저는 아무리 생각해 봐도, 현실적으로 십일조를 하면서 생활비를 다 충당할 수가 없어요"라고 말하는 사람들이 많다. 하지만 그들이 회개하고 올바른 태도로 십일조를 한 후, 청구서를 다 지불하고 나서도 이전보다 훨씬 더 많은 돈이 남았다는 간증을 계속적으로 전해 주고 있다.

우리는 그런 간증을 들으면 이렇게 되묻는다. "어떻게 그렇게 되셨나요? 전보다 돈을 더 많이 벌게 되었나요? 전보다 지출을 줄였나요?" 그러면 그들은 하나같이 이렇게 답한다. "아니요, 사실 어떻게 된 건지 저도 잘 모르겠어요. 돈을 더 벌게 된 것도 아니고 전보다 지출을 줄인 것도 아니거든요." 그들은 '옛적 선한 길'을 따라가기로 선택함으로써 자신의 재정에 하나님이 역사하시도록 한 것이다.

하나님이 우리가 십일조를 하기 원하시는 또 다른 이유는 무엇일까? 하나님은 당신의 돈이 필요하신 것인가? 물론 아니다. 하나님은 천 개의 산에 가득한 가축과 무제한의 부를 소유하고 계신 분이다(시 50:10-13). 하나님은 돈을 원하시는 것이 아니다. 그분이 원하시는 것은 마음이다. 십일조를 하는 것은 "하나님은 나의 공급자시며, 맘몬의 영은 나의 삶에 권세를 끼치지 못한다"라는 믿음의 선포를 실제적인 행동으로 옮기는 것이라고 믿는다.

　야고보 사도는 야고보서 2장 26절에서 "영혼 없는 몸이 죽은 것같이 행함이 없는 믿음은 죽은 것"이라고 말하고 있다. 십일조는 하나님을 공급자로 믿는 믿음을 행동으로 표현하는 것이다. 그러므로 십일조는 사실 하나님을 위한 것이 아니라 당신을 위한 것이다. 하나님의 목적은 당신의 돈을 받아내려는 것이 아니라, 당신의 마음에 하나님을 공급자로 여기는 '참새 믿음'을 주시기 위한 그분의 방법 중 하나일 뿐이다.

　당신은 극심한 궁핍을 통해 '참새 믿음'을 배울 수도 있다. 매 순간 모든 것에 대해 하나님을 신뢰해야 하기 때문이다. 하나님은 18세기의 위대한 하나님의 사람 조지 뮬러에게 이 방법을 사용하여 믿음을 가르치셨다. 그는 어떤 확실한 지원 없이 고아원을 운영하고 있었다. 매일 아침 눈을 뜰 때마다 그는 그날 하루 고아들을 무엇으로 먹여야 할지 알 수 없었다. 그러나 하나님은 매일매일 고아원의 모든 필요를 초자연적으로 채워 주셨다. 우연히 누군가가 음식이나 돈을 가져다주었는데, 놀랍게도 그날의 필요에 꼭 맞는 것들이었다.

　우리 역시 이런 방법으로 참새 믿음을 배울 수 있지만, 나는 하나님이 기뻐하시는 방법은 십일조를 통해 배우는 것이라고 믿는다. 십일조는 어떤 사람에게든 믿음을 요구한다. 수입의 10%가 그냥 남아도는 사람은 별로 없다. 만일 당신이 한 달에 1천 달러밖에 벌지 못한다면, 100달러를 드리는 것은 어려운 일일 것이다. 당신은 마지막 1달러까지 써야 할 곳이 있을 것이다. 만일 당신이 한 달에 1만 달러를 번다면, 1천 달러를 드리는 것 역시 어려운 일이다. 1천 달러는 꽤 큰 돈이기 때문이다. 만일 당신이 한 달에 10만 달러를 번다면 더욱 그렇다. 대부분의 사람들은 지역 교회에 한 달에 1만 달러씩 드리는 일에 대해 고민할 것이다.

나는 아버지로부터 십일조를 배웠다. 내가 열두 살 무렵 처음 신문 배달을 시작했을 때, 아버지는 내 손에 교회 봉투 한 묶음을 쥐어 주셨다. 봉투는 두 개로 나뉘어 있었는데 각각의 '십일조와 헌금'을 위한 것이었다. 처음에는 한 주에 10센트씩 십일조를 하는 것에서 시작했지만, 이후에 액수가 커졌을 때는 이미 십일조는 나에게 습관이 되었다.

이와 같이 규칙적이며 일관성 있는 십일조는 우리 마음 가운데 하나님을 공급자로 여기는 참새 믿음을 형성해 주는 하나님의 방법이다. 나는 그것이 또한 우리의 삶 가운데 재정 훈련을 행하시는 하나님의 방법이라고 믿는다. 십일조 훈련이 되지 않는 사람은 재정의 다른 영역에서 훈련받을 준비가 되지 않은 것이다. 십일조 훈련은 금식 훈련과도 비슷하다. 삶에서 금식 훈련이 되어 있지 않은 사람은 대부분 음식이나 전반적인 다른 영역에서도 훈련이 되어 있지 않다.

말라기 선지자는 하나님의 아픈 마음을 선포하고 있다. 말라기서 1장 2절은 "내가 너희를 사랑했노라"고 말한다. 그것이 우리를 향한 하나님의 입장이다. 그분이 하시는 명령은 우리의 유익을 위한 것이다.

말라기 3장에는 다음과 같이 기록되어 있다.

> 만군의 여호와가 이르노라 너희의 온전한 십일조를 창고에 들여 나의 집에 양식이 있게 하고 그것으로 나를 시험하여 내가 하늘 문을 열고 너희에게 복을 쌓을 곳이 없도록 붓지 아니하나 보라. 말 3:10

밑줄을 그은 부분은 사실 히브리어 원본에는 없는 표현이다. 이 구절을 번역한 사람들이 뜻이 통하게 하려고 더한 부분이기 때문이다. 나는 이 추가된 단어들이 실질적으로 이 구절의 의미를 왜곡했다고 생각한다.

히브리어 원본대로 읽는다면 이 구절의 뜻은 사실 '너희를 위해 하늘 문을 열고 복을 부을 것이다. 그것으로 창고가 가득 차는 것은 아니다'가 된다. 나는 말라기 저자가 '창고에 아직 가득 채워지지 않은 빈 공간이 있음'을 의미했다고 믿는다. 그렇다면 아직 무엇이 부족한 것일까? 나는 이 말씀이 지역 교회의 창고에 들이는 십일조만으로 충분하지 않다는 것을 말한다고 생각한다. 8절에 의하면 이스라엘은 십일조만이 아니라 헌물에서도 하나님의 것을 도적질했다.

나는 십일조를 은행 계좌의 최소한도 필요 잔액 같은 것이라고 믿는다. 즉, 십일조는 '하늘 계좌에 쌓은 보물'을 활동하게 하기에 필요한 최소 잔액이다. 4장에서 우리는 '하늘 보화'에 대해 집중적으로 다루었다. 하늘의 열린 문을 통해 흘러나오는 풍성함은 십일조만으로는 충분하지 않다. 십일조는 그저 하늘의 창고 문을 여는 첫 단계인 것이다.

십일조가 하늘 계좌의 문을 여는 것이라면, 헌금은 돈의 다섯 가지 사용 원칙 중 십일조와 쓸 것을 제외한 다른 세 가지에서 풍성한 복을 풀어 주는 것이다. 헌금이나 주는 돈은 하늘 계좌에서 배가되어, 기본 예산을 채우고도 넘치는 재정적인 복이 되고, 하늘의 열린 문을 통해 우리에게 부어지게 되는 것이다.

나는 그리스도인들이 마음과 계좌 모두에서 십일조를 헌금과 구별해야 한다고 생각한다. 십일조는 단순히 우리가 대신하여 돌보고 있는 하나님 소유의 신용 계좌이다. 십일조는 '하늘 보화'를 열어 주지만, 그것으로 충분한 것이 아니다. 헌금은 복을 풀어 주는 것이며, 십일조와는 전혀 다른 목적들을 위해 사용되는 것이다.

하나님 나라의 경제 체제

이해를 돕기 위해 실질적으로 우리가 사용하는 자동입출금기$^{Automatic\ Teller\ Machine,\ ATM}$가 작동하는 과정을 살펴보자. 카드를 ATM 기계에 넣으면 돈을 입금하거나 출금할 수 있게 된다. 여기서 카드는 십일조와도 같다. 그러나 당신이 비밀번호를 입력하기 전에는 아무 일도 일어나지 않을 것이다. 비밀번호를 입력하는 일은 당신이 드리는 헌금이나 주는 것에 해당한다. 즉, 하나님 나라의 재정이 기능하기 위해서는 헌금과 십일조가 필요하다. 이것이 바로 우리가 한계와 실패에 부딪힐 수밖에 없는 세상 체제의 저주 아래 떨어지지 않도록 하기 위한 하나님의 '옛적 선한 길'이다.

십일조의 또 다른 목적은 한 개인이나 가정이 재정과 관련된 두려움에서 벗어나도록 해주는 것이다. 신실하게 공급하시는 하나님의 사랑을 경험함으로써, 그분의 완전한 사랑이 두려움을 내어 쫓는 것이다(요일 4:18). 어떤 가정이 하나님의 초자연적인 능력이 필요한 상황에 맞닥뜨렸을 때 하나님을 의지하지 않고 스스로 해결하려 애쓴다면, 맘몬의 영은 계속하여 두려움으로 그 가정을 주관하게 될 것이다.

만일 당신이 이전과 달리 규칙적으로 십일조를 하기로 결단했다면, 그로 인해 걱정과 두려움을 느낄 수 있다. 그러나 이것은 다시 말하지만 당신의 삶 가운데 '참새 믿음'이 아직 자리 잡지 않았다는 증거다. 여기서의 가장 근본적인 문제는 '나의 아버지가 정말 나를 사랑하시는가?'에 대한 믿음이다. 많은 사람들이 과거 제대로 공급받지 못한 경험들 때문에 마음속에 아주 강력한 내적 이미지, 성경적으로 말하면 "견고한 진"(고후 10:4-6)을 가지고 있다. 과거의 경험은 우리에게 이렇게 속삭인다. '이런 원칙은 다른 사람들에게는 통할지 몰라도 나한테는 아니야. 나도 이런 원칙을 다 따라해 봤지만 얻은 것은 없었어.'

당신이 틀렸다. 하나님의 말씀은 절대적 진리이기에, 과거의 경험은 더 이상 당신의 미래를 결정할 수 없다.

삶의 경험은 또 다른 삶의 경험을 낳게 되고 견고한 진을 형성한다. 당신이 경험하는 현실은 당신 마음속에 있는 이미지로 인해 생겨난 결과라는 것을 아는가? 일단 마음에 어떤 이미지가 형성되면, 그 이미지에서부터 현실이 흘러나온다. 그러면 그 현실은 처음의 이미지를 확증해 준다. 이런 사이클은 계속 반복되고 더욱 강해진다.

당신이 정기적으로 십일조를 하기로 결단하면, 마음속에서는 여러 가지 걱정과 염려가 샘솟듯 올라올 것이다. 물론 하나님이 십일조를 드리는 만큼 초자연적으로 공급해 주시지 않는다면 우리는 어려움을 겪게 될 것이다. 그러나 하나님은 신실하게 공급하시며, 우리가 그것을 경험하게 하시므로 마음속의 견고한 진과 두려움을 내쫓고, 하나님을 향한 '참새 믿음'이 자라도록 도우신다.

나는 십일조를 하겠다는 결단만으로도 하나님의 초자연적인 능력이 풀어지는 것을 보여 주는 놀라운 간증 하나를 나누려고 한다. 세미나에 참석했던 한 자매가 나에게 다음과 같은 편지를 보내왔다.

저와 남편이 재정 세미나를 들을 수 있게 해주신 주님께 감사드립니다. 사실 저는 세미나에 갈 생각이 없었습니다. 저는 우리 가정의 재정 상태에 대해 잘 파악하고 있고, 비교적 잘 꾸려나가고 있다고 생각했거든요. 하지만 세미나를 들은 주일 저녁, 저의 모든 생각이 바뀌었습니다. 저는 스스로 재정을 잘 관리한답시고 지내다가, 상황이 어려워지고 도움이 필요할 때만 하나님을 구했다는 것을 깨달았습니다. 맘몬의 영의 영향력이 가져오는 증상들을 하나하나 체크해 본 저희 부부는 깜짝 놀랐습니다. 저에게 해당되지 않는 사항은 남편에게 해당되었습니다.

강사님께서 십일조에 대해 말씀하시기 시작했을 때 저는 사실 너무 두려웠습니다. 저희 가정의 총수입에서 10%를 드리면서 과연 이전처럼 생활을 꾸려나갈 수 있을지 의문이었습니다. 우리가 십일조를 하게 되면 매주 모자라는 생활비에 대해서 하나님만 의지해야 했고, 그것은 제가 통제할 수 없는 상황 가운데 하루하루 겨우 살아가는 것처럼 느껴졌거든요.

어젯밤까지 저에게 있어서 하나님의 공급이란, 가까스로 살아갈 수 있을 정도, 그리고 언제나 맘 졸이며 마지막 순간까지 기다려야 하는 엄청난 믿음이 필요한 것이었습니다. 하지만 저는 어제 하루 종일 십일조에 대해 편안한 마음을 갖고자 애썼습니다. 가장 어려웠던 것은, 저와 남편 모두 하나님이 복을 주시면 차고를 지으려고 계획한 것이었습니다. 석 달 후면 우리 셋째 아기가 태어나게 되어 새 차와 차고는 우리에게 꼭 필요한 것이었습니다(저의 생각일 수도 있어요).

하지만 저는 어떤 일이 있어도 우리가 십일조를 시작해야 하며, 하나님은 제가 그분을 저의 공급자로 신뢰하기 원하신다는 사실도 깨달았습니다. 저는 삶의 영역에서 저를 조종해 왔던 두려움을 버리는 일이야말로 하나님께 제 마음을 드리는 첫걸음임을 알았습니다. 어젯밤이 되어서야, 십일조를 시작하고 차고를 포기하는 것에 대해 비교적 평안한 마음을 갖게 되었습니다. 저는 평생 처음으로 하나님을 저의 공급자로 신뢰할 수 있겠다는 생각이 들었습니다.

그리고 지금 제가 말할 수 있는 것은, 하나님은 너무나 놀라운 분이라는 것입니다. 어제는 강의가 있어서 세미나에 참석하지 못했었습니다. 그런데 남편이 밤늦게 돌아와서는 "당신 도저히 믿을 수 없을 거야!"라고 말하는 것이었습니다. 전혀 기대할 수 없었던 초자연적인 공급이 들어온 것입니다. 하나님은 그 모든 재정으로 저희 가정을 복 주셨던 것입니다. 마치 하나님이 '이것을 보렴. 네가 나로 역사할 수 있게 해줄 때 나는 이렇게 공급한단다'라고 말씀하시는 것 같았습니다.

이 글을 쓰는 지금, 저는 제가 특별한 공급을 통해 차고를 지을 수 있게 되어서가 아니라, 재정에 대한 하나님의 원칙을 제 마음속에 붙잡을 수 있어서 정말 기쁘고 흥분된다는 것입니다. 제 마음이 변화되었습니다. '나는 그걸 살 돈이 없어'와 같은 사고방식을 버리고, 하나님께서 역사하시게 할 때, 불가능한 일이 없다는 것을 비로소 이해하게 된 것 같습니다. 그리고 난생 처음으로 하나님이 제 삶 가운데 형통함을 원하신다는 것을 알게 되었습니다. 그 형통함은 우리만을 위한 것이 아니라, 다른 사람을 돕기 위한 것이라는 것도 깨닫게 되었습니다.

지난 이틀 동안 제가 얻은 깨달음에 대해 하나님과 강사님께 정말 감사드립니다. 마치 눈을 가렸던 수건이 벗어지고 처음으로 명확히 보게 되는 것 같습니다.

하나님의 복을 빕니다!

뉴질랜드에서 니키 스미스 드림

십일조의 또 다른 목적은, 맘몬의 영의 능력과 돈을 신성시하도록 만드는 그 영향력을 깨뜨리는 것이다. 돈은 동등한 가치의 물건들을 서로 교환하기 편리하도록 사람이 고안해 낸 것이다. 따라서 우리가 동등한 가치의 것을 돌려받고자 하는 기대 없이 돈을 줄 때, 우리는 돈에 은혜를 접목시키는 것이 된다. 우리가 돈을 주거나 헌금을 할 때, 맘몬은 이제 필요한 것을 살 돈이 줄어들었다고 말할 것이다. 그러나 우리는 맘몬에게 '돈은 더 이상 나의 삶에 아무 권세가 없으며, 하나님이 나의 공급자이시자 나의 모든 필요를 채워 주시는 능력이시기에, 우리의 비전은 한 치도 줄어들지 않았다고 선포하는 것이다.

하나님도 교회도 우리의 돈이 있어야만 하는 것이 아니다. 하지만 하나님은 십일조를 통로로 그분의 교회 안에서 하나님 나라의 일을 이루어 나가신다.

십일조를 하는 것 VS. 십일조를 하는 사람

하나님은 우리의 돈이 아니라 우리의 마음을 원하신다. 그래서 십일조 자체보다 십일조를 하는 마음자세가 매우 중요하다. 하나님은 우리가 하늘 창고에 십일조를 들이는 사람이 되기를 원하신다. 많은 사람들은 십일조를 하면서도, '십일조를 하는 사람'은 되지 못한다. 십일조를 하는 것과 십일조를 하는 사람과의 차이는 무엇일까? 차이는 바로 마음자세와 적극적인 참여에 있다. 나는 해외를 많이 다녀야 하기에 비행기를 수없이 탔지만, 언제나 승객으로 좌석에 앉아 있었다. 만약 내가 조종사라면 조종석에 앉아서 비행기를 몰았을 것이다. 그러나 승객인 나는 내가 타고 있는 비행기가 날아가는 일에 있어 어떤 적극적인 참여도 할 수 없다. 적극적인 참여가 관건인 것이다.

그러면 십일조를 하는 사람이 되기 위해서 필요한 것은 무엇일까?

> 세월이 지난 후에 가인은 땅의 소산으로 제물을 삼아 여호와께 드렸고 아벨은 자기도 양의 첫 새끼와 그 기름으로 드렸더니 여호와께서 아벨과 그의 제물은 받으셨으나 가인과 그의 제물은 받지 아니하신지라 가

> 인이 몹시 분하여 안색이 변하니 여호와께서 가인에게 이르시되 네가 분하여 함은 어찌 됨이며 안색이 변함은 어찌 됨이냐 네가 선을 행하면 어찌 낯을 들지 못하겠느냐 선을 행하지 아니하면 죄가 문에 엎드려 있느니라 죄가 너를 원하나 너는 죄를 다스릴지니라. 창 4:3-7

이 구절에서 우리는 아벨은 십일조를 하는 사람이었으나 가인은 그렇지 않았음을 보게 된다. 어떤 이들은 하나님이 아벨의 제물은 열납하셨지만 가인의 제물은 받지 않으신 것은, 가인은 그저 밭의 수확의 일부를 가져온 반면 아벨은 동물의 피를 흘려드렸기 때문이라고 설명하기도 한다. 그러나 우리가 믿기로는, 제물의 본질이 아닌 두 사람의 마음자세에 중대한 차이가 있었다.

3절의 "세월이 지난 후에"라는 말은 십일조를 드릴 때를 뜻하는 관습적인 히브리식 표현이다. 십일조를 할 때가 되었을 때, 이 두 사람은 서로 다른 반응을 보였다. 아벨은 양의 첫 새끼와 기름을 가져오며 즐거워했다. 기름진 부분이란 동물들의 넓적다리 윗부분에 발달되어 있는 여러 겹의 지방층을 의미한다. 이 풍부한 기름은 추운 계절에 체온을 유지시켜 주는 역할을 하는 것으로, 그 부위의 고기를 가장 맛있게 해준다. 아벨은 요구받은 것보다 더 좋은 것을 가져와 하나님께 감사드리기 원했고, 하나님은 그의 십일조를 받으셨다.

반면 가인의 태도는 완전히 다르다. 하나님이 자신의 십일조를 받지 않으시자 그는 심히 분노하며 자기 연민에 빠져들었다. 그의 삶에서 무슨 일이 일어나고 있었는가? 하나님은 그에게 왜 분노하느냐고 물으셨다.

물론 하나님은 그 이유를 알고 계셨지만, 가인이 스스로의 감정을 인지하고 있는지 알아보기 위해 이렇게 물으셨던 것이다.

7절에서 하나님은 상황을 설명하시며 가인에게 어떻게 해야 할지 알려 주신다. "선을 행하면"이라는 말은 '자신의 태도를 고치다'라는 뜻의 히브리식 표현이다. 즉, 이 구절이 의미하는 바는 "네가 너의 태도를 고치면 받을 것이다. 네가 너의 태도를 고치지 않는다면, 죄가 문에 엎드린다. 죄의 소원은 네게 있으니 너는 죄를 다스려야만 한다"라는 의미다.

이것은 오늘날을 사는 우리에게도 얼마나 필요한 말씀인가. 우리의 태도와 마음자세가 우리의 미래와 흥망을 결정한다. 우리의 삶 가운데 사람들과 상황들에 대해 오늘 어떻게 반응하는가에 따라, 내일 하나님이 우리에 대해 계획하신 것을 갖게 될 자격이 생기기도, 박탈당하기도 하는 것이다. 위의 창세기 4장에서 하나님은 십일조를 하는 자세에 대해 말씀하고 계신다. 나는 성경이 가르치는 십일조에 대한 여러 가지 반응들을 보았다. 어떤 사람들은 화를 낸다. 어떤 사람들은 슬퍼한다. 그리고 어떤 사람들은 기뻐한다.

문제는 우리의 태도다. 우리의 태도는 우리가 진정으로 십일조를 하는 사람들인지, 아니면 그저 십일조를 하는지를 내외적으로 반영해 주는 것이다. 이 점은 히브리서 11장을 볼 때 더욱 확실히 알 수 있다.

> 믿음으로 아벨은 가인보다 더 나은 제사를 하나님께 드림으로 의로운 자라 하시는 증거를 얻었으니 하나님이 그 예물에 대하여 증언하심이라 그가 죽었으나 그 믿음으로써 지금도 말하느니라. 히 11:4

이 구절의 마지막 문장은 오늘날에도 여전히 우리에게 말하고 있다. 십일조를 드릴 때, 그 십일조가 하나님의 목적(천국 계좌의 문을 여는 것)을 성취하기 위해서는, 십일조를 드리는 우리의 마음자세와 태도를 올바르게 해야 하는 것이다.

여호와께 거룩함

십일조를 하는 데 있어 또 한 가지 중요한 점은 십일조 자체에 대한 우리의 마음가짐이다. 다음 구절에서 하나님은 십일조에 대한 두 가지 중요한 질문에 이스라엘을 대신하여 대답하셨다. 그 두 질문은 이것이다. 첫째, 십일조는 누구에게 속한 것인가? 둘째, 어떤 돈이 십일조인가? 우리도 우리의 삶 가운데 십일조에 대한 이 질문들에 대답해 두는 것이 좋다.

> 그리고 그 땅의 십분의 일 곧 그 땅의 곡식이나 나무의 열매는 그 십분의 일은 여호와의 것이니 여호와의 성물이라. 레 27:30

하나님은 다음과 같이 대답하고 계신다. 첫째, 십일조는 하나님의 것이다. 그것은 당신에게 속한 것이 아니다. 당신은 단지 하나님께 속한 것을 대신 관리하도록 위임받은 청지기 또는 관리인이다. 둘째, 십일조는 성물, 즉 거룩한 것이다.

나는 이 구절을 읽고 충격을 받았다. 나는 그동안 십일조는 '나의' 돈의 10%를 하나님께 드리는 것이라고 생각해 왔었다. 그러나 나의 돈을 하나님께 드리는 것이 아니라, 하나님의 돈을 대신 관리하는 자로서 그분의 것을 돌려드리는 것이라는 깨달음은 나에게 굉장한 패러다임의 전환이었다.

어떤 사람이나 물건이 거룩하다는 것은 무엇을 의미하는가? 우리는 이 '거룩'이라는 단어에 대해 왜곡된 견해를 갖기가 쉽다. 많은 사람들이 이 말이 행동의 기준이거나 무언가 하나님께만 속한 것이라고 생각한다. 그러나 실상 이 단어는 단순히 '따로 구별된 것, 드려진 것'을 의미한다. 그러므로 '거룩'이라는 이 단어는 구별되어 드려지는 대상이 없이는 무의미한 것이다.

어떤 것이 거룩한, 즉 구별되어 드려진 것일 때, '무엇에게, 또는 누구에게 구별되어 드려진 것인가?'라는 질문이 당연히 따르게 된다. 온 우주에 특별한 대상 없이 스스로 거룩하신 분은 오직 여호와 한 분뿐이시다. 그는 그분 자신에 대하여 거룩하시기 때문이다. 그분 외에 다른 사람이나 다른 것은 누구에게 또는 무언가에게 거룩할(구별되어 드려질) 수 있다.

이 개념을 좀 더 확실히 이해하기 위하여 예를 하나 들어 보겠다. 한 사무실에 전화선이 다섯 개 들어온다고 가정하자. 그중 네 개는 일반적인 통화를 하기 위하여 사용한다. 하지만 선 하나는 팩스에 연결되어 팩스를 주고받는 데만 사용한다. 그럴 때 우리는 이 다섯 번째 선은 팩스에 대해 거룩하다고 말할 수 있다.

그렇기에 어떤 사람에 대해 그 사람 자체가 거룩하다고는 말할 수 없다. 그가 무엇 또는 누구에 대해서 거룩한지 알아야 하는 것이다. 만일 그가 아내에 대해 거룩하다면, 그것은 그가 아내에게 온전히 헌신되어 있으며 다른 어떤 사람과도 아내와 동일한 수준의 관계를 갖지 않는다는 것을 의미한다. 그는 삶의 일부분을 아내와만 나누며, 어떤 활동은 그녀와만 함께한다.

거룩의 반대는 일상이다. 그 사무실의 다른 네 개의 선은 아무 전화기에나 사용할 수 있는 선이지만, 다섯 번째 선은 팩스에만 구별되어 있는 것처럼, 어떤 것이 거룩하다는 말은 일상적인 것과 구별되었다는 뜻이다.

이제 그리스도인이 하나님께 거룩하다는 말이 무슨 의미인지 좀 더 잘 이해할 수 있게 되었을 것이다. 그것은 그가 주님과의 관계를 위해 헌신되고 구별되었다는 것을 의미한다. 그 사람의 행동과 활동은 오직 주님께 속하기로 결단한 선택 때문에 다른 사람들에 비해 자발적으로 제한될 수 있다.

이제 재정에 관련하여 거룩하다는 것이 무엇인지 알아보자. 예를 들어 설명하겠다. 만약 당신이 집을 구입하기 위해 계약서에 서명하고, 첫 계약금으로 5천 달러를 지불했다고 가정해 보자. 계약 기간은 두 달이다. 그동안 당신의 5천 달러는 어디에서 어떻게 존재하는가? 보통은 제 3자 또는 신탁 중재인^{escrow}이 신용 계좌에 입금하여 관리한다. 현재까지 우리는 이 돈이 집 거래의 종결을 위해 구별된 것, 즉 거룩한 것이라고 말할 수 있다.

그런데 만약 그 신탁 중재인이 다음 달에 청구서들을 지불할 돈이 조금 부족하게 되어, 두 달이 지나기 전 다시 갚으리라 생각하고 계약금에서부터 개인적으로 2천 달러를 '빌린다'면 어떻게 될까? 비록 그가 거래 종결 전에 그 돈을 갚는다 할지라도, 나중에 이 일이 밝혀진다면 이 신탁 중재인은 재판을 받고 감옥에 가게 될 것이다. 그는 당신을 대신하여 신용 계좌를 관리하는 신탁 중재인으로서 책임을 저버렸기 때문이다. 아주 단순히 말하면, 그는 '거룩한' 돈을 자기 자신을 위해 사용한 것이다.

혹은 그 신탁 중재인이 당신의 5천 달러를 신용 계좌에 입금하는 대신 자신의 개인 계좌에 입금했다고 가정해 보자. 아무리 그가 거래 종결 시간까지 그 자금을 돌려주려는 의도가 있었다 말해도, 그 돈은 명백히 두 달 동안 그의 계좌에 있었다. 이런 일이 발견되어도 그는 감옥에 가게 될 것이다. 그 돈은 다른 사람을 위해 구별된 것이기 때문이다.

나는 십일조를 이런 신탁 중재인이나 신용 계좌와 동일한 개념으로 이해해야 한다고 생각한다. 십일조는 여호와께 거룩한 성물이라는 성경 말씀의 의미는 다음과 같다.

첫째로, 십일조는 당신에게 속한 것이 아니다. 그것은 하나님께 속한 것으로, 당신은 그것을 '하늘 창고'에 배달하는 책임을 맡은 신탁 중재인인 것이다. 대부분의 그리스도인이 '거룩'의 개념을 이해하지 못하기에 십일조를 거룩한 것으로 보지 못한다. 그리고 십일조가 자신의 것이라고 생각하여 십일조를 드리는 것이 굉장히 관대한 일인 양 느낀다.

둘째로, 십일조는 당신에게 있는 '일상적인' 다른 자금과 섞어서는 안 된다. 당신은 십일조를 대신 관리하는 신용 계좌처럼 여겨야 한다.

나는 두 아들이 돈을 가지고 다닐 만한 나이가 되자마자 십일조를 가르쳤다. 나는 아이들에게 각각 병 네 개씩을 주고는, 1달러를 받을 때마다 10센트는 십일조 병에 넣도록 가르쳤다. 그렇게 한 뒤에야 헌금, 저축, 그리고 쓸 돈의 비율이 정해졌다. 이런 방법으로 나의 아들들은 십일조가 거룩하게 구별된 것으로, 다른 일상적인 돈과 절대 섞일 수 없는 것임을 배우게 되었다.

나는 아내와 결혼한 후 곧 공동 계좌와 함께 십일조 계좌를 만들었다. 그리고 월급이나 다른 수입이 들어오면 그 즉시 그것의 10%에 해당하는 금액의 수표를 써서 십일조 계좌에 저금했다. 그러면 그 돈은 다른 가사 비용과는 구별되어 보관되었다. 우리는 십일조 계좌를 주님을 위한 신탁 계정으로 관리했고, 십일조를 하늘 나라 창고에 넣을 때 조금도 경제적인 압박을 느끼지 않았다. 그 돈은 다른 경비를 위한 예산에 아예 포함되지 않은 돈이었기 때문이다. 최근에는 모든 수입을 한 계좌에서 관리하고 있지만, 십일조는 재정 소프트웨어 프로그램을 사용하여 구별된 계좌처럼 관리하고 있다.

당신 또한 관리자로 임명받은 주님의 십일조를 거룩한 것으로 만들 수 있는 방법을 찾아보기를 바란다. 만일 아직 십일조를 시작하지 못한 단계라면, 따로 은행 계좌를 열거나, 십일조 봉투나 병을 준비하라. 이로써 십일조를 나머지 일상적인 돈과 구별하여 주님에게 거룩한 성물로 드리기를 바란다.

나는 십일조를 이렇게 관리하는 것이 청지기직에 있어 가장 첫 단계라고 생각한다. 만일 우리가 주님의 것을 관리하는 입문 단계에서 충성되지 못하다면, 어떻게 더 큰 자원 관리를 맡기시길 기대할 수 있겠는가? 나는 자신은 큰 재정을 관리하는 하나님 나라의 통로가 되기 원한다고 말하면서, 주님의 십일조를 관리하는 첫 단계에서조차 신실하지 못한 모습을 많이 보았다.

체렘(cherem) : 하나님께 바쳐진 것

> 어떤 사람이 자기 소유 중에서 오직 여호와께 온전히 바친 모든 것은 사람이든지 가축이든지 기업의 밭이든지 팔지도 못하고 무르지도 못하나니 바친 것은 다 여호와께 지극히 거룩함이며. 레 27:28

이 구절에서 '바친 것'에 해당하는 히브리어는 '체렘'^{cherem}이라는 단어로, '하나님께 바쳐지다'라는 의미를 가지고 있다. 그렇기에 체렘은 우리가 사용해서는 안 되는 것이다. 체렘으로 간주되는 것은 하나님께 바쳐진 것, 즉 하나님께 거룩한 것이라고 볼 수 있다.

> 그리고 그 땅의 십분의 일 곧 그 땅의 곡식이나 나무의 열매는 그 십분의 일은 여호와의 것이니 여호와의 성물이라. 레 27:30

우리는 앞서 십일조가 거룩한 것, 즉 하나님께 드려진 것임을 이야기했다. 그렇기에 혹시 당신이 십일조를 하늘 창고로 가져오지 않는다 해도, 십일조는 사실상 당신이 사용할 수 없다. 이미 드려진 것이기 때문이다. 즉 어떻게 보면 파괴되도록^{destruction} 바쳐진 것으로 이해할 수 있다.

예를 들어 보자. 방사성 플루토늄은 그 성질상 계속해서 붕괴하며, 그 붕괴를 막을 방법이 없다. 만약 당신이 플루토늄을 마당에 묻거나 주머니에 가지고 다닌다면 그것은 결국 당신까지도 파괴할 것이다. 이런 면에서 플루토늄은 파괴하도록 바쳐진 성경의 체렘의 개념과 같다고 할 수 있다.

성경에서 이 체렘의 개념을 자주 발견할 수 있다. 고대 이스라엘의 군인들은 오늘날의 군인처럼 정부로부터 급여를 받은 것이 아니라, 자신들이 정복한 도시의 전리품을 급여로 받았다. 어떤 군대가 도시를 정복하면, 군인들은 모든 금은과 가축과 포로들을 취하여 갔다. 이것이 생명을 무릅쓰고 그 도시를 정복한 것에 대한 대가였다.

그러나 이스라엘 백성이 가나안 땅을 정복하기 위해 요단강을 건넜을 때, 하나님은 특정 성읍들을 '체렘' 성으로 지정하셨다. 즉 그 성읍들은 '완전히' 파괴되도록 바쳐진 것이었다. 그렇게 바쳐진 성읍에서는 그 누구도 아무것도 가져갈 수 없었다. 군사들은 금은보화를 건드리지 못하는 것은 물론이고 어떤 포로도 노예로 취할 수 없었다. 금과 은은 모두 하나님의 보물 창고로 가게 되며, 온 도시를 불태워야 했다. 체렘 성은 완전히 파괴하도록 바쳐진 성읍이었기 때문이다.

군인들은 그 성읍은 여호와를 위하여 아무 대가 없이 정복해야 함을 알았다. 그들은 그 성읍을 정복하기 위해 생명을 무릅쓰지만 개인적인 유익은 얻을 수 없었다. 그러나 그들이 체렘이 아닌 다른 성읍을 정복할 때에는 노예를 취하고 그들이 발견한 어떤 귀중품이든 가질 수 있었다.

여호수아서 6장에는 이스라엘이 가나안에서 제일 먼저 정복한 여리고 성 이야기가 나온다. 하나님은 여리고 성을 완전히 파괴되도록 바쳐진 체렘 성으로 지정하셨다. 따라서 이스라엘 군인들은 모든 성읍을 완전히 파괴해야 했고, 모든 귀중품은 여호와의 보물 창고에 가져가야 했다.

> 이 성과 그 가운데에 있는 모든 것은 여호와께 온전히 바치되(체렘) 기생 라합과 그 집에 동거하는 자는 모두 살려 주라 이는 우리가 보낸 사자들을 그가 숨겨 주었음이니라 너희는 온전히 바치고(체렘) 그 바친 것 중에서 어떤 것이든지 취하여 너희가 이스라엘 진영으로 바치는(체렘) 것이 되게 하여 고통을 당하게 되지 아니하도록 오직 너희는 그 바친 물건에 손대지 말라. 수 6:17-18

영어성경은 히브리어 '체렘'을 '저주받은', '금지된', '바친', 또는 '파괴하도록 드린'으로 번역하고 있다. 여호와께서는 이스라엘에게 무슨 일이 있어도 여리고에서는 체렘을 취하지 말라고 말씀하셨다. 여호수아는 이 명령을 이스라엘 백성에게 전했다. 그러나 이 명령을 중요하게 생각하지 않은 군사가 한 명 있었다. 아간은 아마 이 명령을 하나님이 마음 내키는 대로 아무런 목적 없이 내린 명령이라고 생각한 것이 분명했다. 그래서 그는 여리고 성에서 발견한 귀중품을 취하여 아무도 모르게 자기 장막 안에 감춰 두었다.

그러나 아간이 체렘을 취함으로써 이스라엘은 아이 성과의 매우 작은 전투에서 패배하게 된다. 아간의 행위는 아간에게만 영향을 미친 것이 아니라 이스라엘 온 나라에 영향을 미쳤다. 아이 성 전투에서 패배했을 때 지혜로운 지도자 여호수아는 자연적인 영역이 아닌 영적인 영역에서 무언가가 전투에 영향을 미치고 있다는 것을 깨닫고, 여호와께 패배한 이유가 무엇인지 여쭈었다. 하나님은 그에게 다음 구절과 같이 대답하셨다.

> 여호와께서 여호수아에게 이르시되 일어나라 어찌하여 이렇게 엎드렸느냐 이스라엘이 범죄하여 내가 그들에게 명령한 나의 언약을 어겼으며 또한 그들이 온전히 바친(파괴를 위한 체렘) 물건을 가져가고 도둑질하며 속이고 그것을 그들의 물건들 가운데에 두었느니라 그러므로 이스라엘 자손들이 그들의 원수 앞에 능히 맞서지 못하고 그 앞에서 돌아섰나니 이는 그들도 온전히 바친 것이 됨이라 그 온전히 바친 물건을 너희 중에서 멸하지 아니하면 내가 다시는 너희와 함께 있지 아니하리라 너는 일어나서 백성을 거룩하게 하여 이르기를 너희는 내일을 위하여 스스로 거룩하게 하라 이스라엘의 하나님 여호와의 말씀에 이스라엘아 너희 가운데에 온전히 바친 물건이 있나니 너희가 그 온전히 바친 물건을 너희 가운데에서 제하기까지는 네 원수들 앞에 능히 맞서지 못하리라. 수 7:10-13

이 구절에서 나타난 중요한 원칙은, 파괴하도록 바쳐진 거룩한 것을 누군가 일상적인 것으로 여기고 자신의 소유로 삼는 한, 이스라엘은 대적을 능히 당하지 못하리라는 것이다.

많은 사람들이 십일조는 여호와께 거룩하게 구별된 체렘과 유사한 개념인 것을 알지 못하고 십일조를 자신의 소유로 취해 왔다. 그러나 체렘은 일상적인 것이 아니라 구별되어 바쳐진 돈임을 기억해야 한다.

둘째로, 우리가 십일조를 취하여 우리 자신의 소유물로 삼을 때, 이는 우리 자신에게만 아니라 우리가 속한 교회에도 영향을 끼친다는 것을 깨달아야 한다. 나는 십일조를 거룩한 것으로 여기고 대부분의 그리스도인이 십일조를 올바르게 드리는 교회는 대부분 그 위에 하늘 문이 열려 있는 것을 보았다.

그들의 예배에는 하나님의 강한 임재가 있었으며, 기적과 치유와 초자연적인 말씀 등이 더욱 많이 풀려났다. 이러한 교회 안에서는 사업들이 번창하며 집이 팔리고 사람들이 일자리를 얻는 등 그리스도인들이 전반적으로 형통한 경향이 있었다.

반면에, 십일조를 거룩하게 여기지 않으며 많은 그리스도인들이 십일조를 하지 않는 교회는 그 위에 하늘 문이 닫혀 있는 것 같은 모습을 많이 보았다. 팔려고 내놓은 집이 몇 년이 지나도 팔리지 않고, 그리스도인들은 일자리를 얻기가 힘들며, 사업들은 방해를 받고, 하나님의 임재와 그분의 초자연적인 능력이 강하게 역사하지 못했다.

누군가가 체렘에 손을 대면, 그가 속한 모든 공동체가 영향을 받게 된다. 많은 교회들은 그리스도인들이 자신의 소유로 취한 체렘을 제거해야 한다는 것을 깨닫기 전에는 대적을 능히 당하지 못할 것이다. 우리는 십일조가 체렘, 즉 여호와께 속한 거룩한 것이라는 사실을 가르쳐야 한다.

말라기 3장 10절은 십일조는 하늘 문을 여신다고 말씀한다. 이 말씀을 통해 왜 십일조를 하는 그리스도인들로 이루어진 교회는 열린 하늘을 경험하게 되고, 많은 사람들이 십일조를 하지 않는 교회는 닫힌 하늘을 경험하는지 쉽게 알 수 있다.

이스라엘의 십일조 사용

이스라엘은 십일조를 어떤 곳에 사용했는지 살펴보자. 신명기 26장 13절을 보면 그들은 오늘날 대부분의 교회에서 잘 행하지 않는 일에 십일조를 사용했던 것을 볼 수 있다.

> 그리할 때에 네 하나님 여호와 앞에 아뢰기를 내가 성물을 내 집에서 내어 레위인과 객과 고아와 과부에게 주기를 주께서 내게 명령하신 명령대로 했사오니 내가 주의 명령을 범하지도 아니했고 잊지도 아니했나이다. 신 26:13

이스라엘은 십일조를 무슨 목적으로 사용했는가? 그들은 레위인과 객과 고아와 과부를 구제하는 데 십일조를 사용했다. 더 나아가 느헤미야 10장 38-39절에서는 십일조를 제사장과 문지기와 찬양하는 사람들에게 준 것을 보게 된다. 재미있는 일이 아닌가? 이스라엘 안에서 볼 수 있는 성경적 십일조 사용은 조직이 아닌 사람을 위한 것이었다.

그러면 이스라엘은 하나님의 사역을 위한 조직의 재정은 어떻게 충당했는가? 이를 위해서는 헌금이 사용되었다. 하나님은 이스라엘에게 사람들을 돕기 위해 사용하는 십일조와, 조직을 위해 사용하는 헌금을 분명히 구별하도록 가르치셨던 것이다.

그렇다면 오늘날에는 어떻게 하고 있는가? 대부분 교회와 그리스도인들은 드릴 때나 사용할 때 모두 십일조와 헌금을 특별히 구별하지 않고 있다. 목회자가 십일조와 헌금에 구별을 두지 않을 때, 교인들 역시 그대로 하는 것은 조금도 놀라운 일이 아니다.

예배 중 흔히 들을 수 있는 "이제는 십일조와 헌금을 드리는 시간입니다"와 같은 말에서 그 두 개념이 섞여 있는 것을 볼 수 있다. 십일조는 교회 지도자들의 생각 가운데서도, 교인들의 생각 가운데서도 거룩하게 구별되어 있지 않은 것이다.

만약 다윗이 레위인들에게, 하나님이 성전을 지으라고 명령하셨는데 그러려면 헌금이 많이 필요하니 이제부터는 십일조를 못 주겠다고 한다면 어떻게 되었겠는가?

물론 다윗은 그렇게 하지 않았다. 성전을 건축하는 동안에도 십일조는 계속해서 제사장과 레위인과 과부와 고아와 객에게 주어졌다. 지도자들과 백성들이 십일조를 거룩하게 여겼기에, 그것을 성전을 위한 헌금과 섞지 않았던 것이다.

나는 십일조를 여호와께 거룩한 것으로 여기지 않고, 목적에 있어서나 실질적인 사용에 있어 일반 헌금과 함께 섞는 것은 주님께 무례한 일이라고 믿는다.

교회의 지도층이 십일조와 헌금에 대한 구별을 하지 않을 때 분명히 교인들도 구별하지 않게 될 것이다.

영적 태도의 점검

앞서 우리는 그저 십일조를 하는 것(가인의 경우)과 십일조를 하는 사람(아벨의 경우)의 가장 큰 차이는 십일조에 대한 마음자세라는 것을 살펴보았다. 정기적으로 주님의 십일조에 대한 자신의 마음가짐이 어떤지 체크해 보라. 당신의 삶 가운데 십일조를 통해 하나님의 목적이 이루어지기를, 즉 당신의 마음 가운데 참새 믿음이 자라나고, 하늘의 창고에 있는 당신의 계좌 문이 열리기를 바란다.

신명기 26장에서 십일조에 대한 자신의 태도를 점검함으로써 십일조를 준비하는 원칙을 발견할 수 있다. 이 구절은 십일조에 대해, 특별히 매 3년마다 드리는 십일조에 대한 법을 다루는 구절로, 이 말씀에서 오늘날에도 중요하게 적용되는 원칙을 얻을 수 있다고 믿는다.

네 하나님 여호와께서 네게 기업으로 주어 차지하게 하실 땅에 네가 들어가서 거기에 거주할 때에 네 하나님 여호와께서 네게 주신 땅에서 그 토지의 모든 소산의 맏물을 거둔 후에 그것을 가져다가 광주리에 담고 네 하나님 여호와께서 그의 이름을 두시려고 택하신 곳으로 그것을 가지고 가서 그때의 제사장에게 나아가 그에게 이르기를 내가 오늘 당신의 하나님 여호와께 아뢰나이다 내가 여호와께서 우리에게 주시겠다고 우리 조상들에게 맹세하신 땅에 이르렀나이다 할 것이요 제사장은 네 손에서 그 광주리를 받아서 네 하나님 여호와의 제단 앞에 놓을 것이며.
신 26:1-4

그 당시의 십일조는 언제나 사람들이 손쉽게 드릴 수 있는 형태를 지니고 있었다. 당시 이스라엘의 농부들은 자신들의 생산품으로 십일조를 내는 경우가 많았다. 즉 가축을 기르는 사람은 늘어난 가축의 10%를 십일조로, 농작물을 기르는 농부는 추수한 곡식의 10%를 십일조로 드렸던 것이다.

십일조를 준비할 때 우리가 가져야 할 첫 번째 원칙은 감사(3절)다. 이스라엘 백성이 애굽에서부터 "젖과 꿀이 흐르는 땅"에 이르기까지의 여정을 회고하면서 어떻게 하나님이 그들을 멍에로부터 이끌어 내어 풍부한 공급하심의 땅으로 들이셨는지를 기억하고 감사했던 것이다. 우리도 그들처럼 십일조를 준비하면서 하나님이 우리의 삶 가운데 행하신 일과, 어떻게 우리를 어두움에서 놀라운 빛으로, 죽음에서 영생으로 이끌어 내셨는지를 기억해야 한다. 이러한 마음의 준비가 우리로 하여금 올바른 태도와 마음자세를 갖게 해준다.

여호와여 이제 내가 주께서 내게 주신 토지소산의 맏물을 가져왔나이다 하고 너는 그것을 네 하나님 여호와 앞에 두고 네 하나님 여호와 앞에 경배할 것이며 네 하나님 여호와께서 너와 네 집에 주신 모든 복으로 말미암아 너는 레위인과 너희 가운데에 거류하는 객과 함께 즐거워할지니라. 신 26:10-11

두 번째 원칙은 경배하고 기뻐하는 것(10-11절)이다. 주님은 교회에 경배와 찬양의 중요성을 회복하고 계신다. 지난 30년을 돌아볼 때, 하나님이 찬양 사역을 얼마나 부흥시키시는지를 보았다. 많은 교회들이 찬양예배 중에 십일조와 헌금을 드린다. 십일조는 예배의 행위이기 때문이다.

십일조는 기쁨으로 드려야 한다. 나는 어릴 적에 부모님을 따라 주일예배에 참석했던 것을 기억한다. 그런데 목사님께서 이제 십일조와 헌금을 드리는 시간이라고 말씀하시면 청중은 별안간 조용해지고, 오르간 연주자는 뭔가 장송곡 같은 노래를 연주하기 시작했다. 헌금 위원들은 무표정한 얼굴로 복도로 걸어 나와 기계적으로 헌금 바구니를 돌렸다. 사람들은 슬퍼 보였다. 어떤 사람들은 무표정한 얼굴로 앞을 응시하면서 봉투를 넣고 바구니를 넘겼다. 나는 언제나 '이 시간은 슬픈 시간이구나. 어서 이 시간이 끝나면 좋겠다!'라고 생각했다. 헌금 시간이 끝나고 나면 분위기가 다시 밝아지고 예배는 계속되었다.

그로부터 많은 시간이 지난 후, 하와이의 어느 한 교회에서 예배를 드리고 있었다. 경배와 찬양 시간에 목사님께서 십일조와 헌금을 드리겠다고 말씀하시자, 예배당 뒤편에 앉아있던 청년 몇 명이 "네! 주님을 찬양합니다!"라고 외치며 일어나는 것이었다. 헌금 위원들은 함박웃음을 머금고 앞에 나와 섰고, 악기 팀은 신나는 찬양을 연주하기 시작했다. 사람들은 일어서서 큰 소리로 주님께 찬양을 드렸다. 그리고 한 줄씩 앞으로 나와 십일조와 헌금을 바구니에 넣고 돌아갔다. 이 광경은 어떻게 십일조와 헌금을 드려야 하는지에 대한 나의 고정관념을 완전히 깨뜨려 버렸다. 나는 이스라엘 자손들이 첫 열매를 성막에 가져왔을 때 기뻐 춤추며 얼마나 즐거워했는지를 그려 볼 수 있었다.

> 그리할 때에 네 하나님 여호와 앞에 아뢰기를 내가 성물을 내 집에서 내어 레위인과 객과 고아와 과부에게 주기를 주께서 내게 명령하신 명령대로 했사오니 내가 주의 명령을 범하지도 아니했고 잊지도 아니했나이다 내가 애곡하는 날에 이 성물을 먹지 아니했고 부정한 몸으로 이를 떼어두지 아니했고 죽은 자를 위하여 이를 쓰지 아니했고 내 하나님 여호와의 말씀을 청종하여 주께서 내게 명령하신 대로 다 행했사오니.
> 신 26:13-14

십일조를 준비하는 세 번째 원칙은, 이전에 여호와께 순종했는지를 다시 검토하는 것이다. 이스라엘 백성들은 자신은 주의 명령을 범치 아니했고 잊지도 않았기에 순종했다고 고백한다(13절 하). 우리는 성경에서 그분이 말씀하신 것에 순종했는가? 만일 어떤 범죄가 있었다면 그 문제들에 대한 회개가 선행되어야 한다. 그들은 십일조를 먹지 않았다고 선포한다(14절). 많은 사람들은 십일조를 다른 용도에 사용함으로 십일조를 먹는 일을 저지르고 있다. 그들은 "제가 십일조를 하면 집세를 못 내게 될 거예요!"라고 말하곤 한다.

말콤 맥그리거는 『당신의 돈은 중요하다』(*Your Money Matters*)라는 책에서 다음과 같은 제의를 했다. "만일 3개월 동안 십일조를 한 뒤에 당신에게 아직도 지불하지 못한 청구서가 남아있다면, 그것을 나에게 보내십시오." 그런데 그 후로 14년 동안 그에게 청구서를 보낸 사람은 단 한 명도 없었다. 우리가 살펴본 바와 같이, 십일조는 하나님께 속한 것이기에 하나님은 십일조에 대해 자신이 하신 말씀을 존중하신다. 십일조는 우리에게 하나님의 공급하심을 받을 수 있는 '참새 믿음'을 갖도록 만들어 주는 것이다.

네 번째 원칙은 "부정한 몸으로 이를 떼어두지 아니했고"라는 구절에 있다. 율법은 사람을 부정하게 하는 구체적인 일들을 기술하고 있다. 어떤 사람이 부정한 상태일 때는 십일조를 다루지 못하도록 되어 있었다. 율법 중 의식과 규례에 관한 법들은 예수님 안에서 이미 성취되었기에, 구약 시대의 외적 상태는 오늘날 우리의 마음의 상태로 이해해야 한다.

예수님도 입으로 들어가는 것이 사람을 더럽게 하는 것이 아니라 마음에서부터 입을 통해 나오는 것이야말로 사람을 더럽게 한다고 말씀하셨다(마 15:18-20). 또한 헌금에 대해 가르치시며 용서해야 할 필요성에 대해 말씀하셨다. "예물을 제단 앞에 두고 먼저 가서 형제와 화목하고 그 후에 와서 예물을 드리라"(마 5:24). 그러므로 영적 점검을 할 때 성령님께 우리 안에 용서하지 않은 어떤 영역이 있는지 살펴주시도록 구하고, 먼저 그와 화해해야 하는 것이다.

다섯 번째 원칙은 "죽은 자를 위하여 이를 쓰지 아니했고"라는 말씀 안에 있다. 이스라엘에는 장사를 지낼 때 시신과 함께 돈이나 물품을 묻는 관례가 있었다. 그러나 율법은 십일조를 그런 목적으로 사용하지 말라고 말한다. 십일조는 살아 계신 분에게 드리는 것이다. 예수님은 자신의 십일조를 받으실 분이시다. 이는 창세기 14장 17-21절에서 아브람이 멜기세덱을 만났을 때 결정된 것으로, 예수님은 자신을 멜기세덱의 반차를 좇은 대제사장이라고 칭하신다(히 6:20). 우리는 멜기세덱이 어디서 왔는지 알지 못한다. 어떤 학자들은 그가 이 땅 위에 나타나신 예수님의 전신이라고 보기도 한다. 어쨌든 중요한 것은, 십일조를 하는 것은 우리 재정의 주인 되신 예수님에 대한 우리의 살아 있는 반응이라는 사실이다.

여섯 번째 원칙은 "내 하나님 여호와의 말씀을 청종하여 주께서 내게 명령하신 대로 다 행했사오니"(14절)라는 말씀 안에 있다. 우리는 하나님의 말씀을 들으며 성령님의 인도와 지시하심에 순종했는가? 이러한 영적 점검은 십일조와 함께 꼭 해야 할 것들이다. '올바른 십일조 생활은 하나님과의 올바른 관계를 유지시켜 준다'는 말이 있다. 얼마나 맞는 말인가. 하나님이 '거룩'하다고 부르신 십일조를 제대로 준비하는 것은, 하나님에 대한 우리의 마음자세와 순종의 반응을 매주 점검하게 되는 수단이 되는 것이다.

> 원하건대 주의 거룩한 처소 하늘에서 보시고 주의 백성 이스라엘에게 복을 주시며 우리 조상들에게 맹세하여 우리에게 주신 젖과 꿀이 흐르는 땅에 복을 내리소서 할지니라. 신 26:15

우리는 이 구절에서 말라기 선지자가 묘사했던 열린 하늘, 즉 십일조가 하늘 창고에 들여질 때에 하늘 문이 열리고(말 3:10) 복이 부어지는 모습을 보게 된다.

신명기 26장에 열거되어 있는 십일조에 대한 기본원칙들을 다시 짚어 보면 아래와 같다.

1. 하나님이 우리를 위해 하신 일에 대한 감사와 기념이다.
2. 경배하고 기뻐하는 것이다.
3. 하나님의 말씀에 대한 순종이다. 나의 필요에 따라 쓰지 않는다.
4. 용서하지 못한 것을 다루어야 한다(깨끗한 손으로 드려라).
5. 나의 재정 위에 예수님의 주인 되심을 인정하는 것이다.
6. 성령님의 깨우치심에 대한 순종이다.

이것을 지킬 때 당신의 가정은 열린 하늘과 복을 경험하게 될 것이다.

하나님의 청지기가 되라
WEALTH, RICHES AND MONEY

05

요한복음 4:23-24

영 _ 영적 측면	진리 _ 삶의 측면
하나님의 말씀에서 오는 믿음 | 롬 10:17 |	**순종함에서 오는 믿음** | 눅 17:5-10 |
은혜로 공급받음	**기본원칙을 지킴으로 공급받음**
하나님이 능히 모든 은혜를 너희에게 넘치게 하시나니 이는 너희로 모든 일에 항상 모든 것이 넉넉하여 모든 착한 일을 넘치게 하게 하려 하심이라 고린도후서 9:8	1. 맘몬의 영을 분별하고 끊으라. 　(하나님께만 향한 충성된 마음) 2. "참새 믿음"을 가지라. 　(하나님이 나의 공급자시다.) 3. 십일조를 드리라. 　(구별하여 변함없이 십일조를 드리라.) 4. 하나님의 청지기가 되라. 　(하나님의 자원을 관리하는 책임을 맡은 　자로서 재정을 운용하라.)

고린도후서 9장을 통해 알 수 있는 다섯 가지 재정원칙 중 두 번째는 '일용할 양식'에 대한 것으로, 이는 개인적인 필요를 위해 소비하는 돈을 일컫는다. 많은 그리스도인들이 이 영역에 관해서는 하나님을 배제해 버린다. 그러나 하나님은 우리가 개인적인 용도로 돈을 어떻게 쓰는지에 대해서도 큰 관심을 갖고 계신다.

맘몬의 영이 소비중심 사회를 조종하는 방법 중 하나는 사람들 안에 엄청난 '필요'를 만들어 내는 것이다. 산업사회가 성장하려면 물품과 서비스가 계속 생산되어야 하는데, 이것은 사람들의 '필요'에 달려 있다. 서구 세계는 1900년대에 접어들면서 사람들이 이전에는 인식하지 못하던 필요를 만들어 내기 시작했다. 전에는 존재하는지도 몰랐던 필요들에 대해 알려 주며 그것을 원해야 한다고 속삭이는 것이다. 하지만 이제는 필요를 넘어서서 '원하는 것'까지 창조하는 시대가 왔다. 여기에 '갖고 싶은 것을 지금 가져야만 하는' 신세대, 그리고 '이건 안 돼'라고 말하지 못하는 무능력까지 합세하여, 맘몬의 장단을 따라가다 빚의 멍에 아래 묶이게 되는 사람들이 늘어나고 있는 것이 현실이다.

일단 삶 가운데 십일조를 생활화했다면, 그 다음 단계는 하나님의 자원의 청지기/관리자가 되는 것이다. 우리는 주님의 돈을 맡은 청지기로서, 돈의 종이 되는 것이 아니라 돈을 우리의 종으로 만들어야 한다. 그러려면 반드시 직면해야 하는 질문이 있는데, 그것은 바로 '얼마면 충분한가?' 하는 것이다. 하나님은 이 질문을 통해 개인적인 재정에 대한 하나님의 생각과 뜻을 묻고, 말씀이 가르치는 바를 따르라고 우리를 부르신다. 그렇기에 이 질문에 대한 대답은 무조건 소비를 줄이라거나 의미 없고 독단적인 규칙을 만들어 지키라는 것이 아니다.

사실 그 누구도 당신을 대신하여 이 질문에 답해 줄 수 없다. 당신은 주님과 마주 앉아 주님의 눈을 바라보며, 이 질문에 솔직히 답해야 한다. 예수님은 어떻게 하는 것이 당신에게 가장 올바르고 적절한지 아시며, 당신의 재정과 관련된 모든 것에 대해 의견을 가지고 계심을 기억하라.

사실 개인적인 소비 영역에 대해 직접적으로 언급하는 것은 오늘날 우리 사회뿐 아니라 교회에서도 가장 금기시되는 일이다. 문제가 생겨 파산 선고를 하기 직전까지는 누구도 타인의 재정 상황에 대해 언급하지 않는다. 학교에서는 살아가는 데 필요한 다른 모든 분야에 대해서는 가르치지만, '돈 관리의 기초' 같은 과목은 찾아보기 힘들다. 교회에서도 십일조, 구제, 심는 것과 거두는 것, 형통함 등에 대해서는 많이 가르치지만, 개인적인 소비 관리라는 영역에 대해서는 자기 마음대로 하도록, 심지어는 악덕을 저지르도록 내버려 두고 있다. 대부분의 사람들은 맘몬의 영의 영향력 아래 있으며, 이것이 장기적으로 자신에게 어떤 일을 초래할지 전혀 알지 못한다.

하나님이 원하시는 것은 우리에게 복을 주시고 재정을 공급하셔서 우리가 자신의 삶을 향한 그분의 계획과 목적을 성취하는 것이다. 그러나 우리가 '얼마면 충분한가?'라는 질문에 직접적으로 대답해 본 적이 없다면, 우리는 하나님이 재정을 더해 주시더라도 특별한 생각이나 계획 없이 그것을 다 소비하기가 쉽다. 재정적인 결핍이 생기는 이유는 하나님이 재정을 충실히 공급해 주시지 않아서가 아니라, 우리가 청지기로서 공급받은 것을 제대로 관리하지 못하기 때문인 것이다.

하나님은 개인적인 소비에 사용할 돈을 신실하게 관리할 청지기를 찾고 계신다. 그런 사람들에게 하나님 나라의 목적을 이루는 데 사용하도록 엄청난 자원을 맡길 수 있기 때문이다. 예수님도 비유를 통해 이에 대해 말씀하셨다. 누가복음 16장에는 주인의 소유를 낭비한 청지기에 대한 이야기가 나온다.

> 또한 제자들에게 이르시되 어떤 부자에게 청지기가 있는데 그가 주인의 소유를 낭비한다는 말이 그 주인에게 들린지라 주인이 그를 불러 이르되 내가 네게 대하여 들은 이 말이 어찌 됨이냐 네가 보던 일을 셈하라 청지기 직무를 계속하지 못하리라 하니 청지기가 속으로 이르되 주인이 내 직분을 빼앗으니 내가 무엇을 할까 땅을 파자니 힘이 없고 빌어먹자니 부끄럽구나 내가 할 일을 알았도다 이렇게 하면 직분을 빼앗긴 후에 사람들이 나를 자기 집으로 영접하리라 하고 주인에게 빚진 자를 일일이 불러다가 먼저 온 자에게 이르되 네가 내 주인에게 얼마나 빚졌느냐 말하되 기름 백 말이니이다 이르되 여기 네 증서를 가지고 빨리 앉아 오십이라 쓰라 하고 또 다른 이에게 이르되 너는 얼마나 빚졌느냐 이르되 밀 백 석이니이다 이르되 여기 네 증서를 가지고 팔십이라 쓰라 하였는지라 주인이 이 옳지 않은 청지기가 일을 지혜 있게 하였으므로 칭찬하였으니 이 세대의 아들들이 자기 시대에 있어서는 빛의 아들들보다 더 지혜로움이니라. 눅 16:1-8

말씀 속의 비유를 제대로 이해하기 위해서는 지금 예수님이 가르치는 대상을 염두에 두어야 할 필요가 있다. 14절의 "바리새인들은 돈을 좋아하는 자들이라 이 모든 것을 듣고 비웃거늘"이라는 구절을 통해, 우리는 제자들 외에도 예수님의 말씀을 듣고 있는 바리새인들이 있는 것을 알 수 있다. 그러나 바리새인들은 예수님의 비유를 다 들은 후 비웃었다. 분명 예수님은 이 비유를 통해 바리새인들의 어떤 잘못된 행동을 지적하셨던 것임을 알 수 있다.

청지기의 삶이란 마땅히 책임을 수반하는 것이다. 그러나 이 비유에 등장하는 청지기는 주인의 소유를 무책임하고 부당하게 관리했다. 그리고 계산을 하게 될 때가 다가오고 직업을 잃게 될 것을 감지한 그가 이제 관리 기능 중 기획 단계로 옮겨가는 것을 볼 수 있다. 즉, 머리를 써서 미래를 위한 계획을 만들어 내는 것이다.

그는 현재 상황을 평가하면서, 자신은 허리가 아파 땅을 파지 못하고, 자존심도 있어서 구걸하는 것은 부끄럽다고 말하며, 결국 한 가지 계획을 짜낸다. 잠언 16장 9절은 사람이 마음으로 자기의 길을 계획할지라도 그 걸음을 인도하시는 자는 여호와라고 말한다. 주님은 우리가 이 말씀처럼 하나님의 인도를 받아 살기를 원하신다. 그러나 이 청지기는 하나님과 관계없이 살고 있었기에, 스스로 고안해 낸 계획과 세상 체제에 의지하여 문제를 해결하려고 한다.

그가 고안해 낸 미래의 계획은 주인에게 빚진 자들을 사용하는 것이었다. 6절과 7절에서 그는 주인에게 빚진 자들에게서 각각 50%와 20%를 감면해 준다. 만일 당신이 주인에게 빚진 자 중 하나라면, 당신은 이 거래에 대해 어떻게 생각하겠는가? 그리고 이 청지기에 대해 어떻게 생각하겠는가? 아마 무척이나 고맙게 여기며, 어떤 방법으로든 그를 기꺼이 도와주고자 할 것이다.

한편 주인이 그 청지기가 지혜 있게 하였다고 칭찬한 것(8절)으로 보아, 주인은 청지기가 어떤 일을 했는지를 알고 있었다. 그렇다면 어째서 주님은 불의한 청지기를 칭찬한 것일까? 우리로서는 잘 이해가 되지 않는 부분이다. 만약 내가 사업주라면, 관리인이 나의 허락도 없이 채권자들의 빚을 감해 준다면 나는 그를 칭찬하기는커녕 도둑이라고 생각할 것이다. 따라서 비유 가운데는 눈에 보이는 것 이상의 어떤 일이 일어나고 있음이 분명하다.

도날드 크래이빌은 통찰력 있는 저서 『거꾸로 된 하나님 나라』(The Upside-Down Kingdom)에서, 이 불의한 청지기에 대한 주인의 역설적인 반응에 대해 이렇게 설명한다. 크래이빌은 예수님이 이 비유를 나누실 당시 이스라엘의 문화적 배경을 먼저 이야기한다. 모세의 율법은 유대인들은 동족에게나 그 땅에 거류하는 이방인에게는 이자 받는 것을 금지하고 있었다. 율법은 이 영역의 재정 활동을 제한했다. 성경은 바리새인들을 돈을 사랑하는 자라고 말한다(14절). 그들에게는 이 율법은 큰 문제가 되었을 것이다. 그래서 바리새인들은 율법을 자의적으로 해석하여 빠져나갈 구멍을 만들거나, 자기들을 위한 법을 만들어 냈다.

그 당시 바리새인들이 빠져나갈 구멍으로 자주 사용하던 방법은 소위 '즉각 필요법'이었다. 이 법에 의하면, 만일 어떤 사람이 월급 지불이나 당장 사업을 운영해야 할 비용 등과 같은 즉각적인 필요를 채우기 위해 돈을 빌렸다면, 빌려준 사람은 이자를 받을 수 없다. 그러나 돈을 빌리는 사람이 즉각적인 필요가 아니라 재고를 넉넉히 구입해 두기 위한 목적 등으로 돈을 빌리는 것이라면, 빌려준 사람은 이자를 받을 수 있다. 그들은 이익을 취하기 위해 이런 식으로 모세의 율법을 왜곡했던 것이다.

이런 배경에서, 그 청지기는 주인의 재고를 이자를 받고 빌려주었던 것이다. 보통 이런 일은 주인들이 모르게 이루어지곤 했다. 그리고 바리새인들은 빚진 자들에게 이자를 청구하는 청지기들을 묵인하거나 공모하기도 했다. 그 대가로 청지기들은 자신들이 받아 챙긴 이자의 일정 비율을 바리새인들에게 떼어 주었던 것이다. 즉 청지기들은 맘몬이 지배하는 삶을 종교적인 겉옷으로 감추고 있는 바리새인들의 앞잡이였던 것이다. 비유에 등장하는 청지기가 빚진 자들에게 돌려준 것은 불의하게 청구했던 이자였다. 주인이 칭찬한 것은 잘못된 수익을 돌려준 올바른 일을 한 것에 대한 칭찬이었던 것이다.

여기서 왜 바리새인들이 비유를 말씀하신 예수님을 비웃었는지 알 수 있다. 그날의 청중 가운데는 청지기들, 주인들과 바리새인들이 있었다. 예수님이 이 불의한 제도를 무리 가운데서 완전히 노출하실 때 바리새인들이 느꼈을 당혹함을 상상할 수 있겠는가?

예수님은 이러한 비유를 말씀하심으로 바리새인들의 실상을 적나라하게 보여 주신 것이다. 바리새인들은 율법에 대한 올바른 해석을 통해 일반인들을 보호해야 하는 역할을 맡고 있었지만, 오히려 율법을 왜곡함으로써 일반인들이 대가를 지불하게 하고 자신들은 그것으로 부를 취했다. 이러한 행위는 하나님의 마음과는 정반대되는 것이다. 빛의 아들들이었어야 했던 바리새인들은 맘몬의 영을 대적하는 대신 사람들을 맘몬의 영의 노예로 만들고 있었던 것이다.

예수님은 8절에서 이 세대의 아들들(청지기)이 빛의 아들들(바리새인들)보다 더 지혜롭게 행하였다고 말씀하시지만, 원래 헬라어 본문의 구성은 빛의 아들들이 이 세상의 아들들처럼 영리하고 지혜로울 필요가 있다고 말한다. 그렇다면 오늘날의 빛의 아들들이란 누구인가? 바로 그리스도인인 우리가 빛의 아들들이다. 예수님은 "너희는 세상의 빛이라"(마 5:14)고 말씀하셨다. 지혜롭게 앞서 계획한 청지기처럼, 우리들도 미리 계획할 필요가 있는 것이다.

비유에서 청지기는 호의를 사기 위해 돈을 사용했다. 그러나 돈으로 호의를 사려고 한다면 그 대가로 받게 되는 것은 맘몬이 주는 것뿐이다. 그들은 맘몬의 영의 영향을 받게 되는 것이다. 맘몬의 영은 하늘에 영원한 처소가 없다. 이 사실은 우리에게 심각한 경고가 된다.

빛의 자녀인 우리들은 직장이나 투자한 돈을 신뢰하기보다는 오직 하나님을 공급자로 신뢰해야 한다. 우리는 참새 믿음을 통해 하나님을 신뢰할 수 있으며, 사탄이 어려운 상황을 통해 우리의 마음에 심어주려는 불안과 걱정을 해결할 수 있다.

예수님이 하신 비유에서 얻을 수 있는 중요한 결론은, 자신의 재정 상황에 대해 미리 계획을 세워야 한다는 것이다. 우리는 앞에서 진정한 부에 대한 자격은 돈을 충성되게 사용하는 것이라는 예수님의 말씀을 살펴보았다(눅 16:10-13). 그러나 우리가 사람들을 조종하거나 사로잡기 위해 돈을 사용한다면, 우리는 맘몬의 영과 한편이 되며, 하나님의 자원의 청지기 자격을 잃게 된다. 우리는 돈이 고안된 합법적인 목적에 따라 돈을 사용해야 한다. 그것은 바로 사고파는 것, 남들에게 주는 것, 그리고 우리의 필요를 채우는 것이다.

> 너희가 만일 불의한 재물에도 충성하지 아니하면 누가 참된 것으로 너희에게 맡기겠느냐. 눅 16:11

여기서 "불의한 재물"은 맘몬의 일, 곧 속이는 재물이나 돈이나 소유를 말한다. 불의한 맘몬의 영은 재물과 돈을 주관하면서 사람들의 마음에 재물과 돈에 능력이 있다고 속인다. 이로써 사람들이 돈과 재물을 진정한 공급원으로 신뢰하게 만든다. 그러나 사실 불의한 맘몬, 즉 속이는 재물은 거짓된 것이다.

하나님은 우리에게 진정한 것을 맡기시기를 갈망하신다. 위의 말씀이 이야기하는 엄숙한 진리는 우리의 청지기직(재물과 돈을 충성스럽게 관리하는 것)이야말로 하나님이 참된 것을 풀어 주시는 조건이라는 사실이다.

> 너희가 만일 남의 것에 충성하지 아니하면 누가 너희의 것을 너희에게 주겠느냐. 눅 16:12

하나님은 우리에게 하나님의 창고에 있는 참된 것을 맡기기를 원하신다. 우리는 성경에서 하나님의 속성을 부와 풍성함^{riches}으로 묘사하는 것을 많이 볼 수 있다.

> 우리는 그리스도 안에서 그의 은혜의 풍성함을 따라 그의 피로 말미암아 속량 곧 죄 사함을 받았느니라 이는 그가 모든 지혜와 총명을 우리에게 넘치게 하사. 엡 1:7-8

하나님은 그의 은혜의 풍성함을 우리에게 주기를 간절히 원하신다. 은혜란, 은혜와 진리가 가득하신 예수 그리스도 안에서 우리에게 주신 선물이다. 그러나 은혜는 반드시 하나님이라는 통로를 통해서 받아야 한다. 우리는 은혜를 남용하거나 거절할 수 있기 때문이다.

우리가 남에게 속한 것, 즉 재물과 돈에 대해 충성하는 것을 배운다면, 우리는 하나님의 은혜와 아울러 하나님의 참된 것, 하나님의 부를 충성스럽게 맡을 수 있게 된다. 하나님은 세상 체제에 속한 물리적이고 물질적인 것(재물과 돈)을 사용하셔서 우리가 충성되고 선한 청지기가 되도록 가르치신다. 이로써 우리는 그분의 보이지 않지만 진정한 '참된 부'를 다룰 수 있도록 준비되는 것이다.

성경에는 이 외에도 '참된 부'(풍성함)에 대해 이야기하는 구절들이 많다. '지혜와 지식의 모든 풍성함', '그의 인자하심과 용납하심과 길이 참으심의 풍성함', '그의 영광의 풍성함', 그리고 '그의 알 수 없는 부'His unreachable riches 등이다. 성경의 색인에서 '부'나 '풍성함'이라는 단어로 한번 검색해 보기 바란다. 이를 통해 하나님이 누가복음 16장 11절에서 말씀하신 참된 것이 무엇인지 배우고, 성령의 열매인 충성을 배우게 되기 바란다. 또한 재물과 돈에 대해 청지기가 되는 것을 훈련함으로써, 하나님이 참된 것으로 여기시는 것들이 당신에게 맡겨지기를 바란다.

예산의 원을 닫으라
WEALTH, RICHES AND MONEY

06

요한복음 4:23-24

영 _ 영적 측면	진리 _ 삶의 측면
하나님의 말씀에서 오는 믿음 | 롬 10:17 |	순종함에서 오는 믿음 | 눅 17:5-10 |
은혜로 공급받음	기본원칙을 지킴으로 공급받음

하나님이 능히 모든 은혜를 너희에게 넘치게 하시나니 이는 너희로 모든 일에 항상 모든 것이 넉넉하여 모든 착한 일을 넘치게 하게 하려 하심이라
 	
고린도후서 9:8
	1. 맘몬의 영을 분별하고 끊으라.
	   (하나님께만 향한 충성된 마음)
	2. "참새 믿음"을 가지라.
	   (하나님이 나의 공급자시다.)
	3. 십일조를 드리라.
	   (구별하여 변함없이 십일조를 드리라.)
	4. 하나님의 청지기가 되라.
	   (하나님의 자원을 관리하는 책임을 맡은 자로서 재정을 운용하라.)
	5. 예산의 원을 닫으라.
	   (욕심은 끝이 없다는 사실을 인식하라.)

이제 당신이 '얼마면 충분한가?'라는 질문에 대한 실제적인 답을 얻기 위해서, 개인을 위해 쓰는 모든 돈(예산)을 상징하는 원을 하나 그려 보자.

만약 '얼마면 충분한가?'라는 질문에 제대로 답해본 적이 없다면, 당신의 가정은 '열린 원'의 재정 체제로 살아가고 있는 것이다. 그러면 재정이 얼마나 더 들어오든지 더 들어온 재정은 열린 원의 크기를 더 확장한다.

반면 '얼마면 충분한가?'에 대한 답을 가진 가정은 '닫힌 원' 체제로 살아간다. 이런 가정은 재정이 들어오면 계획 없이 소비함으로써 원을 확장하는 것이 아니라, 먼저 그 재정에 대한 하나님의 목적을 알기 위해 기도한다.

얼마면 충분한가?

열린 원	닫힌 원
계속해서 확장됨	고정되어 있음

'닫힌 원' 예산은 하나님 나라의 재정원칙 중 세 번째 원칙이다. 이로써 이제 우리는 "쉽게 끊어지지 않는 삼겹줄"(전 4:12)을 갖게 된 것이다.

하나님 나라의 원칙
1. 하늘의 보화 2. 십일조 3. 닫힌 원

이 닫힌 원의 예산 안에는 어떤 것들을 포함시켜야 하는가? 우리의 '의무'를 다하고, '필요'를 충족시키는 데 쓸 돈은 반드시 포함시켜야 한다. 그렇다면 우리가 '원하는 것'을 포함시켜도 되는가? 하나님은 우리의 필요뿐만 아니라 우리가 원하는 것도 공급해 주실까? 지금도 지구상의 다른 곳에서는 굶어 죽어가는 사람들이 있는데, 그리스도인으로서 필수품이 아닌 그저 원하는 것을 사는 데 돈을 쓰는 것이 과연 합당한 일인가?

나는 부모들이 자녀가 원하는 것을 사주며 기뻐하는 것처럼, 하나님도 자녀들이 원하는 것을 주기를 진심으로 기뻐하고 즐거워하신다고 믿는다. 다만 원하는 것을 원에 포함하고자 할 때에는 먼저 주님께 그것이 적절한 일인지, 그렇다면 언제가 좋을지 의견을 물어야 한다. 우리는 버릇없는 아이처럼, 그저 우리가 무언가를 원하니까 돈을 달라고 졸라서는 안 된다. 그분께서 무언가를 예산에 포함시키는 것이 올바른 일이며 지금이 올바른 때라고 말씀하셨기 때문에, 나에게 가장 선하신 하나님을 신뢰함으로 원하는 품목을 원에 포함시켜야 하는 것이다.

이로써 닫힌 원 예산에는 '의무', '필요', '원하는 것'의 세 가지 카테고리를 포함시켜야 함을 알 수 있다. 물론 열린 원 예산에서도 이 세 가지 카테고리가 동일하게 발견된다. 그러나 열린 원 예산으로 사는 사람들은 '얼마면 충분한지' 전혀 감을 잡지 못하기 때문에, 필요 이상의 재정이 원으로 들어오게 되면 열린 원은 곧바로 그 재정을 흡수하여 확장된다.

반대로, 의무, 필요, 원하는 것을 미리 결정해 놓은 닫힌 원 체제는 필요 이상의 재정이 들어오면 그것이 원 밖으로 나가 여분의 재정이 되어, 하나님이 원하시는 다른 구체적인 용도를 위해 사용된다.

그러므로 '얼마면 충분한가?'라는 질문에 대답하기 위해, 우리는 무엇이 의무이며, 무엇이 필요이고, 무엇이 원하는 것인지를 먼저 알아야 하며, 이것을 기초로 일 년 정도의 단기적인 미래의 계획을 수립해야 한다.

세상은 이러한 개념에 대해 '예산'이라는 말을 사용하는데 이 단어가 어떤 사람들의 마음에는 두려움을 주기도 한다. 이들은 예산은 자기들의 삶을 구속하고 조종하는 것이라고 생각한다. 또 다른 사람들은 예산을 그저 무시할 수도 있는 것으로 여긴다. 그러나 사실 예산이란, 돈과 시간과 함께 걸어가는 우리의 여정을 측량하기 위해 길 위에 세워 둔 표지판 같은 것이다. 예산을 통해 우리는 맘몬을 섬기는 것이 아니라, 돈이 우리를 섬기게 할 수 있다.

그러면 어떻게 닫힌 원 예산을 수립할 수 있는지 구체적인 사항들을 알아보자. 앞서 강조했듯이, 우리는 '얼마면 충분한가?'라는 질문에 대한 답을 확실히 해야 한다. 이 과정을 잘 이해할 수 있도록 내 친구에 대한 이야기를 먼저 나누고자 한다.

예전에 우리 부부는 내가 당시 다니던 IBM 일로 인해 켄터키 렉싱턴으로 이사를 가게 되었다. 거기서 우리는 한 남자와 친구가 되었는데, 비만으로 고생하고 있던 사람이었다. 그는 타고난 뼈대가 커서 원래 85킬로그램 정도 나갔지만, 최근 수년간 몸무게가 계속 늘어 우리가 그를 만났을 무렵에는 145킬로그램이나 나가게 된 상태였다. 그는 오랫동안 여러 가지 다이어트 방법을 시도해 왔지만, 실패를 거듭했다.

그러던 어느 날, 그는 신문에서 어떤 대학 연구팀이 다이어트 프로그램에 참여할 지원자들을 구한다는 광고를 보게 되었다. 광고는 그 프로그램 참석자는 반드시 체중이 감소한다고 보장하고 있었다. 의심스럽기도 했지만, 그는 또 다른 다이어트를 한 번 더 해보는 셈 치고 지원하기로 결정했다.

프로그램 첫날, 그를 포함한 24명의 참석자들은 작은 검정색 수첩을 한 권씩 받았다. 교수는 이 수첩에 자신의 입으로 들어가는 모든 음식과 음료를 기록하고, 왜 그것을 먹거나 마셨는지의 이유도 함께 적으라고 말했다. 내 친구는 일주일 내내 성실하게 먹고 마신 목록과 그 이유를 기록했다. 그리고 그 주가 끝날 무렵, 그는 어떤 이유들은 매우 설득력이 없고, 어떤 음식에는 전혀 이유가 없다는 것을 깨달았다. 두 번째 모임에서 모든 참석자들은 자신이 적은 이유들을 모두 큰 소리로 읽었다. 내 친구는 대부분 사람들도 자기와 같이 음식을 먹은 특별한 이유가 별로 없다는 것을 발견했다. 그 후 교수는 수첩을 모두 거두고, 노란 플라스틱 접시와 컵을 하나씩 나누어 주었다. 그리고 다음과 같은 지시사항을 주었다.

1. 참석자는 그동안 먹던 음식들을 모두 계속 먹을 수 있으며, 원하면 더 먹을 수도 있다.
2. 그러나 모든 음식과 음료는 반드시 노란 접시와 노란 컵을 사용해 먹고 마셔야 한다.

3. 접시는 식탁 위에 놓고 먹어야 하며, 적합한 식기와 함께 사용해야
만 한다.
4. 혼자 먹을 경우, TV를 보거나 신문을 읽어서는 안 된다.

내 친구는 속으로 '다이어트 프로그램이 뭐 이래? 무엇이든 원하는 것을 계속 먹으면서 어떻게 몸무게를 줄일 수 있지?'라고 생각했다. 그러나 그는 한번 교수의 지시대로 해보기로 하고 일주일 동안 모든 규칙을 따랐다. 전에는 보통 TV 앞에 앉아 과자를 여러 봉지 먹었지만, 이제는 고른 음식을 접시에 담아 TV를 보지 않고 먹었다. 예전에는 한밤중에라도 출출할 때면 냉장고 문을 열고 그 자리에서 이것저것 꺼내 먹곤 했지만, 이제는 테이블 위에 포크, 스푼, 나이프를 올려놓고 먹고 싶은 것을 접시에 덜어서 먹었다.

일주일 내내 그는 이 규칙을 따르는 것이 마치 '목에 걸린 가시'처럼 불편하고 귀찮다고 생각했다. 그럼에도 그는 끝까지 규칙을 준수했고, 어느 주간 발표 시간에 놀랄 만한 일이 일어난 것을 발견했다. 그의 몸무게가 줄고 있었던 것이다. 이 절차는 계획 없이 먹는 횟수를 크게 줄여 주었다. 한밤중에 냉장고를 뒤져서 무언가를 먹으려면 너무 복잡한 절차를 거쳐야만 했고, 더 이상 TV 앞에서 간식을 먹을 수도 없었다. 끼니 세 번 이외에 또 상을 차리는 것은 너무 귀찮은 일이 되었다. 그리고 그의 체중은 일주일에 3-4킬로그램씩 줄기 시작했다. 그는 이 프로그램을 몇 달 동안 계속했고, 결국 노란 접시와 컵을 통해 몸무게를 85킬로그램으로 줄일 수 있었다.

이 인상 깊은 이야기의 원리는 재정의 영역에도 그대로 적용될 수 있다. 노란 접시와 컵은 우리의 예산과도 같다. 이것을 통해 계획에 없는 모든 소비를 제거할 수 있는 것이다. 닫힌 원 예산을 세우는 절차도 위의 프로그램과 비슷한 절차를 따른다. 이제부터 그 단계들을 하나씩 살펴보자.

닫힌 원 예산을 세우기 위한 첫 단계는, 최소 3개월 동안의 모든 경비를 기록하는 것이다. 무엇이든 원하는 것에 돈을 사용할 수 있지만, 반드시 모든 것을 항목별로 기록해야 한다.

기록하지 않은 경비가 있어서는 안 된다. 소액의 현금 소비까지도 모두 기록하라. 요즘은 웬만한 곳에서는 영수증을 받을 수 있다. 나는 지갑을 열 때마다 '돈은 나가고 영수증은 들어온다'라고 되뇐다. 만약 상점에서 영수증을 주지 않는다면, 달라고 부탁하라. 이렇게 할 때 당신은 '적은 것'에 충성을 쌓아가는 것이다. 체크카드를 사용하여 계좌에서 돈이 나가더라도 동일하게 기록하라. 신용카드를 사용할 경우도 기록하고, 카드 고지서와 맞춰 보라. 매일 저녁 그날의 모든 소비를 부지런히 기록하기 바란다.

우리는 이 과정 가운데 『하나님의 관리인』이라는 책을 읽을 것을 추천한다. 소비를 기록하여 예산을 세우는 데 큰 도움을 줄 것이다. 그 책에는 12개월 동안 장부를 기록하는 데 필요한 페이지들과 사용법에 대한 안내가 있다. 자세한 내용은 부록에서 확인하기 바란다.

예산과 재정 기록을 도와주는 가계부 어플이나 편리한 컴퓨터 프로그램들을 사용하는 것도 좋겠다. 그러나 나는 먼저 『하나님의 관리인』에 나와 있는 것과 같은 종이 장부에 손으로 기록하는 것을 권한다. 그 장부에는 당신이 사용하기 적합한 항목들이 이미 짜여 있고 십일조와 헌금에 대한 계획을 하기도 쉽기 때문이다.

어쨌거나, 가능한 한 장부에 매일 기록하라. 그리고 일주일 이상 간격을 두지 않도록 주의하기 바란다. 각 영수증들이 구체적으로 어떤 항목이었는지 잊어버리기 쉽기 때문이다.『하나님의 관리인』안의 장부에는 매일 매일 구체적인 항목에 따라 지출을 기록할 수 있는 칸들이 있다. 지출을 항목별로 나누는 것을 돕기 위해, 주요 항목을 나열하면 다음과 같다.

1. 첫 열매   십일조 및 헌금, 주는 것(구제 및 나눔)
2. 예금/투자   특별히 원하는 것을 위한 예금, 하나님 나라의 목적을 위한 예금, 생명 보험 등
3. 음식   모든 형태의 식료품, 외식(외식은 오락 항목에 포함시킬 수도 있음)
4. 가사   화장품, 세제 등 일반적으로 식료품이 아닌 것
5. 주택   집세, 대출금, 전기세 및 수도세, 보험료 등
6. 의류   의복, 액세서리, 신발, 모자 등, 세탁비 등
7. 교통   자동차 유지비, 주유비, 수리비, 보험료, 도로 사용비, 주차비 등
8. 교육   학비, 교과서, 개인 레슨비, 교육 용품 등
9. 의료   보험료, 약값, 비상 약품, 개인 치료비 등
10. 오락   잡지 구독료, 취미, 휴가, 도서 등
11. 용돈   개인적인 용돈
12. 선물   생일, 결혼기념일, 성탄절, 기타 다른 선물들
13. 기타   사무용품, 우편요금, 미용실, 은행 수수료 등

14. **세금**   월급에서 세금으로 제해진 모든 액수

15. **공란**   빚을 갚는 것 등의 특별한 사용을 위한 공란

16. 15번과 같은 사용을 위한 공란

17. **총액(합계)**

　　두 번째 단계는, 매월 말마다 각 항목의 합계를 내는 것이다. 모든 항목의 합계를 내면 총액을 계산한다. 월말 합계 및 총액은 뒤편의 요약 면에 다시 따로 기입한다. 이렇게 세 달 동안 기록한다면 닫힌 원 예산을 마련할 수 있는 충분한 기초 자료가 만들어진 것이다.

　　세 번째 단계는, 모든 수입에 대해 날짜와 출처, 금액을 기록하는 것이다. 모든 월급은 세금을 제하기 전의 금액으로 기록하고, 공제액은 '세금' 항목의 지출로 기록한다. 장부에는 매월 수입을 추적할 수 있도록 별도의 면이 마련되어 있다. 총수입으로부터 올바로 계산한 십일조를 드리려면, 모든 수입의 출처를 잘 추적하는 것이 중요하다.

　　네 번째 단계는 '원하는 것'이 무엇인지 파악하는 것이다. 당신과 가족들이 원하는 물건들을 한번 모두 기록해 보라. 거기에는 다른 이들을 위한 축복의 선물도 포함될 수 있다. 그리고 각 물건마다 해당 가격을 쓴 후, 우선순위를 정하라. 이 절차는 다음 단계를 위해 꼭 필요한 것이다.

　　다섯 번째 단계는 위 17개의 지출항목들이 당신의 상황 가운데 '의무'와 '필요'와 '원하는 것' 중 어느 카테고리에 속하는지를 결정하는 것이다. 어떤 지출항목은 '원하는 것'에만 속할 수도 있고, 어떤 지출항목은 '필요'와 '원하는 것' 모두에 속할 수도 있다. '의무' 카테고리를 구성하는

항목들은 각 가족구성원에 따라 서로 다를 수 있다.

여섯 번째 단계는 원을 닫을 준비를 하는 것이다. 당신은 석 달 동안의 지출을 추적한 결과, 각각의 항목에 대한 합계를 가지게 되었다. 이것으로 각 항목의 석 달 평균액을 계산한다. 이제 지난 석 달 동안의 지출 습관을 기초로, 매월 각 항목에 실제적으로 얼마씩을 사용해야 할지 하나님께 여쭤 보기 바란다. 하나님은 우리 삶의 모든 것에 대해 원칙과 의견을 갖고 계신다. 하나님은 우리의 재정에 대해서도 굉장한 관심이 있으시다. 주님께 단순히 이렇게 여쭤 보라. '이 금액이 너무 많나요, 너무 적나요, 아니면 적절한가요?'

어떤 사람들은 이렇게 기도할 때 과거로부터 오는 두려움과 죄책감을 다루어야 할 수도 있다. 또 어떤 사람들은 어린 시절에 경험했던 결핍으로 인해 궁핍한 마음과 지나친 인색함이 있을 수 있다. 또 다른 사람들은 돈을 낭비했던 과거로 인해 벌을 받으면 어떡하지 하는 두려움을 느낄 수도 있다. 그러나 이렇게 기도할 때, 우리는 하나님이 우리를 사랑하신다는 것과 우리에게 가장 좋은 것을 아신다는 것, 그리고 우리에게 말씀하시기를 갈망하신다는 것을 인정해야 한다.

당신이 결혼을 했다면 각 항목의 적절한 금액에 대하여 남편이나 아내와 함께 기도하며 합의하는 것이 무척 중요하다. 당신이 미혼이라면, 믿을 만한 친구와 함께 인도하심을 구하도록 권한다. 혹은 서로에 대해 책임을 지기로 한 소그룹 안에서 함께 이 과정을 진행할 수도 있을 것이다.

이 과정을 처음 진행할 때, 대부분의 경우 영적 전쟁이 일어나게 되어 있다. 배우자의 이기심이 서로 충돌하며 갈등을 빚기도 한다. 사실 이 과정은 우리의 삶에 맘몬이 이룩해 놓은 강력한 진들을 무너뜨리는 것이기에, 맘몬이 강력하게 저항하는 것은 당연한 일이다.

그러나 우리는 대적의 공격에 맞서 견고히 서 있어야 한다. 나는 그동안 원을 닫고자 하는 수많은 사람들을 도와주었다. 그러는 가운데 사람들의 마음과 생각 속에 과거의 경험에서 기인한 재정과 관련된 두려움, 죄책감, 수치심 및 여러 가지 해결되지 않은 감정적인 문제들, 즉 견고한 진들이 자리 잡고 있다는 것을 알게 되었다. 원을 닫을 때는 이런 문제들이 수면 위로 드러나게 된다. 만약 당신에게 이런 일이 일어난다 해도 결코 실망하지 마라. 그저 하나님께 더욱 집중하며 기도하고, 필요하면 주변에 도움을 요청하라.

당신은 이 과정을 통해 맘몬의 영역에 손을 대는 것이다. 대적은 자신이 지배하던 이 영역에서 당신이 자유케 되기를 원치 않는다. 그러나 우리의 재정이 질서를 되찾고 재정적인 풍성함이 일어날 때, 우리는 대적에게 심각한 손해를 입히게 된다. 그리고 돈은 세상 체제에서 하나님 나라로 옮겨가, 우리들의 삶에 하나님 나라를 확장시키는 재정으로 사용된다.

각 항목 중 어떤 금액은 고정되어 있는 것을 발견할 것이다. 대출금 납부액이나 보험료, 집세, 자동차 임대료, 할부금 등은 선택의 여지가 없이 일정한 금액을 지출해야 하는 '의무' 카테고리에 속한다. 이 카테고리에 속한 금액은 고정되어 단기간 내에 변하지 않는다. 반면, 일반적으로 '필요'와 '원하는 것' 카테고리 안의 지출항목들은 변수가 있는 것들이다. 이 지출항목들은 구입 수량을 줄이거나 구입 장소를 바꿀 여지가 있다. 그렇기에 이런 항목들에 대해서도 주님의 의견이 무엇인지 여쭈어야 한다.

즉, 이 시점에서는 네 번째 단계에서 준비했던 '원하는 것' 목록을 놓고, 그중 어떤 것을 예산에 포함시켜야 할지에 대해 기도하는 것이 필요하다. 이때 하나님이 우선시하시는 것은 당신이 우선시하는 것과 다를 수도 있다는 사실을 인정하기 바란다.

일단 기도하며 하나님이 예산에 포함하도록 허락하신 '원하는 것'들을 정했다면, 이제 그것을 토대로 1년간 '원하는 것'에 사용할 지출비용을 계산한다. 다시 그것을 12로 나눈 액수를 예금/투자 항목에 기록한다. 그리고 매월 이것을 위해 저축을 하고, 구입에 필요한 총액이 모아졌을 때 그 물건을 사는 것이다. 이는 물건뿐 아니라 가정용품이나 자동차같이 점점 사용 가치가 떨어지는 것들에 적용할 수도 있다. 예금/투자 항목에는 또한 주님의 인도하심에 따라 다른 사람에게 흘려보내기 위한 예금도 있을 수 있다. (만약 당신이 빚을 지고 있다면 '의무' 카테고리 안의 빚 항목에 매월 갚는 금액을 포함해야 한다. 빚에 관해서는 7장에서 더 이야기할 것이다.)

각 지출항목에 적합한 금액이 얼마인지에 대해 하나님의 승낙을 받으면, 이제 모든 항목의 금액을 더하여 합계를 내어 보라. 이제 당신은 닫힌 원 예산을 가지게 되었다. '얼마면 충분한가?'라는 질문에 대한 답을 얻게 된 것이다. (각 주요 항목의 권장 지출비율이 부록에 실려 있다. 만약 당신이 한 번도 예산을 세워보지 않았거나 지출비용 분배에 익숙하지 않다면 이 자료가 도움이 될 것이다.)

이쯤 되면 당신은 분명 "그 원의 크기는 변동될 수 있습니까?"라고 묻고 싶을 것이다. 물론 그렇다. 예산을 사용하는 가운데 각 항목의 조정이 필요할 수 있다. 원의 크기는 적어도 일 년에 한 번, 또는 상황이 변할 때마다 검토하고 조정해야 한다. 그 상황이란 예를 들어 독신으로 살다가 결혼하게 되는 것, 자녀가 늘어나는 것, 생활비가 더 많이 드는 지역이나 다른 나라로 이사하는 것 등 지출에 큰 변화가 일어나는 상황들이다. 당신의 원의 크기는 당신의 특정한 상황이나 인생의 시기를 반영한다. 일반적으로 자녀가 성장하여 집을 떠나게 되는 인생의 후반기에는 원의 크기가 상당히 줄어들고, 대신 하나님 나라를 위해 흘러가는 부분이 증가할 수도 있다.

이제 당신은 '얼마면 충분한가?'에 대한 대답을 그 누구도 대신해 줄 수 없다는 것을 알게 되었을 것이다. 사실 하나님께 문제가 되는 것은 당신의 원의 크기가 아니다. 다만 그분은 당신의 정직한 대답을 원하신다. 당신은 '얼마면 충분한지'를 알고 있는가?

이것은 신뢰의 문제다. 하나님의 마음은 당신의 손이 하나님의 목적을 위해 재정이 흘러가는 통로가 되기를 원하신다. 따라서 각 가정의 재정은 하나님 나라로 자원이 흘러들어 가는 송수관에 비유할 수 있다. 안타깝게도 많은 관들이 막혀 있고, 어떤 것들은 개인적인 소비로 인한 열린 원 때문에 무수한 구멍이 나서 새고 있다.

맘몬의 영은 그리스도인들에게 예산을 세우는 것은 너무 지나친 통제 또는 조종이라고 속인다. 그러나 현실적으로, 닫힌 원 예산에 따라 살 때 우리는 엄청난 자유를 누리게 된다. 진정한 자유는 원이 닫혔을 때 온다. 당신이 돈을 어디에 사용할지를 결정할 때 당신은 돈이 어디에 있으며 어떻게 쓰이는지 항상 알게 된다. 그러면 당신이 돈을 섬기는 것이 아니라 돈이 당신을 섬기게 된다.

원이 닫혀 있어도 원 안에서 융통성을 발휘할 수 있다. 예를 들어 어떤 달에 음식 항목에서 돈이 더 필요하다면, 다른 항목에서 소비를 조금 줄여 그만큼의 돈을 음식 항목으로 돌릴 수 있다. 그러면 월말에 합계를 낼 때, 음식 항목은 예산을 넘었지만 다른 항목은 예산보다 적게 사용하여 총합계는 동일하게 된다. '필요'의 카테고리와 '원하는 것'의 카테고리 사이에서 돈이 옮겨 다니지만, 전체 총액을 침범하지 않는 것이다.

만약 주님이 당신이 원 안에 계획한 것보다 더 많이 구제하고 주라고 지시하신다면, 당신은 그 달의 어떤 비용을 절약하거나 원하는 물품 구매를 연기하기로 결정함으로써 돈을 당신의 종으로 부리는 기쁨을 누릴 수 있다. 뿐만 아니라 당신의 하늘 계좌의 보화는 늘어나고, 하나님은 배가 한 복을 당신에게 즐거이 돌려주실 것이다.

일곱 번째 단계는 닫힌 원(총지출)과 당신의 총수입을 비교하는 것이다. 여기에는 세 가지 경우가 존재한다.

1. 수입이 지출보다 적다. (수입 < 지출)
2. 수입과 지출이 동일하다. (수입 = 지출)
3. 수입이 지출보다 많다. (수입 > 지출)

당신은 결산 결과가 어떤 상황이든 간에, 돈은 '의무', '필요', '원하는 것'의 순서로 사용해야 한다. 만약 당신이 처한 상황이 수입이 지출보다 적은 첫 번째 경우라면, 당신은 필요에 대해서만 어느 정도 돈을 쓸 수 있고 원하는 것에 대해서는 돈을 쓸 수 없는 상황이다. 그러나 상심하지 말

라. 이 상황은 우리가 기쁨으로 기대할 수 있게 만들어 주기 때문이다. 하나님이 당신의 지출항목들에 이미 동의하셨다. 그렇기에 이제 당신의 마음속에는 하나님이 수입의 증가를 주시리라는 믿음이 일어나게 되었다. 당신이 원을 닫았고, 당신이 요청한 돈의 사용에 대해 하나님이 동의하셨다면, 하나님은 여러 가지 창의적인 방법을 사용하실 것이다.

매월 중순경에는 지금까지의 소비를 각 항목의 예산액과 비교하여 점검해 보기를 권한다. 그 달에 어떤 항목에서 계획했던 것보다 더 많은 지출이 요구되면, 당신은 그 항목이 포함된 카테고리 안에서 다른 항목에 대한 지출을 줄이도록 미리 결정할 수 있다. 이것은 지출이 여전히 총예산액 안에서 이루어질 수 있도록 할 것이다. 이것은 곧 당신의 재정이 당신을 위해 일하도록 만드는 것이다.

만약 당신이 수년간 하늘 계좌에 입금해 왔다면, 하나님은 그 계좌로부터 재정을 풀어 주실 것이다. 이는 여러 가지 형태로 올 수 있다. 하나님이 당신의 고용주의 마음을 움직여 월급을 인상해 주실 수도 있고, 당신에게 창의적인 생각을 주셔서 새로운 수입원이 생기게 하실 수도 있다. 또는 과거에 했던 투자가 열매 맺을 수도 있고, 초과 근무 수당을 받아서 빚을 갚게 하실 수도 있다. 또는 인도하심 가운데 어떤 사람을 만나게 하셔서 직장을 옮기게 되거나 투자의 기회가 열리게 될 수도 있다.

비결은 예산의 원을 닫는 것이다. 그리고 이로써 충성됨을 입증하여, 더 많은 재정이 풀려나게 되고 당신과 하나님 사이에 신뢰가 형성될 것이다. 결국 맘몬의 영은 소비 영역에 있어 당신의 생각과 마음 가운데 패배를 당하게 될 것이다.

만약 지출이 증가하여 수입과 동일해지기 시작한다면, 그 시점에서 믿음을 중단하지 말라. 하나님은 당신의 삶 가운데 수입을 지출보다 늘려 주시길 원하신다. 하나님과 함께 이 과정을 통과해 나가기 바란다. 계속해서 지출을 예산액에 맞추어 가며 닫힌 원 안에서 돈을 사용해 나갈 때, 여분의 재정이 생기게 된다.

사도 바울이 "하나님이 능히 모든 은혜를 너희에게 넘치게 하시나니"(고후 9:8)라고 말한 것처럼 닫힌 원에 해당하는 것보다 더 많은 재정이 들어오게 될 것이다.

하나님은 여분의 돈에 대한 목적을 가지고 계신다. 바로 하나님 나라를 위한 목적이다. 그분은 지역 교회나 선교 단체들의 사역에 대한 마음을 주실 수도 있다. 그리고 그 사역에 필요한 비용을 당신에게 넘치게 공급하심으로써, 당신을 선교 사역에 사용하실 수도 있다.

때로는 하나님이 여분의 돈을 채무를 갚는 데 사용하라고 지시하실 수도 있다. 하나님은 우리가 빚과 이자라는 무거운 책임에서 벗어나, 방해받지 않고 그분을 섬길 수 있기를 원하신다. 앞서 언급했듯이 닫힌 원 예산은 길 위에 세운 표지판이자 측량자다. 이것은 맘몬이 결핍, 과소비, 빚 등으로 당신에게 영향력을 행사하지 못하도록 당신을 도울 것이다. 그리고 이것은 당신이 자신의 돈을 어떻게 써야 할지 알고 결정할 수 있도록 돕는 도구인 것이다.

지출 영역 중에 예금과 투자의 영역에 대해 살펴보자. 예금은 구체적인 목적을 위한 것이어야 한다. 하나님은 우리에게 '언젠가 혹시라도 궁핍하게 될까봐'라는 이유만으로 자원을 비축해 두라고 하지 않으셨다. 예금은 구체적인 목적을 가지고 있어야 한다. 앞서 언급한 것처럼 당신이 원하는 것의 목록을 위해 예금을 하는 것은 합법적인 일이다. 또한 당신의 매월 수입이 불규칙하다면, 일정 기간 동안 안정적으로 현금을 유통하기 위해 예금을 할 수도 있을 것이다.

만약 특별한 목적 없이 예금을 하게 되면 우리는 쉽사리 맘몬의 영에 영향을 받아 궁핍하게 될 때 의지할 공급처로서 예금을 신뢰하게 된다. 주님을 우리의 공급자로 신뢰하는 대신 예금을 의지하기 시작하는 것은 스스로 쉽게 자각하기 어려운 일일 수도 있다. 만약 가능성이 있다면 각 예금의 이유를 적어보라. 이로써 우리는 하나님 앞에 정직해질 수 있고 예금 통장이 아닌 하나님을 의지할 수 있게 된다.

이제는 투자의 목적과 기능을 살펴보자. 돈을 투자하는 목적은, 돈이 우리를 위해 일하게 하여 부를 형성하는 것이다. 우리는 주식이나 채권, 뮤추얼 펀드 같이 세상 체제가 제공하는 투자에 돈을 예치할 수 있다. 그러나 투자 역시 예금과 마찬가지로 목적을 가지고 있어야 한다. 어떤 투자는 의의 열매의 증가를 위한 것일 수 있다(8장 참조). 또 어떤 투자금은 하나님 나라의 사업을 위해 따로 떼어놓음으로, 주님이 구하실 때 드리는 것이 될 수 있다. 마태복음 21장에는 주님이 구하실 때 내놓을 준비가 되어 있었던 자산의 예가 등장한다.

그들이 예루살렘에 가까이 가서 감람 산 벳바게에 이르렀을 때에 예수께서 두 제자를 보내시며 이르시되 너희는 맞은편 마을로 가라 그리하면 곧 매인 나귀와 나귀 새끼가 함께 있는 것을 보리니 풀어 내게로 끌

고 오라 만일 누가 무슨 말을 하거든 주가 쓰시겠다 하라 그리하면 즉시
보내리라 하시니. 마 21:1-3

이 나귀의 주인은, 자신의 나귀가 주님이 어떤 목적을 위해 쓰시고자 할 때 준비되어 있어야 함을 잘 알고 있었다. 하나님이 어떤 투자는 당신의 마음에 하나님 나라의 목적을 위한 것임을 알려 주실 것이다. 그리고 당신은 주님이 그것을 구하실 시기 또한 알게 될 것이다. 그때까지 이 자금은 '주께서 쓰실 계좌'에 보관하는 것이다.

또 어떤 자금의 목적은 하나님 나라 안에서 심고 거두기 위한 것이다. 하나님 나라의 사업이나 계획에 재정을 심고, 하나님이 더욱 큰 하나님 나라의 목적을 위해 그것을 배가하여 돌려주실 것을 믿는 것이다.

지금부터는 주고받는 것과 사고파는 것의 차이에 대해 중요한 생각 몇 가지를 나누고자 한다. 한번은 국제 예수전도단의 동료 간사 한 사람의 닫힌 원 예산을 세우는 것을 도와준 적이 있었다. 그녀는 닫힌 원 예산을 세운 후, 그 안에서 카메라를 사기 위해 매월 일정액을 예금했다. 그녀는 계좌에 250달러가 모이면 카메라를 사려고 계획했고, 통장의 금액이 250달러에 가까워짐에 따라 이제 카메라를 사야 할지 주님께 한 번 더 여쭤보았다. 그러나 그녀는 돈이 다 모였음에도 주님이 좀 더 기다리라고 말씀하시는 것을 느꼈다. 그런데 두 주 후에 어떤 사람이 간사 사무실에 카메라 장비가 든 가방을 가지고 오더니, 사역을 위해 기증하고 싶다며 나에게 이곳에 카메라가 필요한 사람이 있는지 묻는 것이었다. 그녀는 카메라 가방을 받았는데, 그 안에는 750달러 상당의 카메라와 장비가 들어 있

었다. 그 간사는 자기가 가지고 있는 250달러로 살 수 있던 것보다 훨씬 더 높은 가치의 카메라를 갖게 되었을 뿐 아니라, 모아 왔던 돈도 여전히 남아있게 된 것이다. 그녀는 예금했던 250달러의 목적에 대해 주님께 기도했고, 그 돈을 하나님의 사역을 위해 재정이 필요한 어떤 사람에게 주어야 한다는 감동을 받았다.

이 과정 가운데 하나님 나라 재정이 어떻게 일하고 있는지 살펴보자.

그 카메라 장비를 간사에게 준 사람은 하늘 계좌에 750달러를 입금했다. 자기가 모았던 돈의 세 배에 해당하는 카메라를 받은 간사는, 자신이 예금한 돈을 다른 사람에게 줌으로써 그녀의 하늘 계좌에 250달러를 입금했다. 이제 이 하늘 계좌는 배가하면서, 훗날에 그녀의 닫힌 원에 공급할 준비를 하고 있는 것이다.

그러면 이제 주고받는 것과 세상 체제에서 일어나는 사고파는 것을 비교해 보자. 그녀가 사고파는 체제 안에서 카메라를 샀다면 그녀는 가게에 가서 250달러를 지불하고 카메라를 구입했을 것이다. 그러면 거기서 모든 거래가 끝날 것이다. 그러나 하나님 나라에서는 그리스도인들의 하늘 계좌에 1천 달러가 입금되었고, 미래에 그들에게 돌려보내기 위해서 배가되고 있다. 사고파는 일에서는 일어나지 않던 배가가 주고받는 일에서는 일어나는 것이다. 이것이 하나님 나라의 재정 방법이다.

사고파는 것이 잘못된 것은 아니지만, 하나님은 주고받는 것 가운데 더 높은 목적이 이루어지게 하신다. 여기서의 교훈은 돈이 생겼다 해도, 너무 성급히 물품을 사는 데 뛰어들지 말라는 것이다. 항상 먼저 주님께 여쭈어 보라.

빚을 해결하라

WEALTH, RICHES AND MONEY

07

요한복음 4:23-24

영 _ 영적 측면	진리 _ 삶의 측면
하나님의 말씀에서 오는 믿음 | 롬 10:17 |	**순종함에서 오는 믿음** | 눅 17:5-10 |
은혜로 공급받음	**기본원칙을 지킴으로 공급받음**
하나님이 능히 모든 은혜를 너희에게 넘치게 하시나니 이는 너희로 모든 일에 항상 모든 것이 넉넉하여 모든 착한 일을 넘치게 하게 하려 하심이라 고린도후서 9:8	1. 맘몬의 영을 분별하고 끊으라. 　(하나님께만 향한 충성된 마음) 2. "참새 믿음"을 가지라. 　(하나님이 나의 공급자시다.) 3. 십일조를 드리라. 　(구별하여 변함없이 십일조를 드리라.) 4. 하나님의 청지기가 되라. 　(하나님의 자원을 관리하는 책임을 맡은 　자로서 재정을 운용하라.) 5. 예산의 원을 닫으라. 　(욕심은 끝이 없다는 사실을 인식하라.) 6. 빚을 해결하라. 　(모든 빚을 적절한 방법으로 해결하라.)

고린도후서 9장에 나오는 성경적 재정원칙 다섯 가지에 대해 계속 나누기 전에, 이 장에서는 빚 문제에 대해 다루고자 한다. 서구 사회는 빚으로 얼룩져 있고, 우리 세대 사람들은 빚에 빠져 허덕이고 있다. 어느덧 대부분의 사람들은 소비자나 기업, 또는 국가가 큰 빚을 지고 있는 것을 정상이라고 생각하게 되었다. 그러나 그것은 정상적인 것이 아니다. 이것은 흔한 일이지만, 흔하다고 해서 절대로 정상적인 일은 아니다.

미국이나 다른 서구 국가들이 항상 이렇게 빚에 허덕였던 것은 아니다. 미국은 1980년 나라의 빚이 1조 달러에 이르기까지 200년이 넘는 시간이 걸렸다. 그런데 그 빚이 두 배가 되어 2조 달러가 되기까지는 단 6년밖에 걸리지 않았다. 1986년 미국의 빚은 2조 달러에 이르렀다. 1990년이 되자 빚은 3조 달러를 넘어섰고, 1994년에는 5조 달러 이상의 빚이 쌓이게 되었다. 2000년대가 되었을 때 미국의 국가적인 빚은 무려 8조 달러를 훌쩍 넘게 되었다. 하지만 개인이나 국가가 지속적으로 생산하는 자원보다 더 많이 쓴다면 결국 파산하게 된다는 사실은 경제학자나 수학자가 아니더라도 쉽게 알 수 있다.

한 경제학과 교수가 강의를 마칠 무렵, 나이 많은 농부 학생에게 오늘 강의의 개념들을 이해했는지 물었다. 그러자 늙은 농부는 이렇게 대답했다. "네 교수님. 잘 이해했습니다. 교수님은 '수입보다 지출이 많으면 상황이 무척 어려워질 것이다'라고 말씀하셨습니다." 그렇다. 너무나 간단한 원리이다. 그러나 수많은 가정과 기업과 국가들은 이 간단한 원리를 잘 모르는 것처럼 보인다.

선지자 학개 또한 이 문제를 언급하고 있다.

그러므로 이제 만군의 여호와가 이같이 말하노니 너희는 너희의 행위^{ways}를 살필지니라 너희가 많이 뿌릴지라도 수확이 적으며 먹을지라도 배부르지 못하며 마실지라도 흡족하지 못하며 입어도 따뜻하지 못하며 일꾼이 삯을 받아도 그것을 구멍 뚫어진 전대에 넣음이 되느니라 만군의 여호와가 말하노니 너희는 자기의 행위^{ways}를 살필지니라. 학 1:5-7

6절이 꼭 자기 이야기 같다고 생각하는 그리스도인들이 많을 것이다. 그들은 돈이 충분할 때가 한번도 없다. 그들의 지갑(전대)에는 구멍이 나 있는 것만 같다. 돈을 넣자마자 즉시 다 새어 나가 버리는 것이다.

본문에서 주님이 우리의 방법^{ways}을 살펴보라고 말씀하시는 것을 주목해야 한다. 대부분의 사람들은 자신이 잘하고 있는지 점검하고자 할 때 제일 먼저 자신이 무슨 일들을 하고 있는지 살핀다. 그러고 나서는 그 일들을 하는 이유와 동기가 올바른지 점검한다. 만약 하는 일이 괜찮고 그 일을 하는 이유가 올바르면, 사람들은 대개 모든 것이 괜찮다고 결론을 내린다. 그러나 주님은 이 구절을 통해 우리가 살펴봐야 할 또 한 가지 영역을 제시하신다. 하나님은 우리에게 '너의 방법을 살펴보라'라고 말씀하시는 것이다.

한 개인의 재정에 하나님 나라의 질서가 확립된다는 것은 형통, 공급, 빚으로부터의 자유를 뜻한다. 그러므로 계획하지 않은 빚이 생겼다는 것은, 그가 공급자이신 하나님과 단절되었음을 보여 주는 증거다. 즉 계획하지 않은 빚이란 그리스도인의 삶 가운데 하나님 나라의 질서가 무너진 상태를 보여 주는 것이다.

한 개인의 재정에 하나님의 질서와 권위가 임하게 되면, 필요들에 대해 적절한 때에 충분한 공급이 있게 된다. 대부분의 경우 그리스도인들의 문제는 그들이 하는 일이나 그 일의 동기가 잘못되어서가 아니라, 그 일을 하는 '방법'과 '시기'가 잘못되어서 발생한다. 올바른 일을 올바른 동기로 하지만, 잘못된 시간에 잘못된 방법으로 하기 때문이다. 빚을 이용하는 것이야말로 많은 사람들이 파멸로 가는 방법 중 하나라고 생각한다.

많은 사람들은 신용카드로 물건들을 사면서 총금액이 실제로 얼마인지 특별히 생각해 보지 않는다. 한 개인의 평생 수입 가운데 몇 퍼센트가 빚에 대한 이자를 갚는 데 사용되는지 아는가? 대부분의 사람이 평생 소득의 1/2에서 2/3를 빚에 대한 이자를 갚는 데 쓴다고 한다. 충격적이지 않은가? 생각이 올바른 사람이라면, 어느 누가 처음부터 소득의 50%에서 67%를 이자로 내기 위해 평생 땀 흘려 일하겠는가?

이렇게 은행이나 대출 회사, 신용카드 회사들에게 엄청난 액수의 이자가 흘러갈 때, 그리스도의 몸이 얼마나 도적질당하고 있는지 알겠는가? 우리가 이자로 내는 돈의 반만이라도 하나님 나라로 향한다면 어떤 일들을 할 수 있을지 한번 상상해 보라. 당신이 이자를 갚는 데 쓰는 돈 가운데 얼마만큼이 하나님 나라를 세우는 일에 쓰이겠는가? 나는 이런 안타까운 일이 일어나는 주된 원인은, 우리가 돈을 어떻게 사용해야 하는지 제대로 생각해본 적이 없어서라고 생각한다.

먼저 부채의 종류를 네 가지로 나누어 살펴보자. 첫째는 소비 부채, 둘째는 대출(대출) 부채, 셋째는 사업 부채, 넷째는 투자 부채다. 여기에서 주로 다룰 것은 소비 부채와 대출 부채이다.

우리는 이제 '모든 빚이 다 잘못된 것인가?'라는 의문이 생겼을 것이다. 빚이라고 해서 무조건 다 잘못된 것은 아니다. 빚을 지게 되는 것 자체는 죄가 아니다. 단지 지혜롭지 못한 것일 경우가 많을 뿐이다. (성경은 특별한 경우, 빚을 지는 것은 죄이며 악하다고 말하고 있다. 이 경우에 대해서는 본 장의 뒷부분에서 다루겠다.) 이제부터 특별한 언급을 하지 않는 한, 이 장에서 언급하는 빚은 개인적인 소비 부채를 말하는 것이다.

서구 사회에서는 거의 모든 상품 구매 비용을 주간이나 월간 단위로 지불하기 때문에, 대부분 사람들은 자신이 구매하는 상품들의 총비용을 생각해 보지 않는다. 잠시 멈추고 '이 물건을 사기 위해 내가 실제로 내는 돈이 얼마일까? 광고에는 가격이 1천 달러라고 쓰여 있지만, 신용카드로 산다면 실질적으로 내는 돈은 얼마인가?'와 같은 질문을 해보지 않는다는 것이다. 그러나 이자로 내는 돈을 포함하면 우리는 일반적으로 정가의 1.5배에서 2배를 지불하는 셈이 된다. 1천 달러짜리 물건을 사기 위해 결국 1천5백 달러나 2천 달러를 낸다는 말이다. 만약 이런 사실을 미리 생각해 보았다면, 기꺼이 두 배의 가격을 내고 물건을 사는 사람은 거의 없을 것이다. 문제는, 대부분의 사람들이 이런 문제를 진지하게 미리 생각해 보지 않는다는 것이다.

학개서 1장 5절 말씀을 다시 보자. 많은 사람들의 전대(지갑)에 나 있는 구멍은 그들이 (할부로) 구입하는 모든 물건의 이자라고 볼 수 있다. 하나님은 우리에게 우리의 길^{way}, 즉 우리의 방법을 살피라고 말씀하신다. 이렇게 많은 이자를 내는 것이 과연 올바른 방법일까?

만약 당신이 10만 달러의 집을 8.5%의 이자율에 30년 만기 대출로 구입한다고 생각해 보자. 결론적으로 당신이 내게 되는 총액은 얼마인가? 계산해 보면 총액은 27만 5천 달러 정도가 된다. 여기에 27만 5천 달러에 대해 내는 세금을 더하면, 10만 달러의 집을 구입하기 위해 결론적으로는 40만 달러를 내야만 하는 것이다. 총비용이 40만 달러에 이른다는 사실을 알고서 이 집을 살 사람이 과연 몇 명이나 될까? 그러나 많은 사람들은 이 방법이 유일한 길이라고 생각한다. 이것이 바로 학개 선지자가 우리의 방법을 살피라고 말한 이유이다.

맘몬의 영이 사람들의 사고방식 속에 심어 놓은 빚과 관련된 견고한 진은 때로는 다음 세대에까지 전달된다. 부모와 조부모의 재정과 관련된 사고방식과 행동양식이 자녀에게 전해 내려가는 것이다. 잠언 22장 6절은 우리에게 "마땅히 행할 길을 아이에게 가르치라 그리하면 늙어도 그것을 떠나지 아니하리라"고 말한다. 많은 사람들이 부모가 빚을 지는 것을 보면서 동일한 길로 접어들고, 늙어서도 그 길에서 떠나지 않는다. 그들은 다른 방법을 알지 못하는 것이다.

오늘날 수많은 사람들이 빚을 지는 문제에 관해 큰 속임수에 빠져 있다. 창세기 3장 13절을 보자. 이 구절은 아담과 하와가 에덴동산에서 선악을 알게 하는 나무의 실과를 먹고 난 뒤, 하나님이 여자에게 말씀하신 내용이다. "네가 어찌하여 이렇게 하였느냐 여자가 이르되 뱀이 나를 꾀므로 내가 먹었나이다." 이 구절에 있는 "꾀므로"에 해당하는 히브리어 '나샤'^{Nasha}를 자세히 살펴보자. 이 나샤라는 단어에는 두 가지 의미가 있는데, 하나는 '속이다 또는 꾀다'이고, 다른 한 뜻은 '이자를 받고 빌려주다'이다.

즉 뱀이 실질적으로 하와에게 자행한 일은, 이자가 너무나 빨리 쌓인 나머지 평생 동안 결코 갚을 수 없는 영적인 빚을 지도록 꾄 것이다. 그래서 전능하신 하나님이 주 예수 그리스도를 통하여 육신의 모습으로 오셔서 친히 아담과 하와의 빚을 치르셔야 했다. 하와 자신은 물론이고 이 땅 위의 그 어떤 사람도 속임수와 꼬임으로 그녀가 진 빚의 이자를 갚을 수 없었기 때문이다.[4]

여기서 '속이다'라는 히브리어가 '이자를 받고 돈을 빌려주다'라는 말과 동일한 단어를 쓰고 있다는 사실이 흥미롭지 않은가? 왜 수많은 사람들이 신용카드로 온갖 상품을 사려고 몰려들고 있는가? 나는 이런 현상은 동일한 속임의 영이 오늘날 사람들의 삶에서 역사하고 있는 것이라고 생각한다.

맘몬의 영의 지배 아래 있는 사람들은 행동하기 전에 먼저 생각하려 하지 않는다. 다시 한 번 말하지만, 많은 사람들이 어떤 물건의 가격이 실제적으로 얼마인지, 즉 총비용이 얼마인지 절대 계산하지 않는다. 그저 매월 지불액만을 확인하고 넘겨 버리고 만다.

빚과 관련된 또 하나의 재미있는 히브리어 단어는 '나샥'[5 nashak, 스트롱 성구사전 5391번]으로, '뱀처럼 독이 든 이로 물다'라는 뜻을 가지고 있다. 민수기 21장 8-9절에서 사람들이 독사에게 물릴 때 실제로 이 단어가 사용되는 것을 볼 수 있다.

---

4 James Strong, Strong's Exhaustive Concordance of the Bible, Baker House, Grand Rapids, Michigan 1985, n.d. nasha (# H 5377, 5278)

5 James Strong, Strong's Exhaustive Concordance of the Bible, Baker House, Grand Rapids, Michigan 1985, n.d. nasha (# H 5391)

여호와께서 모세에게 이르시되 불뱀을 만들어 장대 위에 매달아라 물린 ^nashak 자마다 그것을 보면 살리라 모세가 놋뱀을 만들어 장대 위에 다니 뱀에게 물린^nashak 자가 놋뱀을 쳐다본즉 모두 살더라. 민 21:8-9

이 구절에서 '독사에게 물리다'를 뜻하는 단어 나샥은 비유적인 의미로 쓰일 때는 '이자로 압박하다' 또는 '고리대금업을 하다'라는 뜻으로 사용된다. 흥미로운 것은 이 단어 역시도 두 가지 의미를 가진다는 사실이다.

이 단어는 신명기 23장 20절에서도 사용된다. "네 형제에게 꾸어 주거든 이자^nashak를 받지 말라." 이 구절은 '너는 너의 형제를 뱀같이 물지 말라'라고 말하고 있는 것이다.

하박국에서도 이 단어가 이런 비유적인 뜻으로 사용되는 것을 볼 수 있다.

빚쟁이들(뱀처럼 무는 자들)이 갑자기 들이닥치지 않겠느냐? 그들이 잠에서 깨어서, 너를 괴롭히지 않겠느냐? 네가 그들에게 털리지 않겠느냐? 합 2:7(표준새번역)

그러므로 이 두 히브리어 단어 나샤와 나샥을 볼 때에, 맘몬의 영이 사람들로 하여금 빚에 의존하면서 수입의 큰 부분을 이자로 지불하는 삶을 살도록 속이고 있음을 보게 된다. 뱀들이 광야에서 백성들에게 자행한 일은 후에 환전상이나 대부업자들이 백성들에게 행했던 일과 동일한 것이었다. 그들은 맘몬의 영과 한편이 되어, 돈으로 사람들을 속박하고 억누르고 있었던 것이다.

나는 예수님이 분노하시며 성전 뜰에서 환전상들을 쫓아내신 이유도 다르지 않다고 생각한다. 예수님이 정말 쫓아내신 것은 사람들이라기보다 그들을 조종하는 맘몬의 영이었다. 아마도 그 환전상들은 올바른 환율로 환전을 해주지 않았을 것이다. 맘몬의 영이 그들이 고리대금업을 하도록 만든 것이다.

나는 '첫 대출'^{mortgage,}(담보, 저당, 대출금 등의 뜻-편집자 주)이라는 제목의 시 중 한 부분을 나누고 싶다. 이 시는 에덴동산에서 일어난 일과 관련된 나샥의 의미를 확대하여 보여 준다.

첫 대출[6]

이 땅에 잡초라고는 없었고
자라나는 식물들은 씨앗에서 난 것이 아니었네
하나님께서 손수 식물을 만들어 땅에 두셨고
산들바람과 향기로운 공기로 감싸셨네

붉은 빛과 노란 빛, 흰색과 푸른 빛

---

[6] E.U.Cook, The First Mortgage, Rhodes and McClure Publishing Co., Chicago, 1898, pp. 19-21

형형색색의 아름다운 꽃들

나무숲에 자라는 이끼들

그리고 바람 따라 흔들리는 넝쿨들

한밤중의 부드러운 달빛

한낮의 밝디 밝은 햇살

달콤한 꽃향기와 노래하는 새들

사람의 말로는 다 할 수 없었다네

그들은 꽃길 사이로 걸었고,

풋풋한 사랑의 꿈을 함께 나누었네

아담과 하와가 결혼한 후

수년이 얼마나 빨리 지나갔는지

그에게는 온 세상이 기쁨이었지

다른 누구의 질투도

마음을 어지럽히는 고통도 없이

아담은 하와가 다른 이를 더 사랑할까 두려워하지 않아도 되었네

둘은 그렇게 서로의 기쁨이 되었네

나무 사이로 '하와가 쇼핑을 가기 전까지는'

하와는 사과로 요리를 만들고 싶었고

뱀으로부터 사과를 하나 샀네

그날 밤 아담이 차를 마시러 왔을 때,

하와가 말했네. "당신을 위해 애플소스를 만들었어요."

아담은 달고 맛있는 애플소스를

받아서 맛있게 먹었네

하와는 그 사과가 얼마나 좋은지 계속 떠들어 댔네

왜냐하면, 하와가 그 사과를 '샀기' 때문이었지

아마도 하와는 그 사과뿐 아니라

감람나무 이파리 옷까지도 사버린 것 같다네

상인들이 늘 그러하듯,

드디어 뱀이 청구서를 들고 왔네

아담은 지불하기를 거절하였고

그 뱀을 쫓아버리려 했네

그래서 하나님은 여자와 그 뱀 사이에

적대감을 만들어 두셨네

그리고 말씀하시되

앞으로 적대감은 이 둘의 후손 가운데 있을 것이라

"그리고 여자의 씨가 뱀의 머리를 상하게 할 것이라

대신 뱀은 그의 발꿈치를 상하게 할 것이라"

이제 여기 빚을 갚으러 오신 그분 덕분에

그 약속이 처음으로 이루어졌네

뱀이 아담의 주위에 숨어 있을 때에

마귀는 자신의 고객 아담에게 다가와

나를 온전히 소유하기 위해 말했네

"내가 네 영혼의 대출을 받겠다"

그래서 아담은 대출해 주었네

바로 그 후로 살았던 모든 영혼으로써

그 대출이 성립되었을 때

모든 것이 얼마나 순식간에 변해 버렸는지

질병과 아픔, 근심과 고통

슬픔과 어두움의 그늘, 가뭄과 비
불화와 살인, 모든 종류의 죄
바로 이 대출이 끌어들인 것이라네

산들바람 대신 폭풍우가 불고
나무 사이의 새들은 비명을 지르네
잡초와 강아지풀
가시나무와 엉겅퀴가 자라났네

이제 아담은 자신이 먹을 것을 구하기 위해
동산을 일구고 잡초를 뽑으며
가물 때나 젖은 때나 땅을 갈아야 했네
그 가엾은 늙은이가 땀 흘리는 광경을 당신이 보았더라면!

늙은 아담은 하루 종일 땅을 갈았고
집에 가서 젖소의 우유를 짰고
돼지와 닭에게 먹이를 주고
주저앉아 투덜거리고 투덜거렸네

모든 단 것은 쓴맛이 되고

친구들은 모두 적이 되었네

매들은 참새들을 노리고

광풍은 큰 나무들을 흔들어 대네

사실 대출^{mortgage}은 무척 재미있는 단어다. 이 단어는 두 개의 프랑스어가 결합되어 만들어졌는데, 프랑스어로 'Mort'는 죽음을, 'gage'는 분량 또는 몫을 의미한다. 대출이란 '죽음의 분량' 또는 '죽음의 몫'인 것이다.

하지만 대부분 사람들의 경우, 집을 사려면 이자를 내고 장기간의 대출을 이용하는 것 외에 전혀 다른 방법이 없다. 그런데도 빚을 지는 것이 절대적으로 잘못된 것일까?

먼저 성경에 나오는 빚에 대한 여러 가지 예를 살펴보자. 신명기 28장 12절은 "네가 많은 민족에게 꾸어줄지라도 너는 꾸지 아니할 것이요"라고 말한다. 만일 꾸는 것이 죄라면, 하나님은 다른 민족들에게 이스라엘로부터 꾸며 죄를 지으라고 말씀하시는 것이다. 그렇기에 빚을 지는 것이 언제나 죄는 아니다.

열왕기하 4장 1-7절에서는 한 선지자의 며느리가 엄청난 빚을 진 나머지, 두 아들을 빚쟁이에게 종으로 빼앗길까봐 두려워하고 있었다. 그래서 엘리사는 빚을 갚는 기적이 일어날 수 있도록 그녀에게 그릇을 빌려 오라고 지시한다.

이와 같이 빚으로부터 빠져나오기 위해서 빌릴 필요가 있는 경우도 있다. 그것은 특별히 빌린 돈을 통해 긍정적으로 돈을 만들어 낼 수 있을 때의 경우이다. 그러나 이런 문제에 대해서는 하나님이 주시는 지혜가 절대적으로 필요하다.

하지만 일반적으로 빚에는 엄청난 속임이 감춰져 있으며, 빚이 맘몬의 영에게 문을 열어 주는 역할을 하는 것은 사실이다. 간단한 진리 하나를 나누어 보자. 만약 집에 대한 대출을 빨리 갚고자 7년 내에 대출을 해결한다면, 이자로 지불될 수천 달러를 아낄 수 있다.

전형적인 미국의 상황을 예로 들기 위해 통계수치로 살펴보자. 다른 나라의 경우 수치는 다를 수 있다. 그러나 원리는 동일할 것이다. 이 통계들은 8.5% 이자율의 대출과, 16-19% 이자율의 신용카드 사용을 기반으로 한 것이다. (당신이 지불하는 이자율이 이보다 더 높다면, 상황은 더 혹독할 것이다.)

다음 통계를 바탕으로 한다면, 어떤 미국 가정이 월수입의 10%를 떼어 그것으로 매월 빚을 갚아 나간다면 그 가정은 이자로 내야 할 10만 5천 달러를 아낄 수 있으며, 대출을 다 갚는 동시에 120만 달러 이상의 투자를 할 수 있게 된다.

이 통계는 1994년의 평균치이므로 현재 시점에는 많이 변했을 것이지만, 원칙은 변하치 않고 동일하다.[7]

자, 이제 다음과 같은 수입과 빚을 가진 한 가정을 예를 들어 살펴보도록 하자.

---

[7] John Commuta, Debt Free and Prosperous Living, Wauzeka, Wisconsin, Marketing Press Sixth Edition, 1994

1. 매월 총수입: 3,935달러 (세금 공제 후 2,951달러)

    - 연간 총수입: 47,221달러

2. 대출 잔액: 87,000달러

    - 매월 지불액: 662달러 (세금, 보험 제외)

    - 이자율: 8.24%

    - 잔여 지불 기간: 28.4년

3. 신용카드 빚 잔액: 3,300달러

    - 마스터카드: 1,425달러 (매월 최소이자 36달러 / 이자율 17%)

    - 비자: 1,250달러 (매월 최소이자 32달러 / 이자율 16.5%)

    - 디스커버: 655달러 (매월 최소이자 18달러 / 이자율 19.8%)

4. 자동차 할부

    - 남편 자동차 잔액: 7,250달러 (매월 이자 212달러 / 이자율 12.9%)

    - 아내 자동차 잔액: 5,500달러 (매월 이자 125달러 / 이자율 13.8%)

5. 주택담보대출 잔액: 5,000달러 (매월 이자 125달러 / 이자율 9.6%)

    - 매월 총 지불액: 1,230달러 (총수입의 31.3%)

이 가정이 평균적인 가정들과 같이 매월 최소 지불액만을 지불하며 살아간다면, 28.4년 후에야 집과 고물이 된 차를 온전히 소유하게 된다. 그러나 만약 이 가정이 허리띠를 졸라매고 빚을 갚는 데 매월 390달러(총수입의 10%)를 추가로 사용한다면, 다음과 같은 일들이 일어날 수 있다.

1. 7년 6개월 만에 빚에서 완전히 자유롭게 된다

    (평균보다 20년 10개월 빠름).

2. 이자로 지불해야 할 105,408달러를 절약하게 된다.

3. 6개월 분량의 현금 예치금을 보유하고 있을 수 있다.

    (2,951달러 세후 월수입 - 1,230달러 매월 지불하던 액수) x 6 = 10,326달러

4. 남은 20년 4개월 동안 매월 남는 1,620달러(1,230달러 + 390달러)를 10%의 수익률로 투자, 매월 10,326달러의 추가 현금을 갖게 된다. 이렇게 하면 평생 동안 10%의 이자로 매월 10,326달러를 받아 총 1,278,260달러를 벌게 된다.

이번에는 이 가정이 빚을 갚는 데 매월 780달러(총수입의 20%)를 더 사용한다고 가정해 보자. 이 경우에는 다음과 같은 일들이 있게 된다.

1. 5년 7개월 만에 빚으로부터 완전히 자유롭게 된다

    (평균보다 22년 9개월 빠름).

2. 이자로 지불해야 할 115,928달러를 절약하게 된다.

3. 6개월 분량의 현금 예치금을 보유하고 있을 수 있다.

(2,951달러 세후 월수입 – 1,230달러 매월 지불하던 액수) x 6 = 10,326달러

4. 남은 22년 3개월 동안 매월 남는 2,010달러(1,230달러 + 780달러)를 10%의 수익률로 투자, 매월 15,909달러의 추가 현금을 갖게 된다. 이렇게 하면 평생 동안 10%의 이자로 매월 15,909달러를 받아 총 1,988,686달러를 벌게 된다.

자, 위의 세 가지 시나리오 중 어떤 것이 지혜로워 보이는가? 당신은 28.4년 후에 빚 없이 집 한 채를 갖겠는가? 아니면 빚 없이 집 한 채와, 매월 1만 226달러를 지불해 주는 127만 8천260달러짜리 투자와, 6개월 분량의 현금 예치금을 갖겠는가?

사실 위의 시나리오들은 단순히 세상 체제 안에서 이자율을 낮추는 일에 대해서만 말하는 것이다. 우리는 아직 하나님 나라의 배가 법칙에 대해서는 이야기조차 하지 않았다. 그저 세상 체제 안에서의 이자율의 증가에 대해 당신에게 불리한 것이 아니라 유리한 것으로 뒤집는 방법을 이야기했을 뿐이다.

이것은 절대 불가능하지도, 어려운 일도 아니다. 삶 가운데 조금만 훈련한다면 대부분의 사람들이 할 수 있는 일이다.

복리 이자의 능력을 보여 주는 또 하나의 간단한 예를 들어 보자. (다시 말하지만 이것은 세상 체제에서 일어나는 '퍼센트의 증가'일 뿐, 하나님 나라에서 이뤄지는 '배가'는 아니다.) 만약 당신이 60세에 100만 달러를 모으는 것을 목표로

15세부터 매일 일정 금액을 투자한다면 매일 얼마를 투자해야 할까? 만약 더 나이가 들어 시작한다면 매일 투자해야 하는 돈은 얼마나 늘어날까? 다음 도표를 보자.

60세에 100만 달러를 모으기 위해 매일 투자할 액수(이자율 10% 기준)

단위 : 달러(달러)

나이	매일의 투자액	총 투자 원금
15	0.50	8,213
20	1.00	14,600
30	5.00	54,750
40	21.67	158,191
50	116.67	425,845

과연 이것이 대부분의 사람들에게 어려운 일일까? 주변에 하루에 50센트(약 500원)를 투자할 수 없는 사람이 있는가? 거의 없을 것이다. 이것은 그만큼이나 어렵지 않은 일이다. 그런데 왜 대부분의 사람들이 이렇게 하지 못하는가? 두 가지 이유가 있다.

첫째로, 안 하는 것이 하는 것보다 더 쉽기 때문이다.

둘째로, "내 백성이 지식이 없으므로 망하는도다"(호 4:6)라는 말씀과 같이, 대부분의 사람들이 이자의 능력을 깨닫지 못하기 때문이다.

신용카드 빚

어떤 사람들은 '그럼 신용카드를 쓰는 것도 잘못된 것인가요?'라고 물어볼 것이다. 나는 신용카드 사용이 무조건 잘못된 것은 아니라고 생각한다. 그러나 결코 빚을 지는 데 사용해서는 안 된다고 믿는다.

나는 성인이 된 후로 지금까지 신용카드를 사용하고 있다. 그러나 실수로 입금할 시기를 놓친 때를 제외하고는 연체 수수료를 물은 적이 한 번도 없다. 나는 어떤 카드건 매월 만기일 전까지 모든 금액을 지불한다. 우리 부부는 수년 전 그렇게 하지 못하는 달에는 카드를 잘라 버리고 사용을 중지하기로 작정하였다. 신용카드는 당신의 지갑 안에 있는 현금과 다름없이 사용해야 한다. 즉 당신의 계좌 안에 있는 한도 내에서만 사용해야 하는 것이다.

만약 당신이 신용카드를 사용하기 시작하면서 닫힌 원의 예산이 깨어지게 되었다면, 카드를 잘라 버리고 사용을 중지할 것을 강력하게 권한다. 만약 이 말이 충격적으로 들린다면, 이는 맘몬의 영이 당신의 사고와 감정에 영향을 미치고 있음을 보여 주는 것이다.

만일 당신이 비상사태에 대해 하나님보다 신용카드에 더 의존하고 있다면, 당신은 지금 누구를 신뢰하고 있는지 생각해 보아야 할 것이다.

선한 사람은 유산을 남긴다

집을 구입할 때에, 가장 좋은 상황은 대출이 전혀 없이 집을 구입하는 것이다. 그러나 대부분 사람들은 그것은 불가능한 일이라고 생각한다. 어떻게 이십대 초반의 신혼부부가 대출 없이 당장 집을 살 수 있겠는가? 물론 그들 스스로는 할 수 없을 것이다. 그러나 하나님은 우리가 인생길을 홀로 걸어가도록 계획하지 않으셨고, 재정적인 복이 대를 이어 전달되도록 계획(의도)하셨다고 믿는다.

잠언 13장 22절은 "선인은 그 산업을 자자손손에게 끼쳐도"라고 말한다. 나의 지인 한 사람은 자손들에게 대를 이은 유산을 남겨줄 수 있는 흥미로운 방법을 생각해 냈다. 그는 하나님이 복을 주셔서 사업에 크게 성공한 덕분에 막딸이 결혼할 무렵 신혼부부에게 집을 사 줄 돈이 있었다. 그런데 그는 딸과 사위에게 집을 사 주는 대신, 다음과 같은 제안을 했다. 그들이 대출을 받았다면 매월 지불했어야 할 액수를 아버지에게 대신 보내 주면, 아버지는 그것으로 적금을 들어 이자를 버는 것이다. 부부가 20년 동안 이렇게 지불하면, 아버지가 그 집의 명의를 넘겨준다. 그리고 그 적금 계좌는 이제 결혼할 때가 되어 집이 필요할 손자나 손녀를 위해 사용하는 것이다. 그리고 손자 부부 또한 이런 일을 계속하면, 그때로부터 20년이 지나 그의 증손자와 증손녀들이 결혼하게 되었을 때에도 곧바로 집을 사 줄 수 있다는 것이다. 이 아버지는 이러한 방법으로, 이자를 다

갚거나 대출을 짊어지는 일 없이 집을 소유할 수 있는 복이 대대로 끊임없이 이어질 수 있는 길을 만들어 놓은 것이다.

현대 사회에서는 잠언 13장 22절 말씀처럼 보통 손자손녀보다는 자녀에게 유산이 상속된다. 그러나 한번 생각해 보라. 보통 부모가 세상을 떠날 무렵 자녀들의 나이는 얼마인가? 아마 50-60세 정도일 것이다. 하지만 손자 손녀는 몇 살인가? 아마도 20-30세일 것이다. 일반적으로 재정적인 유산의 혜택이 더 필요한 때는 50대인가, 20대인가? 분명 20대 시절이다. 만약 각 세대가 자녀보다 손자손녀에게 유산을 주는 성경적인 본을 따른다면, 많은 사람들이 30대부터 빚에 대한 이자를 갚지 않아도 될 것이다. 하나님은 자신을 아브라함과 이삭과 야곱의 하나님이라고 말씀하셨다. 이는 복이 3대째에 이르는 원칙을 보여 준다.

데니스 피콕은 그의 저서 『하나님의 방법으로 사업하기』[8]에서, 하나님은 그분의 자녀 한 사람 한 사람에게 물질적·영적 영역에서 부와 책임에 대한 충성된 청지기가 되는 것을 가르쳐 주기를 원하신다는 '관계적 청지기직'에 대해서 말한다. 이 관계적 청지기직에는 세 가지 요소가 있는데, 첫째는 유산을 상속받는 것, 둘째는 그 유산을 유지하고 늘리는 것, 셋째는 그 유산을 미래의 세대에게 전달하는 것이라고 말한다.

조지 길더는 "미국인들의 재산 중 대부분이 두 세대 만에 없어져 버린다."고 말했다. 궁핍이라는 저주는 일시적 부요와 동의어임을 아는가? 소비가 저축을 갉아먹듯, 이기심이 유산을 탕진해 버린다.

빚은 물질적인 영역뿐만 아니라 영적인 영역에도 영향을 끼친다는 사

---

8 Dennis Peacocke, Doing Business God's Way, REBUILD, Santa Rosa California 1995, Pages 34-39

실을 절대 잊지 말라. 나는 문자 그대로 악마적인 빚의 영이 맘몬의 영과 결탁하여, 빚을 진 사람들의 삶에 감정적으로, 또 영적으로 엄청난 압박을 가한다고 믿는다. 빚은 많은 경우 사람들을 절망감과 수치심, 두려움으로 압도하고 짓누른다. 마치 물에 빠져 숨을 쉴 수 없는 것과 같은 느낌을 준다. 이러한 감정적인 압박은 종종 신체적 질병이나 정신질환, 그리고 가정의 파탄까지 초래하기도 한다.

결과적으로, 사람들은 감정적으로 마비된 채, 빚쟁이들을 만나는 것을 회피하고 정직하게 행동하지 못하게 된다. 이것은 상황을 더욱 악화시켜 복수하고자 하는 마음으로 빚쟁이들은 빚진 자들을 쫓게 되는 것이다.

이런 상황에 있는 가정에서 남편은 가족을 부양하고 빚을 갚기 위해 직장을 세 군데나 다니느라 정신없고, 아내는 홀로 남아 빚을 받아 내려고 전화하거나 찾아오는 빚쟁이들을 대면하는 가운데, 하나님이 아내들이 감당하도록 계획하지 않으신 압박에 시달리게 된다. 이런 상황이 계속되면 가정의 갈등과 분노가 증가하고 부부 관계가 깨어지는 것이다.

남편은 가정의 제사장으로서, 빚을 정당하게 해결하기 위해 빚쟁이들과 직접 만나 이야기함으로써 이런 부담이 아내에게 전가되지 않도록 해야 한다.

> 마땅히 행할 길을 아이에게 가르치라 그리하면 늙어도 그것을 떠나지 아니하리라 부자는 가난한 자를 주관하고 빚진 자는 채주의 종이 되느니라. 잠 22:6-7

많은 사람들은 잠언 22장 7절을 6절과 연결시키지 않고 따로 떼어 생각한다. 그러나 나는 지혜로운 아버지가 자녀들에게 가르칠 첫 원칙 중 하나는 바로 빚에 대한 주인과 종의 관계라고 생각한다. 그러나 안타깝게도 많은 부모들이 정반대를 가르치고 있다. 하나님의 때와 공급을 기다리는 것보다, 자신의 욕망을 즉각적으로 만족시키기 위해 빚을 사용하는 본을 보이는 것이다. 자녀들은 부모로부터 그런 삶의 방식을 배우고 나이가 들었을 때에도 그 길을 떠나지 않는 것이다.

그렇다고 해서 모든 빚이 무조건 잘못된 것이거나 죄는 아니다. 단지, 점점 가치가 떨어지거나 소모되는 물건을 사기 위해 빚을 지는 것은 지혜롭지 못한 일이라는 것이다.

또한 어떤 사람이 빚에게 문을 열어 줄 때, 그는 영적인 영역에서 사탄의 활동에도 문을 열어 줄 가능성이 있다는 것을 깨달아야 한다. 빚은 재정의 거래인 동시에 영적인 거래이기 때문이다. 그러므로 빚을 진 사람은 속이고 유혹하려는 맘몬의 영을 반드시 다루어야 한다. 하지만 많은 그리스도인들이 이 사실을 깨닫지 못하고 있다.

/

자신의 불의를 해결하라

/

악인은 꾸고 갚지 아니하나 의인은 은혜를 베풀고 주는도다. 시 37:21

갚을 방법이 없이 빌리는 사람을 성경은 '악'한 사람이라고 말하고 있다. 빚이 무조건 잘못된 것은 아니지만, 꾸고 갚지 않는 것은 분명 죄다. 많은 사람들은 어떻게 갚을지 전혀 생각하지 않은 채 신용카드 영수증에 서명한다. 바로 성경은 이런 사람을 '악인'이라고 칭한다.

많은 사람들이 뜻하지 않게 악인이 되기도 하는데 그 특이한 영역에 대해 살펴보자. 그것은 가족이나 친한 친구에게 돈을 꾸어 주면서 생기는 문제다.

많은 경우 사람들은 자식이나 형제들에게 돈을 빌려주고는 "갚을 수 있을 때 갚아"라고 말한다. 나는 그들에게 과연 언제 그 '갚을 수 있을 때'가 오는지 묻고 싶다. '갚을 수 있을 때'란 결코 오지 않는다. 많은 경우 나이 많은 부모들이 자녀를 돕고자 하는 좋은 의도를 가지고 자녀에게 돈을 꾸어 준다. 그러나 돌려받을 대책 없이 자녀에게 돈을 빌려줌으로써 그들은 자기도 모르는 사이에 자녀의 목에 빚이라는 연자맷돌을 매달아 버리는 것이다. 자기도 모르는 사이에, 그들은 자녀의 삶 가운데 맘몬의 영을 초청하는 문을 열어 주게 되는 것이다.

이러한 경우 일반적으로 자녀는 부모에게 전액을 갚아야 한다고 생각하지만, 그런 일은 결코 일어나지 않는다. 예를 들어, 부모가 아들 부부에게 '갚을 수 있을 때 갚으렴'이라는 조건으로 1만 달러를 빌려주었다고 가정하자. 대부분 자녀들은 1만 달러가 생겨서 부모에게 돌려줄 수 있을 때를 기다린다. 물론 그런 일은 결코 일어나지 않고, 그들은 계속해서 빚을 거의 갚지 못한다.

시간이 흐르면서 이러한 상황은 돈을 빌려준 사람과 빌린 사람 사이의 관계에 영향을 주기 시작한다. 어느 정도 시간이 지난 뒤에도 빌린 사람이 빚을 조금도 갚지 않으면, 빌려준 사람은 분노를 느끼기 시작한다. 그 자녀가 가족을 데리고 휴가를 가서 2천 달러를 썼다고 가정해 보자. 부모는 다음과 같이 생각할 것이다. '우리가 빌려준 돈은 단돈 100달러도 안 갚으면서, 휴가 가서 쓸 2천 달러는 있단 말이지?'

그렇다고 부모가 자녀에게 뭐라고 말하지는 않을지 모르지만, 그들의 관계 가운데는 미묘한 감정의 틈이 생기게 된다. 자녀도 부모의 분노를 감지하고 죄책감을 느끼기 시작한다. 이제는 그러한 감정 때문에 부모와 자녀 모두 더 이상 함께 있는 것을 즐기지 않는다. 그들은 서로를 불편하게 느끼게 되고, 그때 맘몬의 영은 각자의 마음 가운데 있는 불의의 영역과 합세하여, 관계를 성공적으로 깨뜨리는 것이다. 이 가족은 더 이상 성탄절이나 휴일을 함께 보내기를 원치 않는다. 상대방을 만날 때마다 감추어져 있는 죄책감과 분노가 올라오기 때문이다.

이 부모의 경우, 자녀를 돕고자 좋은 의도로 돈을 빌려주었으나, 잘못된 방법ways으로 행한 것이다. 학개서 1장 7절은 "만군의 여호와가 말하노니 너희는 자기의 행위way를 살필지니라"고 말씀하고 있다. 자녀를 돕고자 하는 소원으로 돈을 빌려주었지만 하나님의 지혜라는 방법을 사용하지 않은 것이다.

그렇다면 하나님의 지혜 가운데 자녀를 돕는 방법은 무엇일까? 무엇보다도, 빌려주고자 하는 사람이 먼저 하나님께 그것을 원하시는지 아닌지를 진지하게 묻고 구하는 것이 가장 중요하다. 또 다른 방법은, 빌려주는 사람이 전혀 받을 기대를 하지 않고 그저 선물로 돈을 주는 것이다.

그러나 만약 하나님이 어떤 사람에게, 특별히 가족에게 돈을 빌려주라고 인도하시는 경우에는, 상환 조건을 명확히 제시하는 것이 중요하다. 당신은 이자를 받지 않고 돈을 빌려주어야 하지만, 상환 일정을 확실히 합의하여 빌리는 사람이 그 일정을 지키도록 해야 한다. 성경은 빌리는 자는 빌려주는 자의 종이 된다는 진리를 말하고 있다(잠 22:7). 그러므로 빌리는 사람은 먼저 상환 조건과 그렇게 하지 못할 때 지불할 대가에 대해 빌려주는 사람과 합의해야 한다.

하지만 이미 돈을 상환 일정이나 조건 없이 빌려준 상황이라면 어떻게 해야 할까? 이 상황에 대해 돈을 빌려준 사람과 빌린 사람의 입장을 함께 보도록 하자.

빌린 사람이 해야 할 일은 첫째, 하나님 앞에서 악했던 자신의 행위를 회개하는 것이다. 둘째로, 자신의 닫힌 원 예산을 점검한 후, 빚을 매월 얼마나 갚을 수 있는지 주님께 여쭈어야 한다. 얼마나 갚을지 결정되면, 빌린 사람은 빌려준 사람에게 가서 빌리고 갚지 않은 불의를 고백하고, 빚을 어떻게 갚아 나갈지 그 계획을 보여 준다. 이렇게 할 때 돈을 빌린 사람은 빚을 이기고 그것을 올바르게 다루기 시작하게 된다. 비록 처음에는 매월 상환하는 금액이 전체 빚에 비해 아주 적은 액수일지라도, 할 수 있는 것을 시작함으로써 그는 맘몬과 빚의 견고한 진을 무너뜨릴 수 있다. 이렇게 할 때 하나님이 빚진 자의 삶에 초자연적인 일을 행하실 수 있을 것이다.

그러면 이제 빌려준 사람의 입장에서 살펴보자. 당신이 구체적인 상환 조건 없이 돈을 빌려주었다면, 당신은 세상 체제의 규율을 범한 것이다. 돈은 세상 체제에 속한 것임을 기억하라. 돈을 지배하는 규율은 세상 체제의 은행이 정해 놓고 있다. 또한 우리는 그리스도인으로서 하나님께 속한 것에 대해 신실한 청지기가 될 것을 이미 작정했다(눅 16:12). 빚을 다루는 세상 체제의 규율은 매월 합의한 일정 금액(또는 그 이상)을 지불하는 것이다. 이 규칙을 범하면서 하나님이 그로 인한 결과를 뒤엎어 주실 것을 기대해서는 안 된다. 하나님도 온전히 사탄에게 속한 것은 사탄의 법칙을 따르도록 하신다. 그러나 우리가 돈을 지배하는 세상 체제의 규칙을 지켰다면, 하나님 나라의 원칙이 우리의 상황 가운데 역사하여 승리하게 해달라고 구할 수 있을 것이다.

만일 빚진 쪽에서 갚으려는 노력을 하지 않는 경우에는 어떻게 해야 하는가? 그럴 경우 빌려준 사람은 먼저 주님께 기도하며 이렇게 여쭈어야 한다. '빚을 갚도록 해야 하는 경우인가요? 아니면 그냥 그 돈을 선물로 주어 그를 책임에서 풀어 주어야 하는 경우인가요?' 만약 주님이 그 빚을 사해 주라고 말씀하신다면, 그에게 가서 구체적인 상환 조건 없이 돈을 빌려준 것에 대해 용서를 구하고, 그 빚을 사해 줄 수 있다. 그러나 받아야 하는 경우라고 응답을 받은 경우, 역시 그에게 가서 구체적인 상환 조건 없이 빚을 지게 한 것을 회개해야 한다. 그리고 함께 빚진 사람이 닫힌 원 예산에서 매월 무리 없이 갚을 수 있는 금액을 논의하고 결정해야 한다.

그러나 만일 빚진 자가 합의를 거절하거나 빚 갚는 것을 거절한다면, 빌려준 사람은 마태복음 18장에서 우리에게 범죄 한 형제에 대해 예수님이 보여 주신 절차를 따라야 한다.

> 네 형제가 죄를 범하거든 가서 너와 그 사람과만 상대하여 권고하라 만일 들으면 네가 네 형제를 얻은 것이요 만일 듣지 않거든 한두 사람을 데리고 가서 두세 증인의 입으로 말마다 확증하게 하라 만일 그들의 말도 듣지 않거든 교회에 말하고 교회의 말도 듣지 않거든 이방인과 세리와 같이 여기라. 마 18:15-17

이 절차는 가족만이 아니라 모든 그리스도인에게 적용된다. 이 절차의 목적은 주님께 쌍방의 마음을 다루실 수 있는 최대한의 기회를 드리는 것이다. 만약 주님이 빚을 갚는 상황을 사용하여 빚진 자의 마음을 훈련하고자 하시는데 그냥 빚을 탕감해 준다면 무책임한 일이 될 것이다.

많은 경우 예수님은 이 과정을 통해 빌려준 사람의 마음을 훈련하실 것이다.

만약 빚진 사람을 개인적으로 만나 이야기해도 그가 빚을 갚으려는 모습을 보이지 않으면, 그 다음 단계는 영적인 권위자가 증인으로 개입하는 것이다. 나는 이와 같은 문제는 빌려준 사람과 빌린 사람의 목사님에게 가져가야 한다고 믿는다. 만약 한쪽에게 목사님이 없다면, 그가 존중하며 귀 기울일 만한 그리스도인이 개입할 수 있다.

이와 같이 마태복음 18장에서 예수님이 제시하신 과정을 따른 뒤에도, 빌려준 사람은 여전히 빚진 사람의 빚을 탕감해 주기로 결정할 수 있다. 그리스도인이 다른 그리스도인을 고소하는 것은 올바른 일이 아님을 기억해야 한다.

> 형제가 형제와 더불어 고발할 뿐더러 믿지 아니하는 자들 앞에서 하느냐 너희가 피차 고발함으로 너희 가운데 이미 뚜렷한 허물이 있나니 차라리 불의를 당하는 것이 낫지 아니하며 차라리 속는 것이 낫지 아니하냐. 고전 6:6-7
>
> 또 너를 고발하여 속옷을 가지고자 하는 자에게 겉옷까지도 가지게 하며. 마 5:40

'겉옷까지도 가지게 하라'는 개념은 우리가 하나님 나라의 원리 가운데 들어가게 해준다. 세상 체제는 우리로부터 무언가를 빼앗으려 한다. 그러나 하나님 나라는 주고받는 원칙을 통해 역사가 일어난다. 주고받을 때 재정이 풀려나고, 이런 상황을 돌파할 수 있는 영적인 문이 열리는 것이다.

빚을 해결하라

우리는 어떻게 빚을 해결할 수 있을까? 앞서 이미 언급한 대로, 빚과 관련되어 발생하는 주요한 문제들은 공포감, 수치심, 자신이 무가치하다는 느낌, 무기력감 등이다. 이런 문제들로 인해 빚을 진 사람들은 채권자들을 피해 도망을 다니고, 그들과 의사소통을 하지 않으려 한다.

빚을 해결한다는 것은, 이미 진 빚에 대한 책임을 받아들이는 것, 그리고 채권자들과 정직하게 의사소통하는 과정을 수반한다. 만약 당신이 갚을 방법 없이 빚을 졌다면, 빚을 해결하기 위한 첫 단계는 그런 죄를 행한 것에 대하여 주님 앞에서 회개하는 것이다. 예수님은 우리를 이런 죄로 인한 죄책감과 더러워짐을 씻어 주시기 위해 피를 흘리셨다.

두 번째 단계는 패러다임의 전환이다. 빚을 진 대부분의 사람들에게는 중대한 패러다임의 전환이 필요하다. 만약 당신이 큰 빚을 지고 있다면, 맘몬의 영은 당신이 '갖지 못한 것'과 '할 수 없는 것'들에 당신의 초점을 맞추도록 할 것이다. 그러므로 당신은 반드시 의도적으로, 당신이 가지고 있는 것과 할 수 있는 일들에 초점을 맞추어야 한다. 하나님은 당신이 가지고 있는 것 안에서 역사하실 수 있다.

당신 자신이 할 수 있는 일들을 하기 시작할 때, 하나님도 그분이 할 수 있는 초자연적인 일들을 하기 시작하신다. 모든 기적은 사람이 하는 자연적인 일과 하나님이 하시는 초자연적인 일이 결합되어 이루어지는 것이다. 물 위를 걷는 기적을 경험한 베드로도 먼저 지극히 자연스러운 일을 해야 했다. 베드로는 뱃전을 넘어서서 발을 내딛어야 했던 것이다. 발을 움직여 배 밖으로 내딛는 것은 초자연적인 행위가 아니라 지극히 자연적인 일이다. 이 기적에서 초자연적인 부분은, 베드로가 물 위로 발을 내딛자 하나님이 그를 받쳐 주신 것이다.

만일 베드로가 자신이 할 수 있는 일을 하지 않았다면 아마 이 기적은 일어날 수 없었을 것이다. 또한 하나님이 초자연적인 일을 하지 않으셨으면 기적은 일어날 수 없었다. 즉 양쪽 모두 필수적인 요소이다. 만약 베드로가 자신이 할 수 없는 일(물 위에 서 있는 것)에 계속해서 집중했다면, 힘이 빠지고 몸이 굳어져 자신이 해야 할 자연적인 일을 하기 위해 움직일 수 없었을 것이다. 배 안에 앉아있던 열한 명도 하나님이 먼저 무엇인가 하시기를 기다리고 있지 않았는가?

빚을 진 많은 사람들은 자신이 갚아야 할 엄청난 액수의 돈 때문에 무기력해져 그저 앉아만 있거나, 하나님이 무엇인가 하시기만을 기다린다. 그러나 기적은 우리가 해야 할 부분을 하고, 하나님이 초자연적인 부분을 하실 것을 신뢰할 때 일어나는 것이다. 그럴 때 하나님이 초자연적으로 역사하실 수 있다.

예수님이 오천 명을 먹이셨을 때(요 6:1-14)에도, 제자들은 자신들이 갖고 있지 않은 음식에만 초점을 맞추고 있었다. 그러나 예수님은 그들의 초점을 그들이 가지고 있는 것으로 돌려주셨다. 제자들이 어린 소년이 준 음식을 예수님께 드리자, 예수님은 그 음식을 초자연적으로 배가시켜 주셨다. 이렇게 하나님의 초자연적인 역사를 풀어 주는 첫 단계는 언제나 우리가 할 수 있는 부분을 먼저 하는 것임을 기억하길 바란다.

수년 전에 나는 우리의 길을 하나님의 길과 나란히 맞출 때 우리의 삶 가운데 얼마나 초자연적인 일이 일어나는지를 묵상하던 중, 대학교에서 배웠던 물리 법칙 하나가 기억났다. 하늘을 가로지르는 전깃줄에는 고압의 전류가 흐르고 있다. 이 고압선에 전도체로 만든 선을 연결하면, 고압선에 흐르는 전력은 그 선으로 흘러가게 된다.

그러나 전도체의 선을 고압선에 연결하지 않고 그저 평행으로 놓기만 해도 전력을 얻을 수 있다는 것을 아는 사람은 거의 없다. 전선 주위에 전자기장이 형성되기 때문에, 전류가 흐르는 선에 다른 전선을 평행으로 놓으면 두 번째 전선이 전자기장을 간섭하여, 두 번째 전선에도 전류가 흐르게 된다. 반면 전류가 흐르는 전선에 다른 전선을 수직으로 놓으면 전력이 전혀 흐르지 않는다.

여기서 하나님의 길은 전기가 흐르는 고압선 같고, 당신의 길은 그 옆에 놓인 전선과 같다. 전력이 전자기장을 통해 나란히 놓인 전선에 흘러 가듯이, 우리가 우리의 길을 하나님의 길과 나란히 놓을 때 하나님의 초자연적인 능력과 생명이 우리에게 흘러온다. 이 원리는 재정의 영역과 빚을 해결하는 데에도 그대로 적용된다. 당신이 당신의 길을 하나님의 길과 나란히 놓을 때, 당신의 재정 안에 그분의 초자연적인 능력이 흘러들어 오기 때문이다.

솔로몬은 잠언에서 "사람의 행위가 여호와를 기쁘시게 하면 그 사람의 원수라도 그와 더불어 화목하게 하시느니라"(잠 16:7)고 말하고 있다. 당신이 채권자들과 더불어 화목하지 않다면, 만약 그들과 원수같은 관계라면, 당신을 돌아봐야 할 필요가 있다.

한번은 남아프리카에서 세미나를 하던 중 어떤 회사에 큰 빚을 진 한 남자에 대한 이야기를 듣게 되었다. 그는 빚을 갚고자 닫힌 원 예산을 세워 보았고, 자신이 매월 회사에 갚을 수 있는 액수는 10랜드(미화 1.7달러 정도)밖에 되지 않다는 사실을 알게 되었다. 그 남자는 그 기업에 찾아가 정직하게 자기가 낼 수 있는 금액에 대해 고백했다. 비록 그 금액이 너무 적었지만, 회사는 그의 정직한 마음을 보고 매월 10랜드를 받기로 합의했다.

그는 약 1년여 동안 이 금액을 성실하게 갚아 나갔다. 그러던 어느 날 그 회사의 대표로부터 회사가 그의 빚을 탕감해 주기로 결정했다는 소식을 듣게 되었다. 이 사람이 신실하게 빚을 해결하고자 자신이 할 수 있는 최선의 것을 했기에, 하나님이 채권자의 마음을 움직여 그 빚에서 완전히 자유케 해주신 것이다.

내가 갖지 못한 것과 할 수 없는 것에서, 내가 가진 것과 할 수 있는 것으로 초점을 바꾸고 난 다음에야 닫힌 원 예산을 제대로 수립할 수 있게 된다. 일단 원을 닫으면, 매월 빚을 갚는 데 얼마나 쓸 수 있는지를 알 수 있다. 각각의 채권자들에게 매월 얼마나 갚을 수 있는지 기도하며 여쭤 볼 수 있게 된다. 바로 지금, 가족을 포함한 모든 채권자들의 명단을 작성해 보라.

이 채권자들의 명단과 당신이 매월 지불할 수 있는 총금액을 가지고 닫힌 원 예산에 빚에 대한 항목을 만든다. 그러고 나서 하나님께 각각의 채권자들에게 매월 얼마씩을 갚아야 할지 기도하며 여쭤 본다. 각각의 채권자에게 매월 일정 액수의 돈을 배당하는 것은 중요한 일이다. 어떤 사람들은 빚을 갚는 데 사용할 수 있는 모든 돈을 한두 채권자에게만 배당하고, 다른 채권자들과는 연락을 피하곤 한다. 이렇게 한다면 당신은 하나님의 방법을 범하는 것이며, 회피하고 있는 채권자들에 대해 악한 자가 되는 것이다. 모든 채권자에게 공평하게 얼마씩을 배당할 필요가 있다.

이제 당신은 채권자들에게 빚을 해결하기 시작할 준비가 되었다. 다음 단계는, 각각의 채권자에게 연락하여 빚을 갚겠다는 약속을 지키지 못한 죄를 고백하는 것이다. 그들에게 용서를 구하고, 당신이 진지하게 빚을 해결하려고 한다는 사실, 그리고 갚을 수 있는 만큼 매월 갚고자 한다는 사실을 알려야 한다. 매월 무리 없이 지불할 수 있는 금액을 제안하고 합의를 구한다.

나는 채권자들이 채무자에게서 진지함과 정직함, 빚을 갚겠다는 의지를 발견하는 경우, 대부분 제안한 금액에 합의하는 것을 보았다. 종종 채권자들은 이자를 받지 않거나 원금을 축소해 주기도 할 것이다. 대부분의 채권자들은 정직과 성실로 빚을 해결하고자 새로운 지불 계획을 가져온 채무자들에게 기꺼이 협력한다.

이렇게 각각의 채권자들과 지불계획에 대한 합의를 이뤄냈다면, 이제는 합의한 것을 반드시 지켜야 한다. 매월 갚기로 한 금액은 확실히 갚으라. 당신은 다시 한 번 신뢰를 구축하는 과정에 있기에, 약속을 온전히 지키는 것은 무척 중요하다.

당신이 빚을 해결하고자 채권자들과 합의할 때, 당신은 더 이상 세상 체제의 규율을 어기고 있는 것이 아니다. 당신은 영적인 영역에서 무언가를 해결한 것이다. 당신이 하나님의 손을 잡았고, 당신의 전선을 하나님의 전선에 나란히 놓았으므로 하나님이 당신을 위해 간섭해 주실 것을 믿으면 된다. 하나님 나라의 원칙이 작용하여 자원의 배가가 일어나 당신의 빚이 속히 줄어들 것이다. 기대하지 않은 곳에서 자원과 재정이 오기 시작하는 것을 보며 놀라게 될 것이다. 일반적으로 계산했을 때 빚을 갚으려면 10년에서 20년이 걸리는 사람들이 1년 반에서 3년 안에 모든 빚에서 완전히 벗어나는 일을 많이 목격했다. 그들의 삶 가운데 하나님의 초자연적인 도우심이 역사했던 것이다.

이와는 반대로 채무자가 채권자들과 합의하여 빚을 해결하고자 하지 않는 대신 자기 재량대로 돈을 쓰고 산다면 어떻게 될까? 예를 들어, 당신이 가족과 휴가를 간다고 하자. 실질적으로 당신은 허락 없이 채권자들의 돈을 쓰고 있는 것이다. 이것은 악한 일일 뿐 아니라, 사실상 도둑질인 것이다. 그러나 빚을 해결하고자 채권자들과 합의한 뒤, 매월 갚아야 할 돈을 갚으면, 당신은 하나님이 여분의 자원을 주실 때 그것을 어떻게 쓸 것인지 자유롭게 기도하고 결정할 수 있다. 하나님이 때로는 당신이 빚을 속히 청산할 수 있도록 여분의 재정을 주실 수도 있다. 당신이 매월 합의한 지급액을 지불하고 있는 한, 여분의 재정을 (하나님의 지시에 따라) 다른 목적에 사용하는 것은 도둑질이 아니다. 당신은 여전히 빚을 가지고 있지만, 채권자들이 매월 갚아야 할 액수에 동의했다는 것은, 당신의 닫힌 원예산 밖의 여분을 하나님의 지시대로 쓸 수 있다고 허락한 것이기 때문이다.

예를 들어 보자. 내가 빚을 다루기 전에 아내와 외식을 하러 간다면, 나는 허락 없이 채권자들의 돈을 쓴 것이 된다. 그러나 내가 빚을 해결하고자 모든 채권자들과 합의하고 매월 그 액수를 갚는다면, 나는 죄책감 없이 아내와 외식을 할 수 있으며, 그 일은 결코 도둑질이 아니다. 이 원리는 굉장히 능력 있는 것이지만, 안타깝게도 이 원리를 이해하는 그리스도인은 별로 없다.

빚을 다루고 해결하기 시작하면 죄책감과 감정적 마비에서 벗어날 수 있다. 우리는 빚을 제대로 다루지 않은 가정들이 엄청난 죄책감에 짓눌려 사는 모습을 많이 보았다.

만약 그런 가정이 휴가를 간다면 과연 그 휴가를 제대로 누릴 수 있겠는가? 대부분 돈과 관련된 갈등과 불화가 생기게 된다. 아이들이 "어, 아빠, 우리 저기 보이는 워터파크에 가요"라고 말하면 아빠는 뭐라고 말할까? "안 돼! 저기는 너무 비싸!" 그러면 아이들은 상처를 받거나 속이 상하여 아빠를 계속 조를 것이다.

아버지는 왜 "안 돼"라고 말했을까? 그는 빚의 무게에 짓눌린 나머지 휴가를 가는 것에 대해 죄책감을 느끼고 있기 때문이다. 가족들을 잘 부양하고자 하는 의도로 빚을 얻었지만, 실상은 남의 돈을 허락 없이 쓰고 있다는 것을 그의 마음으로는 이미 알고 있는 것이다. 아버지는 아마도 안 된다는 말 대신 "우리는 저런 데는 갈 수 없어"라고 말할 수도 있다. 그러나 이런 말 역시 자녀의 마음 가운데 빈곤 심리를 형성하고, 이것은 그들이 성인이 되어서까지 지속되기도 한다. 이럴 경우 "엄마와 아빠는 돈을 그런 것보다는 이런 것이나 이러이러한 일에 사용하기로 결정했단다"라고 대답하는 것이 더 지혜로울 것이다. 또는 아내가 "여보, 저 바닷가가 보이는 레스토랑에 가고 싶어요"라고 말하면 남편은 "안 돼요! 저긴 너무 비싸! 우리 좀 더 싼 식당으로 갑시다"라고 말한다. 이 가족은 과연 휴가를 즐기고 있는가? 전혀 그렇지 않다. 그들은 오히려 더 큰 스트레스를 느끼며 집으로 돌아오게 될 것이다. 제대로 해결하지 않은 빚의 압박이 그 가족이 누릴 수 있는 즐거움을 망쳐 버린 것이다.

이제 빚을 다루지 않은 상태에서 돈을 헌금하는 문제에 대해 생각해 보자. 어떤 그리스도인들은 빚을 내서라도 헌금을 하려 하기도 한다. 그러나 우리가 주거나 드릴 때는 남에게 속한 것이 아닌 우리의 것을 주거나 드려야 한다. 남의 주머니에서 꺼낸 돈을 헌금하는 것은 잘못된 일이다. 우리가 빚을 다루지 않은 채 남에게 베풀거나 헌금을 드린다면, 이는 실상 우리에게 속하지 않은 돈을 주는 것이 된다.

보통 헌금으로 드리는 돈은 하늘 계좌에 입금된다. 그러나 어떤 사람이 돈을 갚아야 할 채권자와 합의를 이루지 않은 채 헌금을 한다면, 그 헌금은 실상 채권자의 하늘 계좌에 저축되는 것이나 마찬가지다. 그 돈은 헌금하는 사람이 아닌 채권자의 예금인 것이다. 이런 경우 빚진 사람은 '심고 거두는 하나님 나라의 원칙은 전혀 소용이 없어. 나는 드렸지만, 재정적인 상황은 조금도 나아지지 않았잖아!'라고 생각하게 될 것이다.

지금까지 빚을 해결하기 위해 이야기한 것을 요약하면 다음과 같다.
첫째, 돈을 빌리고 갚지 않은 죄를 회개한다.
둘째, 당신이 가진 것과 할 수 있는 것에 초점을 맞춘다.
셋째, 닫힌 원 예산을 계산하여 수립한다.
넷째, 모든 채권자들의 명단을 작성한다.
다섯째, 빚을 갚는 데 쓸 수 있는 돈을 각각의 채권자에게 나누어 배당하고, 이를 예산의 빚 항목에 기입한다.
여섯째, 채권자들에게 연락하여 매월 갚을 수 있는 금액을 제시하고 합의를 구한다.
일곱째, 합의한 금액을 매월 신실하게 지불한다.
여덟째, 닫힌 원 예산에서 그리고 흘러온 여분의 돈으로 베풀거나 헌금을 드려 하늘 계좌에 입금할 수 있는 방법을 찾아본다.
아홉째, 하나님이 초자연적으로 역사하셔서 당신의 닫힌 원에 빚을 갚을 수 있는 넘치는 재정이 공급되기를 기대한다.

의의 열매를 맺으라
WEALTH, RICHES AND MONEY

08

이제 다시 고린도후서 9장이 언급하고 있는 다섯 가지 재정원칙으로 돌아가서 '의의 열매를 맺는 일'에 돈을 사용하는 것에 대해 나누어 보자. 대부분의 사람들은 의의 열매를 맺는 것이 무엇인지 잘 알지 못한다. 먼저 이해를 돕기 위해 정반대의 경우인 '불의'한 열매를 맺는 일에 돈을 사용하는 것이 무엇인지 생각해 보자.

맘몬의 영은 사람들로 하여금 돈을 벌기 위해 인간관계를 이용하도록 부추긴다. 아주 높은 이자율로 사람들을 빚에 얽어매는 것(고리대금)은 돈을 불의의 열매를 맺는 데 사용하는 것이다. 이 경우 돈은 사람들을 억압하고 노예로 만드는 데 사용된다. 불의는 이렇게 맘몬의 영과 결탁하여 사람들을 괴롭힌다.

반대로 '의'는 돈을 사람들을 노예 상태에서 풀어 주는 데 사용하는 것이다. 하나님은 맘몬과는 달리 돈을 사용하여 사람들과의 관계를 세워 가도록 격려하신다. 사람들의 관계를 세우며 그들을 맘몬의 영으로부터 자유롭게 하기 위해 돈을 쓸 때, 우리는 의의 열매를 더할 수 있다.

내가 의의 열매를 맺는 일에 돈을 사용하는 문제에 대해 처음 깨달은 것은 몇 년 전 홍콩에서 강의를 마치고 돌아오던 길에서였다. 비행기 안에서 성경을 읽던 나는 "너희 의의 열매를 더하게 하시리니"(고후 9:10)라는 구절을 묵상하고 있었다. 그런데 그중 '의'라는 단어를 묵상하다가, 돈이 불의의 행위를 위해 사용되는 예들을 깨닫게 되었다.

누가복음 16장은 맘몬의 영을 불의하다고 말한다. 오늘날 사회의 큰 문제 중 하나는 사람들이 고리대금으로 인해 노예가 되는 것이다. 나는 하나님이 생각을 뒤집어서 돈이 의의 행위를 위해 사용되는 예를 찾아보라고 말씀하시는 것을 느꼈다. 그래서 나는 '어떻게 하면 사람들을 빚의 멍에로부터 풀어 줄 수 있을까?'라는 문제에 대해 고민하기 시작했다. 나는 많은 기업인들로부터 '심각한 재정문제가 있는 사람들은 구제해 주어 봤자'라는 이야기를 들었다. 채무자들은 탕감 받은 돈을 잘못 사용했고, 결국 여전히 재정적인 어려움 가운데 있다는 것이었다.

이 이야기는 책임감 없이 탕감 받은 돈은 대부분 잘못 사용되기 쉽다는 것을 보여 주는 예이다. 재정적인 어려움은 대개 돈이 없어서가 아니라 훈련과 교육을 받지 못했거나 돈 관리에 대한 잘못된 철학을 가지고 있기 때문에 온다. 내가 어떻게 사람들을 빚에서 자유롭게 할 수 있을지, 그리고 어떻게 그들을 훈련하고 책임감을 심어줄 수 있을지 고민하고 있을 때, 주님이 다음의 성경구절을 떠올려 주셨다.

부자는 가난한 자를 주관하고 빚진 자는 채주의 종이 되느니라. 잠 22:7

나는 빚진 자가 채권자에게 종속되는 상황은 부정적인 것이라고 생각해 왔다. 물론 나는 결코 채권자의 종이 되기를 원치 않는다. 그러나 그때 나는 '만약 채권자가 채무자를 빚으로부터 벗어날 수 있도록 호의를 베풀어 준다면, 채무자가 채권자에게 종이 되는 것이 꼭 부정적인 것만은 아니다'라는 생각이 들었다.

만약 우리가 고리대금업자와 채권자들의 요구에 묶여 있는 사람들에게, 철저한 책임감을 가질 것을 조건으로 이자 없이 돈을 빌려준다면 어떻게 될까? 물론 목적은 사람들을 훈련해서 빚으로부터 자유케 해주는 것이다. 그리고 이것은 빌리는 사람이 기꺼이 정기적으로 재정 보고를 할 때 가능한 것이다. 이로써 빌려주는 사람은 빌리는 사람에게 성경적인 재정원칙을 가르쳐 주고, 닫힌 원 예산 수립을 도와줄 수 있게 된다.

빌린 사람은 빌려준 사람과 함께 매월 자신의 수입과 지출을 검토하고 다음 달을 위한 계획을 세운다. 이렇게 한다면 돈을 다 갚을 무렵 빚진 자는 성경적인 재정 관리에 대한 확고한 토대 위에 서게 되며, 다른 사람에게 복을 흘려보낼 수도 있게 될 것이다.

나는 비행기 안에서 이 개념에 대해 계속 생각했다. 그런데 문득 주님이 내가 집에 도착하면 우리 가정의 닫힌 원 예산에 여분의 재정이 생길 것이라고 말씀하시는 것 같았다. 그리고 그 돈은 내가 의의 열매를 더하는 일에 사용하도록 구별해야 한다는 감동이 왔다.

실제로 집에 도착했을 때, 아내가 어떤 지인이 상당한 금액의 수표를 보내왔다는 소식을 전해 주었다. 나는 아내에게 주님이 비행기 안에서 주셨던 생각을 나누었고, 우리는 그 수표를 은행에 보관해 두고 주님으로부터 그 다음 지시가 오기를 기다리기로 했다.

약 2주 후, 나는 최근에 결혼하여 우리 집 근처에서 일하고 있는 친구로부터 전화를 한 통 받았다. 그는 긴박감이 느껴지는 목소리로 형식적인 인사를 끝낸 뒤, 자신이 아메리칸 익스프레스 카드에 48시간 내에 갚아야 할 심각한 빚을 지고 있다는 사실을 털어놓았다. 그는 돈을 마련할 수 있을 만한 곳을 모두 수소문하다가 거의 탈진한 상태였다.

상황을 좀 더 파악하기 위해 과거 몇 달간의 상황에 대해 물어보니, 그는 마스터카드와 비자카드에서 빌린 돈으로 아메리칸 익스프레스 카드 빚을 갚아 오던 상태였다. 하지만 그 두 카드의 대출이 한도액에 이르렀고, 은행에서도 신용 대출 한도를 넘어서서 더 이상 대출을 할 수가 없게 되었다는 것이다.

나는 의의 열매를 더하기 위해 마련해 둔 돈이 떠올랐다. 그래서 이 친구 부부를 만나 그들의 전반적인 재정 상황을 검토해 보기로 결정했다. 그리고 그들이 총 7개의 카드 회사에 지고 있는 빚의 총액과 우리 부부가 두 주 전에 받은 수표의 금액이 15달러밖에 차이가 나지 않는 것을 보고 놀랐다.

나는 그 부부에게 주님이 얼마 전 비행기 안에서 나에게 주신 마음을 나누었고, 그 계획을 한번 시행해 보면 어떨까 물어보았다. 그들은 무척 기뻐하며 그 계획을 환영했다. 그러나 이제 그들은 신용카드를 없애고 자신들의 재정에 대해 나에게 보고를 해야 한다. 나는 이 계획이 그 부부가 나와 함께 닫힌 원 예산을 세우고, 매월 지출액을 예산과 비교하면서, 함께 성경적 원칙을 배우며 적용해 나가야 하는 것임을 알려 주었다.

부부는 잠시 밖에서 함께 의논하고 기도해 보겠다고 말했다. 얼마 후 그들이 다시 돌아왔을 때, 아내는 울고 있었다. 그들은 이 계획을 따를 때 어떤 일들이 일어나게 될지 깨닫기 시작한 것이다. 그 부부는 돈을 빌려 주는 사람인 내가 자신들의 재정 관리를 주관하도록 합의해야만 했다.

신용카드를 제거한다면, 남편은 더는 무엇을 어떻게 썼는지도 기억하지 못하는 계산서 뭉치를 주머니에 넣고 다닐 수 없게 될 것이다. 아내의 소비 습관도 완전히 변해야 했다. 모든 지출에 대해 영수증을 받고 기록한다는 것은 그 부부에게는 낯설고도 두려운 일이었다.

그러나 그들은 이러한 상황까지 오게 된 것에 대한 두려움과 수치를 느끼면서도, 어찌 되었든지 맘몬에 끌려다니던 여정을 이제 끝낼 수 있다는 것에 안도했다. 부부는 나의 제안에 동의했고, 나는 그들이 각각의 신용카드 회사에 빚진 액수대로 수표를 써서 봉투에 넣어 주었다.

다음으로, 나는 그들의 신용카드를 확실히 없애고자 했다. 우리는 팬에 기름을 조금 바르고 그 위에 카드들을 나란히 놓은 후 오븐에 넣었다. 5분 후에 오븐에서 꺼낸 카드들은 완전히 녹아 서로 붙어 있었다. 우리는 그것을 '다시는 이렇게 하지 말라'라고 쓴 문패 아래에 벽걸이로 걸어 놓고, 볼 때마다 다짐을 새로이 하기로 했다.

다음 날 아침, 우리는 함께 닫힌 원 예산을 수립했다. 그들이 나에게 매월 얼마를 갚을지 정하는 일은 어렵지 않았다. 나는 그들이 매월 카드 회사들에게 갚아 왔던 최저액을 갚도록 했다. 단, 이 경우는 '의의 열매 융자'였기에 이자를 받지 않았다.

하지만 십일조는 다른 문제였다. 그들은 그동안 다른 경비를 충당하기 위해 종종 '십일조를 빌렸다.' 그러나 이제 카드를 제거했기 때문에 십일조를 내야 할 때 바로 낼 수 있는 돈이 있었다. 십일조는 닫힌 원 예산의 의무 카테고리 가운데서 가장 먼저 배당해야 하는 것임을 기억하자.

이런 형태의 재정 관리는 이 부부에게 새로운 것이었기에, 우리는 격주마다 만나서 계획을 검토하고 함께 기도하며 서로 격려를 받기로 했다. 우리는 또한 두려움과 자기연민에 빠지게 하는 맘몬의 영과 싸우는 영적 전쟁으로 상당한 시간을 사용했다. 나는 그들의 재정 관리에 질서가 잡히려면 심각한 싸움이 필요하다는 사실을 깨달았다. 그들에게는 기록하지 않은 채로 책임감 없이 마음껏 돈을 쓰는 습관이 견고한 진이 되어 자리 잡고 있었기 때문이다.

나는 그들과 계속 만나면서, 이들에게는 돈을 잘못 관리한 것에 대한 훨씬 더 깊은 회개가 필요하다는 것을 알게 되었다. 처음에 그들은 마치 과자 항아리에 손을 넣다가 들킨 아이와 같았다. 그들의 눈물은 회개의 눈물이 아니라 오히려 들킨 것을 속상해하는 눈물이었던 것이다. 이 부부가 돈을 빌리고 갚지 않는 것이 심각한 죄악임을 확실히 깨닫기까지는 상당한 시간이 걸렸다.

나는 때로는 공동계좌를 사용하는 등의 방법으로 빌려준 사람이 빌린 사람의 은행 계좌를 완전히 주관하는 기간이 필요할 수도 있다는 것을 깨달았다. 다행히도 이 부부의 경우 이렇게까지 지나치게 세심한 관리는 필요하지 않았다. 그들은 기도, 재정에 대한 하나님의 가르침, 그리고 돈에 대한 새로운 습관과 태도를 훈련함으로써 재정적인 회복의 길로 접어들기 시작했다. 몇 차례 영적 전쟁을 겪은 후, 어느덧 자유가 눈앞에 보였다. 그들은 진정한 십일조를 하게 되었고, 닫힌 원 예산을 완전히 확립함으로써 마침내 여분의 재정까지도 경험하게 되었다.

사실 원래 매월 지불액으로 책정했던 금액으로는 돈을 다 갚기 위해 수년이 걸릴 계획이었다. 그러나 그들이 자연적인 영역에서 충성스럽게 살아가자 하나님이 그들을 위하여 일하기 시작하셨고, 그들은 놀랍게 인상된 월급 덕분에 단 18개월 만에 '의의 열매' 대출을 다 갚을 수 있게 되었다.

돈을 다 갚은 날 우리 모두는 얼마나 기뻐했는지 모른다. 우리는 그날로 닫힌 원 예산을 재검토하여 조정했다. 빚을 갚기 위해 할당되었던 금액은 이제 하나님 나라의 목적을 위해 사용될 수 있게 되었다. 이 부부는 선교 사업의 중요한 후원자가 되었고, 많은 사람들에게 복을 흘려보내는 축복 가운데 들어갈 수 있었다.

그로부터 몇 년 후, 이 책의 내용으로 우리 교회에서 재정 세미나를 하고 있었다. 의의 열매를 더하는 내용을 나눌 때 회중석에서 한 여인이 눈물을 닦는 것을 보았다. 세미나가 끝난 후, 여인은 나를 찾아와 자신의 상황에 대해 이야기하며 혹시 그 젊은 부부를 도와주었던 것처럼 자신도 도와줄 수 있겠느냐고 묻는 것이었다.

그때 하나님은 나에게 또 다른 생각이 떠오르게 하셨다. 나는 담임목사님을 찾아가서, 교회 안에서 '의의 열매' 계좌를 만들어 운영하면 어떨지 여쭤 보았다. 교회 안에서 여분의 재정으로 돈을 빌려 줄 수 있는 사람들을 찾고, 그 돈을 자격을 갖춘 사람들에게 무이자로 빌려주고 일정 기간 동안 갚게 한다는 내용이었다.

목사님께서는 아주 좋은 생각이라고 말씀하시며 찬성하셨고, 나는 이 계획을 우리 교회에 출석하는 기업인들에게 나누었다. 놀랍게도, 재정적인 어려움 가운데 있는 사람들이 책임감을 갖는 한, 그들을 축복하기 원하는 사람들이 넘쳐난다는 사실을 깨닫게 되었다.

우리 교회는 곧 '의의 열매' 프로그램을 시작했다. 나는 교인들의 신청서를 검토하고 위원회의 승인을 받는 책임을 맡게 되었고, 대부분의 기업인들은 이 과정을 함께해 나갈 시간과 여력이 없었기에 신청자들의 재정 및 책임 관련 상담과 관리를 하게 되었다. 또한 그들은 다른 그리스도인들이 빚에서 자유로워지는 것을 보기 원하여 기꺼이 재정을 지원했다. 사실 그들은 그동안 책임감 없이 재정적인 도움을 구하거나 돈을 꾸는 사람들에게 지쳐 있었다. 시간이 지나도 돈을 받아가거나 빌려 간 사람의 상황은 변함이 없었다. 특히 그들이 또다시 돈을 부탁할 때면 이용당한 것처럼 느껴졌다. 이로 인해 많은 기업인들은 돈 주기를 꺼리게 되었지만, 동시에 필요를 보면서도 외면하는 것에 죄책감도 느꼈다. 어떤 이들은 돈을 빌려주면서 '갚을 수 있을 때 갚으세요' 하는 함정에 빠져 버렸다. 또 어떤 이들은 어려운 사람들에게 돈을 그냥 주었지만, 아무 소용이 없는 일처럼 느껴져 불편한 마음을 느끼고 있었다. 그러나 이 프로그램은 심사 과정에서 신청자들의 책임감에 대해 검증을 하는 것에 기초를 두고 사람들을 선발했기 때문에 다른 사람들을 돕기 원하는 많은 사람들이 기꺼이 이 프로그램을 반기며 받아들였다.

매주 교회에 나와 예배를 드리는 사람들 가운데, 얼마나 많은 사람들이 재정 문제에 관해 영적인 도움과 실질적인 도움을 필요로 하고 있을까? 우리 사회에서 개인의 재정 상황은 누구도 이야기하지 않는 금기사항과 같다. 그래서 우리는 주위에 있는 그리스도인 가정들의 실제 상황을 잘 알지 못할 때도 있다. 이 '의의 열매' 융자 프로그램은 우리 교회에서 큰 성공을 거두었으며, 3년이 지난 지금까지 성공적으로 운영되고 있다. 나는 당신의 교회에서도 이와 비슷한 프로그램이 시작되기를 바란다.

그러나 사실 이 프로그램은 의의 열매를 맺는 일에 돈을 사용하는 것에 대한 수많은 하나님의 방법 중 한 가지에 불과하다. 복음은 진정으로 영과 혼과 육 모두의 구원을 위한 하나님의 능력이다. 할렐루야!

주님은 몇 년 전 폴과 로저(가명)라는 두 명의 사업가들을 통해, 의의 열매를 맺는 또 다른 재정 사용법에 대해 나에게 가르쳐 주셨다. 폴은 아주 부자였으나 로저는 매월 청구서를 지불할 돈이 모자랐다. 로저는 빚을 청산하고자 부자 친구인 폴에게 어떤 사업을 함께하자고 제안했다. 사업이 성공하면 재정 문제를 해결할 수 있으리라 생각했던 것이다. 그러나 불행히도 사업은 성공하지 못했고, 폴은 꽤나 큰돈을 잃게 되었다. 결국 폴과 로저는 남은 주식을 놓고 논쟁을 벌이게 되었고, 문제를 해결하지 못한 채 나에게 도움을 요청했다.

그들을 만나 이야기하면서 추가적으로 알게 된 사실 하나는, 지난 몇 년 동안 로저가 폴에게 상당한 금액을 개인적으로 빚지고 있었고 그것이 논쟁의 또 다른 원인이 되었다는 것이다. 두 사람은 친구였기 때문에 로저는 돈이 모자랄 때마다 자주 폴에게 돈을 꾸어줄 것을 부탁했고, 폴은 로저가 한 푼도 갚지 않으면서 돈이 부족할 때마다 계속 더 돈을 요청하는 것에 대해 로저가 친구인 자신을 이용한다고 느꼈다.

나는 그들의 이야기를 들은 후, 로저에게 앞에서 다루었던 빚 문제 해결에 대한 개념을 소개해 주었다. 로저는 곧 한 달에 100달러씩 갚기 시작하겠다고 말했고, 폴은 만약 로저가 그렇게라도 한다면 남은 주식을 나눠 갖겠다고 말했다. 나는 이렇게 주식 논쟁이 끝났다고 생각했다.

그러나 3개월 후에 로저에게 전화가 왔다. 폴이 주식을 조금도 나눠 주지 않았다는 것이다. 그래서 다시 폴에게 전화를 걸어 확인한 결과, 로저가 매월 갚기로 한 100달러를 한 번도 지불하지 않았다는 것이었다. 나는 다음 주 목요일에 그들과 다시 만나기로 약속을 잡았다.

그런데 토요일 밤 나는 웬일인지 잠을 이룰 수가 없었다. 나는 로저와 폴의 상황에 대해 생각하기 시작했다. 그런데 갑자기 주님이 '나는 네가 로저의 빚을 갚아 주기를 원한다'라고 말씀하셔서 깜짝 놀랐다. 나는 그 돈을 사용해서 할 수 있는 다른 좋은 일들을 떠올렸다. '그런 큰돈을 주어야 한다면, 우리 교회의 더 가난한 그리스도인들에게 주거나 선교 사업에 헌금하는 것이 훨씬 낫지 않은가?' 어리석은 사람의 빚을 대신 갚아 주기 위해, 이미 부자인 폴에게 상당한 액수의 돈을 주어야 한다는 것이 납득이 되지 않았다.

주님은 우리 가정이 로저의 빚을 갚아 주어야 한다고 계속 말씀하셨다. 그때 나는 얼 피츠가 경험한, 의의 열매를 맺기 위해 돈을 사용하는 개념이 생각났다. 완전히 같은 상황은 아니었지만 원리는 동일했다. 사람들과의 관계를 세우고, 그들을 맘몬의 영향력으로부터 자유롭게 하기 위해 돈을 사용하는 것이었다.

그때 아래층에서 기도하던 아내가 침실로 돌아왔다. 나는 아내에게 혹시 주님이 하신 말씀이 있었는지 물어보았다. 아내는 그렇다고 대답하며, 주님이 내게도 말씀을 하셨는지 물었다. 나는 아내에게 "무엇을 말씀하셨나요?"라고 물었지만 아내는 "아니요, 당신이 먼저 말씀하세요"라고 대답했다. 나는 하나님께 들은 내용을 나누었다. 그러자 놀랍게도 아내가 "저도 그렇게 해야 한다고 생각해요"라고 대답하는 것이었다.

내가 왜 그렇게 생각하는지 묻자 아내가 대답했다. "내가 아래층에서 기도할 때, 하나님께서 지금 위층에서 당신에게 무언가 말씀하고 계시다고 알려 주셨어요. 그리고 하나님이 당신에게 말씀하신 내용이 이상하게 들리더라도, 내가 동의하면 좋겠다고 말씀하셨거든요." 우리는 주님이 우리 가정을 사용하셔서 그 두 사람을 맘몬의 오랜 영향력으로부터 해방시켜 주시려는 것을 느낄 수 있었다.

목요일에 폴과 로저를 다시 만났을 때, 나는 맘몬의 영이 두 사람에게 강력한 영향을 주고 있는 것을 느낀다고 말했다. 맘몬의 영은 로저에게는 자신이 필요한 돈을 얻는 일에만 집중하도록 영향을 끼치고 있으며, 폴에게는 다른 사람들이 자기 돈을 빼앗으려 한다고 느끼고 돈을 쥐고 있도록 영향을 끼치고 있었던 것이다.

나는 주님이 나에게 로저의 빚을 갚아 주라고 말씀하셨다는 사실을 이야기했다. 처음에 그들은 내가 물질적인 것이 아니라 뭔가 영적인 내용을 말하는 것이라고 생각했다. 하지만 내가 실제로 수표를 꺼내서 정확한 액수와 수취인을 묻자, 그들은 내가 정말로 빚을 대신 갚아 주려 한다는 사실에 깜짝 놀랐다.

두 사람은 모두 큰 충격을 받았다. 나는 그날 폴과 로저의 삶의 영적인 영역 가운데 견고한 진이 무너진 것을 느낄 수 있었다. 로저는 폴에게 친구의 관대함을 당연한 것으로 여긴 것에 대해 겸손하게 용서를 구했다. 주식에 대한 논쟁도 쉽게 해결되었다. 나는 이렇게 주는 행위가 두 사람의 삶 가운데 있었던 맘몬의 권세를 끊고, 그들의 초점을 다시 하나님께 되돌려주었다고 믿는다.

그로부터 몇 달 후, 나는 폴이 하나님 나라 사역과 선교 사역에 상당한 금액의 재정을 흘려보내기 시작했다는 사실을 알게 되었다. 다시 몇 달 후, 나는 로저의 삶이 궁금해서 전화를 해보았다. 그는 놀랍게도 수년 만에 처음으로 사업이 번창하고 있다는 소식을 알려 주었다. 나는 로저에게 전과 다르게 행하고 있는 일이 있는지 물었다. 그는 "아니요, 특별히 뭔가 하지는 않았어요. 그저 예전과 동일하게 일할 뿐인데, 어쩐 일인지 이제는 일이 잘됩니다!"라고 대답했다. 그리고 로저도 하나님 나라를 위해 재정을 드리기 시작했다.

나는 이 경험을 통해 우리 가정이 이 일에 돈을 사용하도록 하신 하나님의 지혜를 경험할 수 있었다. 우리 부부는 가난한 사람들에게 베풀거나 선교 사업에 헌금할 수도 있었고, 그렇게 해서 좋은 열매를 얻을 수 있었다. 그러나 로저의 빚을 갚아 주기 위해 폴에게 돈을 줌으로써 두 사람의 삶에 의의 열매가 맺혔고, 두 사람의 삶에 역사하던 맘몬의 영이 쫓겨나갔다. 재정과 자원은 하나님 안에서 두 사람을 통해 이전보다 훨씬 큰 비율로 배가되어 하나님 나라로 흘러가게 되었다.

아내와 내가 그 여분의 돈을 하나님 나라를 위해 사용하지 않았다면, 우리는 이처럼 로저와 폴의 삶 가운데 의의 열매를 더하지 못했을 것이다. 나는 성경적으로 합법적인 돈의 사용 방법 중 하나는 이렇게 의의 열매를 더하는 것이라고 생각한다.

베푸는 것: 후하게 주는 것

베푸는 것은 또 하나의 합법적이며 성경적인 재정 사용 방법이다. 이것은 단순히 주님이 지시하시는 대로 남에게 주는 것으로, 십일조나 재정을 심고 거두는 것과는 다르다. 사도 바울은 고린도후서 9장에서 이렇게 가르치고 있다.

> 각각 그 마음에 정한 대로 할 것이요 인색함으로나 억지로 하지 말지니 하나님은 즐겨 내는 자를 사랑하시느니라. 고후 9:7

이 구절은 베푸는 것이 무엇인지 그 핵심을 보여 준다. 우리는 무엇보다 먼저, 주님이 지시하시는 대로 주고 베풀겠다는 마음을 결정해야 하는데, 그 동기는 다른 사람을 축복하기 위한 것이어야 한다.

다른 사람에게 베풀어야 한다는 압박감 때문에 주는 이들도 많다. 그러나 우리는 먼저 주님께 그 상황에서 주어야 하는지 여쭤 보아야 한다. 우리는 사람들이나 상황들 때문에 조종당해서는 안 된다. 만약 주님이 그 상황 가운데 주라고 하지 않으셨다면, 당신은 주님께 순종함으로 확신을 가지고 그 기회를 넘길 수 있다. 헌금 통에 돈을 넣는 척할 필요 없이, 깨끗한 양심으로 베풀지 않을 수도 있는 것이다.

그러나 만일 주님이 주라고 지시하셨다면, 두 번째로 여쭤 볼 질문은 '얼마나 베풀까요?'이다. 주님께 순종함으로 드리는 것은 당신의 하늘 계좌에 입금되는 것이며, 그 예금은 하늘 계좌에서 배가된다.

> 주라 그리하면 너희에게 줄 것이니 곧 후히 되어 누르고 흔들어 넘치도록 하여 너희에게 안겨 주리라 너희가 헤아리는 그 헤아림으로 너희도 헤아림을 도로 받을 것이니라. 눅 6:38

베풀고 주는 것의 목적은 다른 사람에게 복을 흘려보내는 것이다. 우리가 다시 돌려받기 위해서가 아니라, 오직 하나님과 그분의 말씀에 순종함으로 주어야 한다. 4장에서 나눈 하늘에 쌓은 보화 원리에서도 알 수 있듯이, 남에게 베풀고 주는 것은 우리가 하늘 계좌에 보화를 쌓을 수 있도록 하나님이 사용하시는 방법이다. 땅에 보화를 쌓고 그 보화를 좇는 것으로부터 우리 마음을 자유롭게 하기 위한 하나님의 명령이다. 또한 주는 것과 받는 것은 하나님 나라의 재정을 다스리는 가장 중요한 원칙이기도 하다.

'베푸는 것'이란, 주위에 있는 사람들을 축복하기 위해 사용할 수 있는 돈을 갖고 있는 것을 의미한다. 우리는 누군가에게 점심을 사 주거나, 누군가의 차에 기름을 넣어 주거나, 누군가에게 양복을 사 줄 수 있는 재정을 가지고 있어야 한다. 주변 사람들을 축복하는 일에 사용 가능한 돈이 꼭 있어야 한다.

받는 것은 주는 것과 떼려야 뗄 수 없는 관계다. 주는 것과 받는 것은 동전의 양면과도 같다. 많은 사람들이 받는 것을 어려워한다. 그들은 베풀고 주는 것은 기뻐하지만 다른 사람이 그들에게 무언가를 주려 할 때는 받기를 거절한다. 그러나 우리는 즐거이 받는 것도 훈련해야 한다. 그렇지 않으면 우리는 다른 사람들에게서 주는 것의 기쁨과 축복을 빼앗는 것이나 마찬가지이기 때문이다.

받지 못하는 것은 대부분 거짓 겸손으로 인한 것으로 실상 이것은 교만의 일종이다. 많은 사람들이 자신에게 베푼 사람에게 받은 것 이상을 돌려주어야 한다는 압박에 시달린다. 그러나 이것은 교만한 마음이고, 은혜의 개념을 이해하지 못하는 것이다. 때로 하나님은 우리가 다른 사람에게 복을 흘려보내는 통로가 되도록 우리가 받기를 원하신다.

그러면 이제 주는 것의 세 가지 방법을 구체적으로 살펴보자.

첫째, 계획 속에서 주는 것으로, 이것은 닫힌 원 예산 안에 포함된 것이다. 매월 주기로 약정한 것이기에 의무 카테고리에 포함될 수도 있다. 어떤 사역을 후원하거나 다른 나라에 사는 어린이를 매월 후원하는 고정 금액이 될 수 있다. 교회의 특정한 사업을 위해 주기 원하는 것일 수도 있다. 이렇게 계획 속에서 주는 것은 당신의 닫힌 원 안에서, 필요나 원하는 것으로 볼 수도 있다.

둘째, 즉흥적으로 주는 것이다. 우리는 때때로 재정에 대한 요청을 듣게 된다. 집에 찾아오거나, 텔레비전에서 광고를 보거나, 교회에서 특별 강사나 선교사가 말씀을 나눈 뒤, 혹은 제직회를 통해서일 수도 있고, '하나님의 사람'을 축복하기 위해서일 수도 있다.

만일 당신에게 닫힌 원이 있을 뿐이고, '주께서 쓰시는' 계좌를 위해 넘쳐나는 것이 아직 없다면 어떻게 해야 할까? 당신의 원 안에는 '하나님이 동의하신' 목록을 위해 돈을 비치해 두는 '원하는 것'의 카테고리가 있다. 그것을 가지고 즉흥적으로 줄 수 있다. 당신의 예금 계좌는 이 목적을 위해서도 사용될 수 있다.

돈이 당신의 종인 것을 기억하라. 당신은 어디에 돈을 사용할지 그 용도를 결정할 수 있다. 또 다른 방법은 필요 카테고리에 책정한 돈을 사용하는 것이다. 예를 들어 음식, 의복, 주거 항목의 예산으로 책정했던 금액을 주고 며칠을 금식하거나, 그 달에 계획했던 물품을 사지 않는 것이다. 다시 말하지만, 당신의 원 안에서 당신이 결정할 수 있다.

셋째, 베풀어라. 예수님은 마태복음 6장에서 가난한 자에게 줄 때 오른손이 하는 것을 왼손이 모르게 하라고 말씀하셨다. 예수님은 언제나 가난한 자에게 주셨으며, 유다에게도 그렇게 하라고 지시하셨다. 이것을 위해 돈을 사용하는 것은 닫힌 원 예산의 필요 카테고리에 포함되는 부분이다. 나는 여러 나라를 다니며 사람들의 구체적인 필요를 보게 될 때, 주님이 감동을 주시면 어떤 사람을 위해 베풀기도 한다. 베풀 때 오른 손이 하는 것을 왼손이 모르게 하라. 물론 돈 외에도, 시간이나 선물 또는 우리 자신을 주는 것을 포함하여 다른 많은 방법이 있다.

> 가난한 자를 불쌍히 여기는 것은 여호와께 꾸어 드리는 것이니 그의 선행을 그에게 갚아 주시리라. 잠 19:17

주의 성령이 내게 임하셨으니 이는 가난한 자에게 복음을 전하게 하시려고 내게 기름을 부으시고 나를 보내사 포로 된 자에게 자유를, 눈 먼 자에게 다시 보게 함을 전파하며 눌린 자를 자유롭게 하고. 눅 4:18

예수님이 부르심과 기름부음을 받아 행하신 모든 일은, 원래 문제와 정반대의 해결책을 가져온다는 사실을 주목하기 바란다. 하나님의 능력인 복음이 가난한 자에게 전파됨으로 그들의 삶 가운데 맘몬의 능력을 깨뜨리고, 그들을 자유케 하여 하나님의 형통하신 공급 가운데로 들어가게 하여 또 다른 사람들을 축복하게 만드는 것이다.

이제 고린도후서 9장을 통해 살펴본 돈의 다섯 가지 사용 지침을 정리해 보자.

첫째, 십일조 - 세금 공제 전 수입의 10%로, 십일조는 이미 주님께 속하였으며 창고에 드려지도록 거룩하게 구별되어야 한다.

둘째, 일용할 양식 - 우리의 개인적인 소비를 위한 자원으로, 닫힌 원의 예산을 통해 관리되어야 한다.

셋째, 심고 거두기 - 여분의 재정으로 배가된 추수를 거둘 목적을 가지고 하나님 나라에 투자하는 것이다.

넷째, 의의 열매를 맺기 - 관계를 세우고, 다른 사람들을 빚과 맘몬의 영으로부터 구하기 위해 할당된 것이다.

다섯째, 베풀기 - 주님이 지시하시거나 또는 스스로 결정하여 가난한 사람들이나 다른 사람들에게 줄 수 있는 것이다.

심고 거둠으로 자원을 배가하라
WEALTH, RICHES AND MONEY

09

요한복음 4:23-24

영 _ 영적 측면	진리 _ 삶의 측면
하나님의 말씀에서 오는 믿음 | 롬 10:17 |	순종함에서 오는 믿음 | 눅 17:5-10 |
은혜로 공급받음	기본원칙을 지킴으로 공급받음

하나님이 능히 모든 은혜를 너희에게 넘치게 하시나니 이는 너희로 모든 일에 항상 모든 것이 넉넉하여 모든 착한 일을 넘치게 하게 하려 하심이라
 	
고린도후서 9:8
	1. 맘몬의 영을 분별하고 끊으라.
	   (하나님께만 향한 충성된 마음)
	2. "참새 믿음"을 가지라.
	   (하나님이 나의 공급자시다.)
	3. 십일조를 드리라.
	   (구별하여 변함없이 십일조를 드리라.)
	4. 하나님의 청지기가 되라.
	   (하나님의 자원을 관리하는 책임을 맡은 자로서 재정을 운용하라.)
	5. 예산의 원을 닫으라.
	   (욕심은 끝이 없다는 사실을 인식하라.)
	6. 빚을 해결하라.
	   (모든 빚을 적절한 방법으로 해결하라.)
	7. 재정을 관리함에 있어서 종이 되라.
	   (여분의 돈을 주님을 위해 관리하라.)

재정을 관리하는 종

심고 거두는 것은 일곱 가지 기본원칙 중에서 마지막 원칙임을 기억하라. 많은 그리스도인들이 다른 중요한 기본원칙들을 삶 가운데 확립하지도 않은 채 마지막 원칙부터 시작하려고 하기 때문에 실패한다. 실망한 그들은 하나님과 성경 교사들에게 화를 내며, 하나님의 재정원칙은 아무 소용이 없다고 생각하는 것이다. 그러나 앞에서 언급했듯이 '심고 거두는 것'은 우리 자신의 기본적인 필요를 채우기 위한 원리가 아니다. 심고 거두는 원리의 주된 목적은 바로 재정을 하나님 나라에 흘려보내는 것이다.

참새 믿음 가지기, 십일조 드리기, 청지기가 되기, 닫힌 원 예산 세우기, 빚 해결하기의 다섯 가지 원칙들을 다 확립하고 나서야, 하나님 나라의 확장을 위해 심고 거두는 재정을 관리하는 종이 될 자격을 갖추게 되는 것이다.

이렇게 삶 가운데 이미 처음 여섯 가지 원칙을 확립한 사람은 자신의 욕구를 확실하게 다루었기에 결코 왕의 자원을 건드리지 않는다. 재정을 관리하는 종은 하나님 나라의 확장을 위해 주님의 계좌를 관리하는 직무에 지원한 사람이다.

하나님의 재정을 관리하는 종의 가장 중요한 자격 조건은 십일조가 자신의 것이 아니라 하나님의 것으로 구별하는 사람이며, 주님을 대신하여 작은 신용 계좌를 관리하는 자임을 온전히 깨달아 아는 자이다. 만일 우리가 십일조도 거룩하게 구별된 주님의 것으로 관리하지 못한다면, 어떻게 더 큰 금고를 관리하라는 위임을 받을 수 있겠는가?

만약 그리스도인이 다른 기본원칙을 삶 가운데 확립하지 못한 채로 재정적인 종이 되고자 한다면 어떻게 될까? 아직 마음속에 '참새 믿음'이 확립되어 있지 않다면, 그는 자신의 '의무'나 '필요', '원하는 것'을 위해 주님의 신용 계좌에 있는 돈을 사용하고 싶은 유혹을 받을 것이다. 그는 주님의 재정을 하나님 나라로 흘려보내는 대신, 자기 창고 안에 쌓아 두고 싶은 마음을 이기기 어렵게 될 것이다. 그가 아직 십일조를 하지 않고 있다면, 그는 작은 신용 계좌를 관리할 자격도 갖추지 못했으며, 더 큰 것을 관리할 만큼 신실하지 못하다는 것을 증명하는 것이다.

또한 재정을 자신의 것으로 소유하는 것이 아니라, 청지기로서 관리해야 한다는 패러다임의 전환이 일어나지 않았다면, 그는 주님의 재정을 관리하기는커녕 자신을 위해 사용할 것이다. 닫힌 원 예산을 수립하지 못했다면, 그는 의무, 필요, 원하는 것 등에 써야 할 돈과 하나님 나라를 위해 써야 할 주님의 돈을 구별할 수 없을 것이다. 아직 빚을 제대로 다루지 못했다면, 심는다고 하지만 그것은 빌린 사람의 하늘 계좌에 보화를 쌓아 줄 뿐이다.

그러나 우리가 이와 같은 처음 여섯 가지의 원칙을 제대로 이루었다면, 심고 거두는 원리를 통해 하나님 나라의 자금을 배가시키는 재정을 관리하는 종이 될 준비가 된 것이다. 이제 당신은 주님의 재정을 자신을 위해 사용하고자 하는 욕구가 없어졌으므로 주님을 대신하여 재정을 관리하는 자격을 갖추게 되었다.

세 번째 강에서 사는 사람

하나님 나라의 사업 자금을 조달받는 일에 대해 하나님의 관점으로 생각해 본 적이 있는가? 하나님은 끝없는 자원을 소유하고 계신 분이다. 그러나 우리는 교회나 선교 단체가 대체로 재정을 잘 공급받지 못하거나 늘 자원이 부족하다고 생각한다. 왜 그렇게 생각하는가? 하나님이 공급해 주지 않으시는 것인가? 그렇지 않다. 문제는 그것이 아니다.

세상 체제 안의 자원이 실제로 사역하는 사람들의 손에 흘러들어 가는 것은 대부분 '사람'이라는 통로를 통해서다. 그리스도인 한 명 한 명은 재정과 자원을 하나님 나라로 흘려보내기 위한 송수관과도 같다. 그러나 안타깝게도 너무나 많은 송수관들이 막혀 있거나 구멍이 뚫려 새고 있다. 하나님이 송수관 안에 부으시는 거의 대부분의 자원이 전혀 다른 편까지 흘러가지 못하고 있는 것이다.

어떤 사람의 마음 가운데 '참새 믿음'이 확립되어 있지 않다면, 두려움이 대부분의 자원을 그냥 송수관 안에 머물러 있도록 만들 것이다. 그에게 해결하지 못한 큰 빚이 있다면, 엄청난 양의 자원이 이자의 형태로 관에서 빠져나가 버릴 것이다. 예산이 닫혀 있지 않다면, 많은 재정이 좀 더 크고 편리한 관을 만드는 데 소모될 것이다. 나는 이런 것들이 주님을 무척 실망시키는 일이라고 생각한다.

한번은 아프리카에서 세미나를 하고 있었는데, 주님이 재정 관리에 대한 그림을 하나 보여 주셨다. 산 속에 눈 덮인 넓은 들판이 하나 있었는데, 이 들판은 끝없이 많은 물이 넘쳐나는 수원지였다. 그 수원지로부터 세 개의 강이 흐르고 있었다.

어느 날 한 사람이 첫 번째 강가에 와서 살게 되었다. 그런데 그는 살아오면서 한 번도 물을 충분하게 공급받아 본 적이 없는 사람이었다. 그는 지난 세월의 경험을 통해 물이란 한정되어 있는 자원이라고 생각하게 되었고, 흐르는 강물 가운데 댐을 쌓고 저수지를 만들어 가능한 한 많은 물을 저장해 두려 했다. 그에게 있어 사용 가능한 물은 자신의 댐 안에 저장되어 있는 것뿐이었다. 따라서 그는 항상 물을 조심해서 쓰면서 절약하기 위해 애썼다.

두 번째 강에도 한 사람이 와서 살기 시작했다. 그는 살아오면서 언제나 많은 물을 공급받은 사람이었다. 그래서 특별히 이 강에 댐을 만들 필요는 없다고 생각했다. 그는 필요한 만큼 강물을 사용하고 나머지는 하류에 사는 사람들이 쓰도록 흘러가게 놔두었다. 이 사람은 자신과 하류에 사는 사람들 모두가 쓰기에 충분한 강물이 흐른다고 생각했던 것이다.

세 번째 강에도 역시 한 사람이 와서 살게 되었다. 그는 눈 덮인 들판으로부터 그 누구도 다 쓸 수 없을 만큼 많은 물이 흘러오는 것을 알고 있는 사람이었다. 그래서 그는 강가에서 멀리 떨어진 지역의 사람들의 밭에도 물을 대어 줄 수 있도록 운하를 파기 시작했다. 그는 매년 물이 필요한 사람들을 위해 새로운 운하를 만들었으며, 내년에는 세 개를 더 만들려는 계획을 세우고 있다. 그리고 내후년에는 더 먼 지역까지 이르는 운하 다섯 개를 새로 팔 계획이다. 운하를 얼마를 파든지 간에 충분한 양의 물이 흘러오는 것을 알기에, 그는 계속 운하를 더 만들었다. 요즘 그는 밤이나 낮이나 사람들을 고용하고 불도저를 사용하여 강에서 멀리 있는 모든 농장에 신속하게 물을 대어 주는 계획을 구상 중이다. 그는 그 강물은 결코 고갈되지 않음을 경험한 것이다.

그러면 이제 당신이 그 눈 덮인 들판에서 각각의 강에 물을 흘려보내는 사람이라고 상상해 보자. 어느 강에 가장 많은 물을 보내겠는가? 아마도 세 번째 강일 것이다.

첫 번째 강에는 얼마나 흘려보낼까? 당신은 거기에 살고 있는 사람을 사랑하며 돌보기 원하기 때문에 그의 필요를 채워 주기에 충분한 물을 보낼 것이다. 그러나 그 땅에 큰 호수를 만들 만큼의 많은 물은 필요 없을 것이다. 그 물은 사해와 같이 댐 안에 그저 고여만 있을 것이기 때문이다. 단지 그 한 사람이 사용하기에 충분한 물만 보내게 될 것이다. 그럼 두 번째 강에는 얼마나 많은 물을 보낼까? 아마도 두 번째 사람의 필요를 채우기에 충분한 만큼만 보낼 것이다. 더 많이 보내도 그 물이 제대로 사용되지 않을 것을 알기 때문이다. 결국 가장 많은 사람들이 가장 큰 유익을 얻을 수 있게 하기 위해, 대부분의 물은 세 번째 강으로 보낼 것이다.

나는 많은 경우 오히려 불신자들이 이 세 번째 강가의 사람처럼 사는 것을 많이 보았다. 그리스도인들이 여전히 첫 번째나 두 번째 강가에 살면서 하나님이 '악인의 재물을 의인들에게로 옮겨 주실 것이다'라고 믿고 있을 때, 그들의 이웃인 불신자들은 이미 닫힌 원 예산을 가지고 세 번째 강에서 살고 있는 것을 보게 된다.

하나님의 관점에서 볼 때, 첫 번째나 두 번째 강가에 살고 있는 그리스도인들의 패러다임을 변화시켜 세 번째 강에 살도록 만드는 것보다 세 번째 강가에 있는 불신자들을 하나님의 나라로 데려오는 것이 더 쉬울 수도 있지 않을까? 하나님은 다가오는 시대에 이와 같이 하나님 나라를 세우심으로써 많은 그리스도인들을 놀라게 하실 것이다. 때로는 어둠의 아들들이 빛의 아들들보다 더 지혜로울 것이다.

아마도 현재 당신의 강에 흘러들어오는 물은 하나님이 신실하게 관리하리라 믿으시는 당신의 분량 만큼일 것이다. 만약 하나님의 자원을 더 많이 관리하는 자가 되기를 원한다면, 하나님이 당신의 내면을 철저하게 변화시키시도록 허락해야 할 것이다. 매년 10억 달러를 관리하는 사람들은 10만 달러를 관리하는 사람과는 완전히 다른 사고방식을 가지고 있음을 보게 된다.

다시 말하지만, 나는 하나님께는 매년 10만 달러 이하만 다루는 데 익숙한 그리스도인을 10억 달러 이상의 청지기가 되도록 가르치는 것보다, 매년 10억 달러를 신실하게 관리하는 사람들을 하나님 나라의 청지기로 들어오게 하여 하나님 나라로 자원을 흘려보내시는 일이 훨씬 쉬운 일이라고 믿는다. 그러므로 주님을 위해 더욱 많은 자원을 관리하고자 한다면, 지금 우리에게 주어진 것을 충성스럽게 관리하는 것을 배워야 한다. 그런 후에야 더 큰 자원을 관리하기 위해 필요한 사고방식과 삶에 대한 자세를 우리 안에 하나님이 이루어 주실 수 있는 것이다.

당신이 지금 가지고 있는 자원으로 세 번째 강에서 사는 법을 배울 때, 하나님 나라로 흘러갈 더 많은 자원을 받을 자격을 갖추게 된다. 운하를 지어 하나님 나라에 흘려보내는 것을 빨리 배우면 배울수록, 더 많은 자원을 다룰 자격을 더 빨리 갖게 되는 것이다.

주님이 찾으시는 사람은 '이런저런 자원이 생기면 이렇게 해야지'라는 좋은 의도만 가득한 사람이 아니라, 믿을 만한 경력을 소유한 사람이다. 하나님이 우리의 장래에 대해 가지고 계신 계획에 합당한 자격을 갖추기 위해, 우리에게는 반드시 패러다임의 전환이 필요하다.

심고 거두는 것의 올바른 목적

심고 거두는 원리는 하나님 나라의 기본원칙 중 하나다.

> 또 이르시되 하나님의 나라는 사람이 씨를 땅에 뿌림과 같으니 그가 밤낮 자고 깨고 하는 중에 씨가 나서 자라되 어떻게 그리 되는지를 알지 못하느니라 땅이 스스로 열매를 맺되 처음에는 싹이요 다음에는 이삭이요 그 다음에는 이삭에 충실한 곡식이라 열매가 익으면 곧 낫을 대나니 이는 추수 때가 이르렀음이라. 막 4:26-29

심고 거두는 원리는 고린도후서 9장에도 설명되어 있다.

> 이것이 곧 적게 심는 자는 적게 거두고 많이 심는 자는 많이 거둔다 하는 말이로다. 고후 9:6

심고 거두는 것은 베푸는 것이나 주는 것과는 다른 기반에서 작용하는 원칙이다. 베푸는 것이나 주는 것은 목적을 갖고 대가를 기대하는 것이라기보다는 그저 다른 사람들을 축복하고자 하는 의도로 행하는 것이다. 그러나 심고 거두는 원리를 적용할 때는 심은 것을 거둘 것이라는 목적이 있다. 심고 거두는 원칙은 농사를 짓는 것에 비유할 수 있다. 농사를 짓는 사람의 의도는 분명하다. 토양의 상태와 어디에 어떻게 씨를 뿌릴지 등에 대해 생각하지도 않고 여기저기 아무렇게나 씨를 뿌리는 농부는 없다. 일단 농사를 지을 씨앗을 손에 넣으면 농부는 그 씨앗으로부터 최대한의 추수를 거두고자 하는 매우 의도적인 과정을 시작한다. 그는 먼저 어떤 밭에 그 씨앗을 뿌릴지 정한 후, 그 땅을 갈아엎어 준비할 것이다. 그리고 씨를 뿌리고, 물을 대고, 필요에 따라 비료를 준다.

그는 작은 새싹이 땅을 뚫고 나와 자라기 시작하는 것을 보고 놀라지 않는다. 그는 추수를 기대하며 새를 쫓고 나쁜 영향을 줄 것들로부터 곡식을 보호한다. 그가 자고 일어나고 또다시 자고 일어나는 사이 씨는 싹이 트고 자라나지만 그는 어떻게 그렇게 되었는지 알지 못한다. 농부는 씨가 자라나는 것을 책임질 수 없다. 그에게는 씨앗을 싹트게 할 능력이 없다. 이것은 하나님의 영역이다.

어느덧 추수 때가 이르면 그는 수고하며 곡식을 거두어 들인다. 추수할 때는 많은 노동력이 필요하다. 심고 거두는 일은 종일 수고해야 하는 직업인 것이다. 그러므로 심고 거두는 체제는 직업이 된다. 성실한 농부라면 자신이 관리하고 추수할 수 있는 분량 이상을 파종하지는 않을 것이다.

농부는 추수한 곡식을 가지고 무엇을 하는가? 분명 모든 수확물을 또다시 종자로 사용하지는 않을 것이다. 그는 수확물에서 십일조를 할 분량과 파종할 분량의 씨앗을 구별해 놓을 것이다. 남은 곡식은 팔아 돈으로 바꾸어, 자신의 필수품을 사고 다른 사람에게 베푸는 용도로도 사용할 것이다. 그리고 일정 분량의 곡식은 비상시를 위해 보관할 것이다. 이와 같이 우리가 돈을 심고 거두는 것을 통해 하나님은 그분의 구체적인 목적을 위해 우리 손에 자원이 넘치게 해주실 것이다.

하나님 나라의 재정 모델을 다시 생각해 보자. 하나님은 우리의 공급자이시며, 우리가 하나님의 인도를 따라 다른 사람들에게 베풀 수 있도록 재정을 공급하신다. 우리가 다른 사람들에게 주고 베푼 돈은 사람들을 축복하고, 동시에 하늘 계좌에는 보화로 입금된다. 예수님은 그 계좌를 돌보고 감독하시면서 예금한 것보다 더 많은 보화로 배가시켜 주신다. 그리고 올바로 십일조를 하는 사람에게는 하늘 문이 열려, 닫힌 원 예산을 충족시키는 복이 흘러간다.

하나님은 닫힌 원 예산 중 의, 식, 주와 같은 우리의 기본적인 필요는 '참새 믿음'에 근거하여 채워 주신다고 약속하셨다. 이는 오직 그분이 우리를 사랑하시기 때문이다. 그러나 하나님은 우리의 닫힌 원을 채우신 다음에는 그보다 넘쳐흐르게 하셔서, 우리가 세상의 축복이 되도록, 그리고 우리를 통해 하나님의 계획과 목적이 이뤄지도록 역사하신다.

닫힌 원 예산에서 의무, 필요, 원하는 것의 카테고리를 다 충족시킨 후. 씨앗으로 심을 여분의 재정 또는 배가된 재정이 있으면 그것을 하나님이 원하시는 곳에 투자해야 한다. 물론 여분의 재정이 모두 다 심어야 할 씨앗은 아니다. 하나님이 당신에게 평소보다 더 많이 베풀거나 주도록 인도하시는 것일 수도 있다.

남는 재정 중 일부는 세상 체제 가운데 재물(riches, 당신을 위해 일하는 돈)의 형태로 보관하여, 예수님이 쓰고자 하셨을 때 준비되어 있던 나귀같이(막11:2-6), 주님이 쓰시도록 예비해야 하는 것일 수 있다. 이런 투자는 언제든지 찾을 수 있게 해두어야 할 것이다. 또한 하나님은 여분의 재정 가운데 일부를 부^{wealth}로 전환시키기 원하실 수도 있다.

> 그러나 네가 마음에 이르기를 내 능력과 내 손의 힘으로 내가 이 재물^{wealth}을 얻었다 말할 것이라 네 하나님 여호와를 기억하라 그가 네게 재물^{wealth} 얻을 능력을 주셨음이라 이같이 하심은 네 조상들에게 맹세하신 언약을 오늘과 같이 이루려 하심이니라. 신 8:17-18

하나님은 부를 창조하시고자 당신에게 여분의 재정을 공급하실 수도 있다. 앞서 언급했듯이 성경적으로 부^{wealth}란 땅, 집, 가축과 같은 재생산의 도구, 금이나 은이나 보석과 같은 예비 자산, 종과 같은 인적 자원 등을 일컫는 것이다. 하나님은 하나님 나라가 이 땅에 임하도록 여분의 재정을 풀어주신다.

세상 체제도 나름의 심고 거두는 원칙을 가지고 있다. 그것은 투자라고 불린다. 사람들은 금융자산 관리사를 통해 여분의 재정을 시장에 투자한다. 만약 주가가 상승하거나 이익 배당금이 생긴다면, 투자한 금액은 퍼센트 단위로 증가하여 돈이 조금 늘어날 것이다. 그러나 이러한 형태의 투자는 세상 체제 안에서만 무언가를 세울 수 있다. 이런 투자 이익금은 이런저런 산업이나 기업들, 세상 체제의 기관들을 위한 자금을 대어줄 수 있을 것이다. 그리고 이런 일은 조금도 도덕적으로 잘못된 것이 아니다. 그러나 하나님이 어떤 재정을 하나님 나라를 위해 사용하고자 하신다면, 우리는 그리스도인으로서 잘못된 나라에 돈을 사용하고 있는 것이 된다.

하나님의 나라 또한 나름의 투자 체제를 가지고 있다. 바로 심고 거두는 원칙이다. 우리는 성경 말씀을 통해, 하나님의 말씀이 한 사람의 마음밭에 심겨지면 여러 가지 요인들이 이 씨앗이 배가되는 것을 막는다는 것 또한 알 수 있다.

> 뿌리는 자는 말씀을 뿌리는 것이라 말씀이 길 가에 뿌려졌다는 것은 이들을 가리킴이니 곧 말씀을 들었을 때에 사탄이 즉시 와서 그들에게 뿌려진 말씀을 빼앗는 것이요 또 이와 같이 돌밭에 뿌려졌다는 것은 이들을 가리킴이니 곧 말씀을 들을 때에 즉시 기쁨으로 받으나 그 속에 뿌리가 없어 잠깐 견디다가 말씀으로 인하여 환난이나 박해가 일어나는 때에는 곧 넘어지는 자요 또 어떤 이는 가시떨기에 뿌려진 자니 이들은 말씀을 듣기는 하되 세상의 염려와 재물의 유혹과 기타 욕심이 들어와 말씀을 막아 결실하지 못하게 되는 자요 좋은 땅에 뿌려졌다는 것은 곧 말씀을 듣고 받아 삼십 배나 육십 배나 백배의 결실을 하는 자니라. 막 4:14-20

나는 이 원칙이 아주 실질적으로 작용하는 것을 보았다. 우리 부부는 올바로 십일조를 해왔으며, 주님이 우리 가정에 재정적인 복을 주셨기 때문에 수년 동안 다른 사람들에게 많은 것을 주고 베풀 수 있었다. 그러나 우리는 돈이 배가되어 돌아오는 것은 한 번도 경험하지 못했다. 우리 부부는 이 문제에 대해 생각해 보던 중, 우리가 목적을 가지고 씨앗을 심은 적이 한 번도 없다는 사실을 발견하게 되었다. 우리는 십일조를 해왔고, 다른 사람들에게 관대하게 주었지만, 의도적으로 씨앗을 심은 적은 없었다.

우리 부부는 성경말씀 또한 증거 하고 있는 이 심고 거두는 원리를 놓고 함께 기도한 후, 주님이 이 원리를 한번 시험해 보라고 인도하시는 것을 느꼈다. 그래서 기독교 사역을 하는 한 친구에게 연락하여, 우리가 말씀을 통해 깨달은 원리를 나누고, 닫힌 원 예산에서 여분의 재정을 씨앗으로 사용하고 싶다고 말했다. 우리는 그 친구에게 이 돈은 선물로 주는 것이 아니라 열 배로 배가되어 돌아올 것을 믿는 씨앗이라고 말하며 그에게 재정을 줌으로써 하나님 나라에 씨앗을 심었다.

우리는 씨앗이 배가되는 것을 방해하는 많은 요인들로부터 씨를 잘 보호해야 한다는 사실 또한 알고 있었다. 우리 부부는 친구와 그의 사역을 위해 기도하면서, 주님이 이끄시는 대로 영적 전쟁을 했다. 친구 또한 우리를 위해 기도하며 싸웠다.

어떤 사람들은 '수확을 하려면 시간이 얼마나 걸리나요?'라고 물을 것이다. 씨가 뿌려지면, 우리는 자고 일어나면 씨앗이 자란 것을 보게 될 것이다. 그리고 어떻게 그렇게 되었는지는 알 수 없다.(막 4:27) 자연적인 영역에서 추수하기까지의 기간은 씨앗의 종류에 따라 다르다. 영적인 영역에서는 하나님이 하나님의 목적을 이루실 때 수확이 따라오게 된다. 때로 하나님은 예수님이 오천 명을 먹이실 때처럼 당장 배가해 주시기도 한다. "예수께서 떡 다섯 개와 물고기 두 마리를 가지사 하늘을 우러러 축사하시고 떡을 떼어 제자들에게 주어 사람들에게 나누어 주게 하시고 또 물고기 두 마리도 모든 사람에게 나누시매…남은 떡 조각과 물고기를 열두 바구니에 차게 거두었으며"(막6:41, 43).

그러나 때로는 하나님이 우리에게 돌려주실 돈을 배가하는 것보다 우리가 기도하고 영적 전쟁을 치르는 것에 더 관심을 기울이신다. 돈을 그저 하나님의 목적을 이루기 위한 도구로 사용하시는 것이다. 나는 우리가 기도와 영적전쟁을 통하여 '씨를 잘 보살핌으로써' 하나님이 원하시는 것을 이룰 때, 심은 돈이 배가되어 돌아온다고 믿는다.

그 후 6주 동안 친구와 나는 계속 서로의 삶 가운데 하나님이 행하시는 일들을 나누며 추수를 기다리고 있었다. 그러던 어느 날, 소그룹 성경공부 인도를 마쳤을 무렵, 친구 한 명이 수표가 든 봉투를 가지고 나를 찾아왔다. 그는 그 돈을 내게 주어야 할지를 놓고 하나님과 며칠 동안이나 씨름했다고 말했다. 그는 내가 IBM에서 일하는 것을 알고 있었고 내 월급으로는 분명 이 돈이 필요할 리가 없다는 것을 알고 있었기 때문이다. 그러나 그는 하나님이 주시는 감동에 순종하여 그 봉투를 내게 주었다. 나는 봉투를 열어 보고 깜짝 놀랐다. 수표에 적혀 있는 금액은 우리 부부가 심은 액수의 정확히 열 배였던 것이다. 나는 너무나도 흥분하여 웃어야 할지 울어야 할지를 알 수가 없었다.

이 경험을 통해 나는 하나님의 심고 거두는 원리를 확실히 습득할 수 있었다. 이제 문제는 이 증가된 재정이 어디로 가야 하는가였다. 우리 가정의 닫힌 원 예산은 이미 채워져 있었고, 이 돈은 심고 거두는 것을 통해 배가되어 예산 바깥에 존재하는 여분의 재정이었기 때문이었다.

추수한 것을 사용할 때에도 주님의 지시를 받아야 한다. 주님이 베풀거나 주라고 지시하실 경우 그 돈은 하늘 계좌에 당신의 보화로 예금될 것이다. 어떤 부분은 다음에 주님이 지시하실 때 심을 씨앗으로 쓰일 수 있다. 어떤 부분은 '주께서 쓰시겠다' 하실 때 쓰시도록 투자하여 준비해 두어야 한다. 하지만 하나님 나라의 원칙이 증가를 가져와서 거둔 것은 어떤 방법으로든 하나님 나라를 위해 사용되어야 한다.

이제 심고 거두는 경험으로부터 내가 배운 여섯 가지 원칙을 나누고자 한다.

1. 배가를 위해 사용할 돈은 주로 닫힌 원 바깥에 있는 여분의 재정에서 나온다. 나는 자신의 필요나 원하는 것을 충당하기 위해 배가가 일어나기를 바라며 '열린 원 예산' 안에서 씨앗을 취해 심으려는 사람들을 많이 보았다. 그들은 바라는 대로 되지 않으면 하나님을 원망하거나 성경적인 가르침이 잘못되었다고 생각한다. 물론 하나님은 사람들의 재정 가운데 주권적으로 일하실 수 있으며 기적들을 행하신다. 그러나 하나님은 우리가 하나님의 원칙 가운데 행함으로써 계속해서 복을 받고 그것을 흘려보내기를 원하신다. 당신의 재정에 질서를 회복하라.

2. 주는 것과 심는 것은 서로 다른 개념이다. 하나님의 인도를 받아 주는 것은 즐거운 일이지만, 심는 것은 '일을 하는 것'이다. 이는 마치

창문을 열고 씨를 아무 데나 던지고 나서 특별히 돌보거나 결실을 기대하지도 않는 사람과 수확하기 위해 농사를 짓는 농부의 차이에 비교할 수 있다. 그러므로 하나님이 재정적인 일에 당신을 부르실 때 '주님, 이것은 주는 것인가요? 아니면 심는 것인가요?'라고 반드시 여쭤 볼 필요가 있다.

3. 어떤 사람들은 하나님이 배가하실 것을 믿는데 왜 모든 것이 100배로 돌아오리라 믿지 않느냐고 묻는다. 우선, 그것은 믿음의 문제다. 나는 왜 열 배로 돌아올 것을 믿었는가? 그것이 나의 믿음의 수준이었기 때문이다. 나는 숫자가 크면 클수록 내가 해야 할 일은 더 많다는 것을 깨달았다. 당신은 기도와 영적 전쟁에 얼마나 많은 시간을 기꺼이 할당하겠는가?

재정의 증가는 세상 체제 안에서 이뤄진다. 돈은 세상 체제 안에 있는 것이며, 세상 체제의 증가 법칙을 무시할 수 없다. 하나님은 위조지폐를 만들지 않으시기 때문이다. 또한 맘몬의 영도 당신을 대적할 것이다. 특별히 당신이 심어서 거둔 돈을 하나님 나라의 목적을 위해 쓰려는 것을 눈치 챘을 때에는 더욱 수확을 막으려 애쓸 것이다. 당신이 돈을 어디에 심는지도 중요하다. 하나님 나라 사역의 밭들이 모두 다 동일한 것은 아니다. 어떤 밭은 100배의 수확을 내기 어려울 수도 있다. 언제나 하나님께 어디에 심어야 할지 여쭤 보고, 그 씨로부터 최적의 수확을 할 수 있도록 주님께 구해야 할 것이다.

4. 당신은 재정의 질서를 확립해야 한다. 즉, 예산의 원을 닫고 부채를 제거해야 한다. 올바로 십일조를 하고 주는 사람이 되어서 하나님

나라의 풍성한 재정 안에 들어가는 신나는 영적 모험을 시작하라.

5. 기도와 영적 전쟁을 통해 돌볼 수 있는 분량 이상을 심어서는 절대 안 된다. 심어 놓고 잊어버리는 이들이 너무나 많다. 그러나 농부는 자신이 밭에 무엇을 심었는지 알며, 농작물을 수확할 때가 되기를 기다리며 준비한다(갈 6).

6. "우리가 선을 행하되 낙심하지 말지니 포기하지 아니하면 때가 이르매 거두리라"(갈6:9). 수확하고 거두려면 수고하여 일해야 한다. 이 구절은 재정을 포함한 모든 종류의 심고 거두는 일에 적용된다.

YWAM 간사들이 섬나라 미크로네시아의 보트 사역 boat ministry을 위해 재정적으로 심도록 헌금을 받았던 적이 있다. 그들은 선교할 수 있는 보트를 위해 계속 기도하며 영적 전쟁을 했다. 하지만 수개월이 지나도 수확(보트)이 없었다. 마침내 보트가 생기고 사역이 시작된 후, 그들은 하나님께 '왜 그렇게 오래 걸렸나요?'라고 질문했다.

물론 하나님은 즉각적으로 보트를 주실 수도 있었다. 그러나 만약 그렇게 하셨다면 그들이 수확을 위해 제대로 준비되지도 않은 채 다음 사업으로 옮겨갔을 것이고, 기도와 중보를 계속하지 않았을 것이다. 이 경우에는 수확을 위해 준비하는 것은 운영에 필요한 현금 소통과 배를 관리하고 사역할 사람들을 준비하는 것이었다. 하나님은 수확을 보기 전에, 기도로만 풀려나는 영적 영역의 준비가 있어야 함을 아신다. 씨를 심은 후 돌보는 것은 매우 중요하다. 일단 씨앗을 심었다면, 수고하고 애써야 한다.

들을 귀 있는 자는 들으라 또 이르시되 너희가 무엇을 듣는가 스스로 삼가라 너희의 헤아리는 그 헤아림으로 너희가 헤아림을 받을 것이며 더 받으리니 있는 자는 받을 것이요 없는 자는 그 있는 것까지도 빼앗기리라. 막 4:23-25

이 성경 구절을 반드시 유의하기 바란다. 다음은 마가복음 4장 19절을 내가 의역한 것이다. "세상의 염려와 걱정, 세상이 재정에 대해 너희를 압박하는 것들, 그리고 이 세대의 혼란과 쾌락과 즐거움과 헛된 영광과 재물(당신을 위해 일하고 있는 돈)의 속임수와 다른 것들에 대한 갈망과 뜨거운 욕망이 소리 없이 기어들어와 재정에 대한 성경 말씀이 열매를 맺지 못하게 하거나 너희 공급을 막아버리지 않게 하라(예산의 원을 닫으라). 만약 그렇게 되면 너희는 세상 체제에 들어가고 세상 체제가 공급할 수 있는 것만을 받게 될 것이다."

나는 심을 씨에 비해 비율에 맞지 않는 수확이 돌아올 수도 있다는 것을 알게 되었다. 하나님은 하나님이시다. 또한 그분은 우리가 수확보다 하나님 자신을 구하기 원하신다. 수확의 주인은 하나님이시다. 또 다른 종류의 수확이 있을 수도 있다. 자연적으로는 옥수수를 심으면 옥수수를 거두고, 밀을 심으면 밀을 거둔다.

우리가 너희에게 신령한 것을 뿌렸은즉 너희의 육적인 것을 거두기로 과하다 하겠느냐. 고전 9:11

그러나 이 구절은 심은 것과 다른 종류를 거두는 것을 보여 준다. 우리가 영적인 씨앗을 다룰 때 이런 일이 일어날 수 있다. 이러한 수확은 측량할 수 없는 일이기 때문이다. 영적인 것을 심어 영적인 것을 거둘 수도 있는데, 바로 하나님이 훨씬 더 크게 거두게 하심으로 최상의 수확을 주시는 경우다.

예수님은 다음의 두 비유에서 하나님의 나라 안에서 배가가 일어나기 위해 무엇이 필요한지에 대해 가르치셨다. 마태복음 25장 14-29절의 비유에는 각각의 종에게 다른 분량의 달란트를 나눠 준 주인의 이야기가 나온다. 주인은 아마도 자신의 재산을 돈으로 바꾸어, 자신을 위해 일할 수 있도록 준비했던 것 같다.

> 또 어떤 사람이 타국에 갈 때 그 종들을 불러 자기 소유를 맡김과 같으니 각각 그 재능대로 한 사람에게는 금 다섯 달란트를, 한 사람에게는 두 달란트를, 한 사람에게는 한 달란트를 주고 떠났더니. 마 25:14-15

달란트가 그들에게 '주어졌다'는 사실에 주목하라. 종들은 그 돈을 스스로 번 것이 아니었다. 어떤 사람들은 달란트라는 단어에 은사나 능력이라는 뜻이 있기 때문에 이 구절을 은사에 대한 것으로 해석하기도 한다. 그러나 위의 비유에서 말하고 있는 달란트는 돈의 단위라는 것이 분명하다. 주인은 27절에서 이것을 분명히 말하고 있다.

> 그러면 네가 마땅히 내 돈을 취리하는 자들에게나 맡겼다가 내가 돌아

와서 내 원금과 이자를 받게 하였을 것이니라 하고. 마 25:27

이 구절을 통해, 하나님 나라 안에서 돈을 사용할 때 요구되는 최소한의 수준은 세상 체제로부터 받는 이자임을 알 수 있다. 하나님 나라에서는 돈을 두 배로 배가시킨 앞의 두 종처럼 돈이 배가되는 것이다. 주인은 장사를 하여 돈을 배가시킨 두 종을 칭찬하였다.

다섯 달란트 받았던 자는 다섯 달란트를 더 가지고 와서 이르되 주인이여 내게 다섯 달란트를 주셨는데 보소서 내가 또 다섯 달란트를 남겼나이다 그 주인이 이르되 잘하였도다 착하고 충성된 종아 네가 적은 일에 충성하였으매 내가 많은 것을 네게 맡기리니 네 주인의 즐거움에 참여할지어다 하고. 마 25:20-21

주인은 '잘하였도다'라고 말한다. 이 종을 위해 일하는 돈을 통하여 재물이 형성되고 있는 것이다. 하나님은 우리에게 넘쳐나게 주심으로써 그 여분의 돈이 우리를 위해 일하기를 원하신다. 또한 주인은 상급으로 더 큰 책임을 맡기신다는 것을 주목하라. 한편, 달란트를 가지고 아무것도 하지 않은 종은 악하고 게으른 종이라고 책망받았다(26절).

그에게서 그 한 달란트를 빼앗아 열 달란트 가진 자에게 주라 무릇 있는 자는 받아 풍족하게 되고 없는 자는 그 있는 것까지 빼앗기리라. 마 25:28-29

이 말씀은 마가복음 4장 24-25절에서도 언급되고 있는 내용이다. 재정을 다룰 때 종종 두려움이 우리의 마음을 사로잡곤 한다. 그렇게 되면 주인에 대해 심지 않은 데서 거두는 굳은 사람이라고 말했던 종처럼 부당한 평계와 비난이 생겨날 수 있다. 비유에서 볼 수 있듯이, 부가 돈으로 바뀌어 어떤 사람에게 주어지거나 맡겨지는 경우, 그에게는 그 돈이 배가 되도록 그 돈으로 하여금 일하게 할 책임도 주어지는 것이다.

누가복음 19장에 기록되어 있는 두 번째 비유에 등장하는 종들은 '종신 종'bond servant이라고 불리는 종들이다. 이 헬라어는 마태복음 25장에서 종이라고 번역된 헬라어와 조금 다른 뜻을 가진 말로, 노예로 일하다가 자유가 주어졌지만 주인에게 다시 돌아가서 스스로 주인을 섬길 것을 선택한 종을 일컫는다. 이 말은 그리스도인 모두를 상징한다고 볼 수 있다. 예수님은 죄와 세상의 권세로부터 우리를 자유케 하기 위해 죽으셨다. 그래서 이제 우리는 자신의 자유 의지로 자유롭게 하나님을 사랑하고 섬길 수 있게 된 것이다.

> 이르시되 어떤 귀인이 왕위를 받아가지고 오려고 먼 나라로 갈 때에 그 종 열을 불러 은화 열 므나를 주며 이르되 내가 돌아올 때까지 장사하라 하니라. 눅 19:12-13

여기서 므나 역시 돈의 단위다. 각각의 종신 종은 귀인으로부터 동일한 금액의 돈을 받았다. 그리고 귀인은 돌아와서 정산을 요구한다.

> 그 첫째가 나아와 이르되 주인이여 당신의 한 므나로 열 므나를 남겼나이다 주인이 이르되 잘하였다 착한 종이여 네가 지극히 작은 것에 충성하였으니 열 고을 권세를 차지하라 하고. 눅 19:16-17

돈을 맡은 이들이 단순한 종이 아니라 종신 종일 경우, 배가의 비율이 커진다는 사실을 주목하기 바란다. 귀인은 이제 상급으로 책임만이 아니라 권세를 주고 있다. 한편 돈은 '지극히 작은 것'이라고 불리고 있다. 예수님은 누가복음 16장 10절에서도 다음과 같이 말씀하신다.

> 지극히 작은 것에 충성된 자는 큰 것에도 충성되고 지극히 작은 것에 불의한 자는 큰 것에도 불의하니라.

예수님은 여기에서도 역시 돈을 지극히 작은 것이라고 말씀하신다. 그러나 세상 체제는 돈을 큰 것이라고 생각한다. 맘몬의 영은 돈이 우리의 삶에서 큰 것이 되기를 원한다. 우리는 소위 돈이 가지고 있다는 권력에 의해 유혹받아서는 안 될 것이다. 한편 그렇다고 해서 '쉽게 온 것은 쉽게 가 버린다'는 태도를 가져서도 안 된다.

예수님은 우리가 돈을 다루는 가운데 충성됨과 청지기 됨을 배우길 원하시며, 우리가 이러한 원칙을 배우도록 우리를 세상에 두신 것이다. 이 구절은 종들이 돈을 어떻게 배가시켰는지는 알려 주지 않는다. 그러나 하나님은 우리가 하나님의 음성을 듣고 순종할 때 재정을 증가시키실 수 있는 창조적인 아이디어들을 가지고 계신다.

결론

> 하나님이 능히 모든 은혜를 너희에게 넘치게 하시나니 이는 너희로 모든 일에 항상 모든 것이 넉넉하여 모든 착한 일을 넘치게 하게 하려 하심이라. 고후 9:8

이 말씀이야말로 당신이 바라는 것이 아닌가? 하나님은 모든 은혜가 당신에게 넘치게 하실 수 있으시다. (그러나 자동적으로 이렇게 되는 것은 아니다). 지금까지 살펴본 하나님의 말씀으로부터 나온 일곱 가지 기본원칙들을 기억하고 지키면서 자신의 재정을 다룰 때, 고린도후서 9장 8절의 말씀은 당신의 삶 가운데 효력을 발하게 될 것이다.

돈은 하나님의 지혜 아래 종이 되어야 한다. 하나님의 지혜는 돈이 우리를 파괴하지 못하도록 보호해 준다. 돈은 수영장에서 사람이 밟고 서 있는 물놀이공과도 같은 것이다. 그 공은 계속 빠져나가려고 하기 때문에 그 자리에 놓아두려면 계속 주의를 기울여야 한다. 또한 돈은 독과도 같아서 이것을 매우 조심스럽게 사용해야지만 우리에게 복이 되는 것이다.

하나님이 우리에게 주신 '부'와 '재물'과 '돈'을 올바르게 관리하는 가운데, 하나님이 우리에게 계속 지혜를 부어 주시기를 기도한다.

WEALTH RICHES AND MONEY

God's Biblical Principles of Finance

부록

월 수입 가계부
월별 지출 기록 가계부
월 예산 작성법
서식1
서식2
서식3
서식4

「하나님의 관리인, 그리스도인을 위한 예산 지침 및 가계부」
(레이&릴리안 베어, Herald Press, Scottdale) 발췌.

이후에 나오는 도표들은 이 책의 6장에서 예제로 쓰였던 것들인데,
출판사의 허락을 받아 게재하였다.

월 수입 가계부

1월		
날짜	수입원	금액
월 총수입		

2월		
날짜	수입원	금액
월 총수입		

3월		
날짜	수입원	금액
월 총수입		

4월		
날짜	수입원	금액
월 총수입		

5월		
날짜	수입원	금액
월 총수입		

6월		
날짜	수입원	금액
월 총수입		

7월		
날짜	수입원	금액
월 총수입		

8월		
날짜	수입원	금액
월 총수입		

9월		
날짜	수입원	금액
월 총수입		

10월		
날짜	수입원	금액
월 총수입		

11월		
날짜	수입원	금액
월 총수입		

12월		
날짜	수입원	금액
월 총수입		

월별 지출 기록 가계부(1월)

월별 지출 기록 지출 내역	날짜	첫열매 1	저축/투자 2	식비 3	가재도구비 4	주거비 5	의류비 6	교통비 7	교육비 8
월 예산 20⇨									
	1								
	2								
	3								
	4								
	5								
	6								
	7								
	8								
	9								
	10								
	11								
	12								
	13								
	14								
	15								
	16								
	17								
	18								
	19								
	20								
	21								
	22								
	23								
	24								
	25								
	26								
	27								
	28								
	29								
	30								
	31								
21 월 총액									
22 이번 달 잔액(20−21)									
23 지난 달 잔액									
24 현재 잔액(22+23)									
25 여분의 돈									
26 최종 잔액(24−25) 지난달 잔액 23									

의료비 9	여가유흥비 10	용돈 11	선물 12	기타 13	세금 14	15	16	총액 17	여분의 근원 18	여분 19	날짜
									✕	✕	
											1
											2
											3
											4
											5
											6
											7
											8
											9
											10
											11
											12
											13
											14
											15
											16
											17
											18
											19
											20
											21
											22
											23
											24
											25
											26
											27
											28
											29
											30
											31
										✕	21
									✕	✕	22
									✕	✕	23
									여분 총액 (항25 + 열19)		

월별 지출 기록		날짜	첫열매 1	저축/투자 2	식비 3	가재도구비 4	주거비 5	의류비 6	교통비 7	교육비 8
지출 내역										
월 예산 20 ⇨										
해당연도 지출	1월	(행21)								
	2월	"								
	3월	"								
	4월	"								
	5월	"								
	6월	"								
	7월	"								
	8월	"								
	9월	"								
	10월	"								
	11월	"								
	12월	"								
27 이번 달 잔액										
28 지난 달 잔액(20×12)										

월 예산 작성법

이제 선한 청지기로서 임무를 수행하는 데 가장 중요한 도구를 알아보려고 한다. 예산 계획 없이 가계부를 쓰는 것은 마치 여행 중 방문한 모든 도시들을 기록해 놓으면서도 여행 전에는 어느 도시를 왜 방문할 것인지를 생각해 보지 않는 것과 같다. 어떤 사람들은 한동안은 그런 여행을 즐길지도 모른다. 하지만 장기적으로는 미리 계획하고 여행했을 때의 흥분과 기대감을 느낄 수 없을 것이다. 또한 미리 심사숙고하여 계획한 여행이 갖는 어떤 목적 의식이나 의미도 줄 수 없을 것이다.

이 과정이 쉽지 않게 보일지 모르지만 가장 어려운 과정은 대부분 첫 해임을 기억하라. 첫 번째 해에 기본적인 유형을 만들어 낸 후에는 단지 사소한 조율이나 간단한 변화만 필요할 뿐이다.

다음 단계는 열두 달의 예산을 기록하는 것이다. (열두 달보다 더 빨리 예산을 만들려면, 당신이 기록한 달 만큼을 사용할 수도 있다.) 이제 당신 앞에 있는 열두 달의 지출 기록을 갖고서, 각각의 열에 대해 다음과 같이 월 예산을 작성한다.

의료비 9	여가유흥비 10	용돈 11	선물 12	기타 13	세금 14	15	16	총액 17	여분의 근원 18	여분 19	날짜
											1
											2
											3
											4
											5
											6
											7
											8
											9
											10
											11
											12
											27
											28

1단계 열두 달 각각의 기록의 21행의 모든 숫자들을 위의 여백에 옮기도록 하라. 이제 당신은 지난해의 재정 상황에 대해 훤히 알 수 있다. 돈을 어디에 썼는지 알 수 있는 것이다.

2단계 각각의 열의 숫자들을 위에서부터 아래로 더하고, 그 총액을 27행에 기록하라. 지난해의 각 분야별 지출 총액을 알 수 있게 된다.

3단계 지난해의 주요 지출액을 검토해 보라. 차를 바꾼다든가, 집을 리모델링한다든가 하는 특별한 연지출이 있었는가? 그것들을 현금(대출받지 않은)으로 지불했는가? 만약 그렇다면 그 범주의 연 총액에서 현금으로 지불한 액수를 빼라. 그 주요 지출액이 주기적이라면, 예를 들어 5년마다 한번이면, 그 액수를 5로 나누고 그 결과를 다시 그 범주의 그 해 총액에 더한다.

예) 지난 해 자동차를 팔아서 다시 샀고, 그 차액은 현금 3천 달러라고 하자. 당신은 5년마다 한 번씩 차를 바꾼다면, 7열(교통비) 연 총액에서 3천 달러를 빼고, 5년마다 한 번씩 차를 바꾸므로 3천 달러를 5로 나눈 다음 그 6백 달러를 다시 교통비에 추가하는 것이다.

서식1

월별 지출 기록 예산 설명	날짜	십일조	저축	식비	가재도구비				날짜
	1								1
	2								2
	3								3
	4								4
	5								5
	6								6
	7								7
	8								8
	9								9
	10								10
	11								11
	12								12
	13								13
	14								14
	15								15
	16								16
	17								17
	18								18
	19								19
	20								20
	21								21
	22								22
	23								23
	24								24
	25								25
	26								26
	27								27
	28								28
	29								29
	30								30
	31								31
총 지출 서식2에 입력									

서식1을 사용하는 법

1. 지출의 첫 칸에 '의무'와 '필요' 카테고리들을 써 넣는다.
2. 예산 칸에 각각의 예산액을 써 넣는다.
3. 물건을 구입할 때마다 적절한 항목 밑에 날짜에 따라 지출을 기록한다.
4. 셋째 주에 지출을 합산해 보고, 총액이 예산보다 많지 않은지 확인한다.
5. 월말에 모든 칸을 합산하여 '총 지출'에 기록한다.
6. 여기서 얻은 숫자들을 서식 2에 입력한다.

서식2

월별 수입 지출

2004, 1월			
	예산	실제	차액
수입			
급여			
총 수입			
의무			
십일조			
임대료			
케이블			
의무 지출			
필요			
헌금			
선물			
식비			
필수 지출			
원하는 것			
원하는 것 총 지출			
총 지출			
흑자/적자			

연간 수입 지출

1월			
기간(일수)별 예산	기간(일수)별 실제	차액	연 예산

서식2를 사용하는 법

1. 왼쪽은 그 달에 대한 것이며, 오른쪽은 1년 전체를 위한 것이다.
2. 모든 수입과 의무, 필요, 원하는 것을 모두 기록한다.
3. '예산'칸 밑에 예산액을 써 넣는다.
4. 서식1의 지출 금액을 '실제' 칸에 써 넣는다.
5. '예산'에서 '실제'를 공제하여 과용했는지 적게 썼는지를 본다.
6. 모든 지출을 합산하여 수입에서 공제하여 손익을 알아낸다.
7. 매월 말, 모든 숫자를 연간 수입 지출 란에 옮겨 적고 새 달을 시작한다.
8. 서식3과 4의 예를 보라.

서식3

월별 수입 지출

2004. 2월			
	예산	실제	차액
수입			
급여			
학자금 융자	765.00		765.00
총 수입	765.00		765.00
의무			
십일조			
임대료	350.00		350.00
케이블			
헬스	24.00		24.00
월드비전	15.00		15.00
웬디의 급여			
전화비	50.00		50.00
은행 수수료			
의무 총 지출	439.00		439.00
필요			
헌금	20.00		20.00
용돈	60.00		60.00
식비	60.00		60.00
외식	50.00		50.00
교통	50.00		50.00
저축	10.0		10.00
필수 지출	250.00		
원하는 것			250.00
원하는 것 총 지출			
총 지출 비용	689.00		689.00
흑자/적자	76.00		76.00

연간 수입 지출

1월, 2월			
기간(일수)별 예산	기간(일수)별 실제	차액	연 예산
1,530.00		1,530.00	9,180.00
1,530.00		1,530.00	9,180.00
700.00		700.00	4,200.00
48.00		48.00	288.00
30.00		30.00	180.00
100.00		100.00	600.00
878.00		878.00	5,268.00
40.00		40.00	240.00
120.00		120.00	720.00
120.00		120.00	720.00
100.00		100.00	600.00
100.00		100.00	600.00
20.00		20.00	120.00
480.00		480.00	2,880.00
1,358.00		1,358.00	8,148.00
172.00		172.00	1,032.00

서식4

월별 수입 지출

2004. 3월			
	예산	실제	차액
수입			
급여			
학자금 융자	765.00		765.00
총 수입	765.00		765.00
의무			
십일조	350.00		350.00
임대료			
케이블			
헬스	24.00		24.00
월드비전	15.00		15.00
웬디의 급여			
전화비	50.00		50.00
은행 수수료			
의무 총 지출	439.00		439.00
필요			
헌금	20.00		20.00
용돈	60.00		60.00
식비	60.00		60.00
외식	50.00		50.00
교통	50.00		50.00
저축	10.00		10.00
필수 지출	250.00		250.00
원하는 것			
총 지출 비용	689.00		689.00
흑자/적자	76.00		76.00

연간 수입 지출

1월, 2월, 3월			
기간(일수)별 예산	기간(일수)별 실제	차액	연 예산
2,295.00		2,295.00	9,180.00
2,295.00		2,295.000	9,180.00
1,050.00		1,0250.00	4,200.00
72.00		72.00	288.00
45.00		45.00	180.00
150.00		150.00	600.00
1,317.00		1,317.00	5,268.00
60.00		60.00	240.00
180.00		180.00	720.00
180.00		180.00	720.00
150.00		150.00	600.00
150.00		150.00	600.00
30.00		30.00	120.00
720.00		720.00	2,880.00
2,037.00		2,037.00	8148.00,
258.00		258.00	258.00

그리스도인의 재정원칙

지은이　크래그 힐 · 얼 피츠

2004년 3월 18일 1판 1쇄 펴냄
2015년 1월 27일 1판 33쇄 펴냄
2015년 6월 3일 개정판 1쇄 펴냄
2020년 12월 10일 개정판 7쇄 펴냄
2022년 2월 10일 개정2판 1쇄 펴냄
2024년 5월 13일 개정2판 5쇄 펴냄

펴낸곳　도서출판 예수전도단
출판 등록　1989년 2월 24일(제2-761호)
주소　서울특별시 강서구 양천로 424
　　　　가양역 데시앙플렉스 지식산업센터 530호
전화　02-6933-9981 · **팩스** 02-6933-9989
이메일　ywampubl@gracemedia.co.kr
홈페이지　www.ywampubl.com

ISBN 978-89-5536-463-7
책값은 뒤표지에 있습니다.

본 저작물의 한국어판 소유권은 도서출판 예수전도단에 있습니다.
잘못된 책은 바꾸어 드립니다.